国际证券法律与实务系列专著

总主编 李国安

美国券商交易中介行为
规制研究与借鉴

The Research and Reference on Regulation of Transactional
Intermediary Behavior of Broker-Dealer of U. S.

原 凯 著

中国商务出版社

图书在版编目（CIP）数据

美国券商交易中介行为规制研究与借鉴／原凯著
．—2 版．—北京：中国商务出版社，2014.10
（国际证券法律与实务系列专著）
ISBN 978-7-5103-1152-9

Ⅰ.①美…　Ⅱ.①原…　Ⅲ.①证券交易—中介服务—
证券法—研究—美国　Ⅳ.①D971.222.8

中国版本图书馆 CIP 数据核字（2014）第 246933 号

国际证券法律与实务系列专著
总主编　李国安
美国券商交易中介行为规制研究与借鉴
The Reserach and Reference on Regulation of Transactional Intermediary
Behavior of Broker-Dealer of U. S.

原　凯　著

出　版：中国商务出版社
发　行：北京中商图出版物发行有限责任公司
社　址：北京市东城区安定门外大街东后巷 28 号
邮　编：100710
电　话：010—64245686（编辑二室）
　　　　010—64266119（发行部）
　　　　010—64263201（零售、邮购）
网　址：www. cctpress. com
邮　箱：cctpress1980@ 163. com
照　排：北京开和文化传播中心
印　刷：北京科印技术咨询服务公司
开　本：787 毫米×980 毫米　1/16
印　张：14.25　字　数：256 千字
版　次：2015 年 10 月第 2 版　2015 年 10 月第 1 次印刷
书　号：ISBN 978-7-5103-1152-9
定　价：55.00 元

总　序

在经济全球化的历史潮流下,经济资源在全球范围内实现配置,产业结构在全球范围内进行调整,经济利益也在全球范围内重新分配。作为联结各种资本活动的平台,证券市场成为了资源配置、产业结构调整和利益分配的重要场所,其本身的运行也越来越呈现出国际化的特征,因此,当代证券市场已是一个全球化的大市场。瞬息万变的证券市场的稳健运行,需要一套共同遵守的、公平的法律规范加以维系。而崛起中的中国证券市场的健康发展,更需要在借鉴国外先进监管经验的同时,营造符合我国证券市场特色和发展需要的法律环境。

中国的改革开放取得了举世瞩目的成就,2010 年中国的 GDP 总量更超过日本成为世界第二大经济体。然而,与中国的经济实力形成鲜明反差的是,中国在国际金融事务领域的话语权并没有得到应有的体现。现有国际金融体系的游戏规则集中体现着欧美发达国家的利益诉求。中国作为新兴的市场经济体,如何不断完善和创新金融体制,并积极参与制定全球性的金融交易和监管规则,谋求对国际金融事务的话语权,正在考验着我们的智慧。

2001 年 12 月,中国正式加入 WTO,证券市场开放的步伐明显加快。经过五年的过渡期,到 2006 年底,中国已全部履行了在加入 WTO 时所作出的证券市场开放承诺。2008 年,中国证监会发布《中国资本市场发展报告》,提出了中国资本市场发展的中长期战略目标:成为公正、透明、高效的市场,为中国经济资源的有效配置作出重要贡献;成为更加开放和具有国际竞争力的市场,在国际金融体系中发挥应有作用。其中,提高中国资本市场的国际竞争力成为两大中长期战略目标之一。2009 年 4 月 14 日,国务院在金融危机肆虐、世界经济陷入低谷的背景下,不失时机地发布了《关于推进上海加快发展现代服务业和先进制造业、建立国际金融中心和国际航运中心的意见》,提出到 2020 年将上海建成与中国经济实力和人民币国际地位相适应的国际金融中心的目标。2012 年 1 月 30 日,国家发展改革委员会正式印发的《"十二五"时期上海国际金融中心建设规划》,指出力争到 2015 年基本确立上海的全球性人民币产品创新、交易、定价和清算中心地位,同时提出"推进上海证券市场国际板建设,支持符合条件的境外企业发行人民币股票"的国际板建设规划。中国政府提出的建设国际金融中心的构想,被普遍认为是中国力争参与制定全球性金融交易和监管规则,获取国际金融事务的话语权的重要举措,具有深刻和远大的政策深意。

QFII、RQFII、QDII 的成功运行,国际板的规划,证券期货经营机构与机构投资者参与国际市场,中国上市公司的海外并购,等等,必将进一步推进中国证券市场的国际化。而只有完善的配套法制,证券市场国际化才可能稳健前行。随着中国证券市场逐渐形成全方位开放的格局,传统的证券监管理念和监管手段已不能适应逐步国际化的中国证券市场的发展需要。借鉴国外先进的证券市场监管经验,开拓性地构建符合中国证券市场发展需要的法律制度,适时解决我国证券市场发展过程中出现的各种法律问题,已是摆在我国证券监管机关和证券法学界面前的共同课题。本系列专著正是基于维护中国证券市场稳步发展的使命感,立足于中国证券市场的建设实践,借鉴国外先进的立法与实践经验及最新的研究成果,深入研究和探讨国内外证券领域的重要法律与实务问题,为我国积极参与国际证券法律实践及完善我国证券市场立法和监管实践提供一得之见。

鸣谢:本系列专著的出版,得到北京市中银(深圳)律师事务所和叶兰昌律师的大力支持,特此致谢!

"国际证券法律与实务"系列专著编委会

2012 年 3 月 13 日

目　录

CONTENTS

Chapter 4   Duty of Care of Broker-Dealer in Transaction Recommendation ·· 117

内容摘要

本书综合运用法学、经济学的理论,采用比较分析、历史分析、案例分析以及经济分析的方法对美国券商交易中介行为法律规制问题展开全面系统的探讨。综观全书,共有前言、正文和结语三部分。其中,正文部分有五章。

第一章导论为本书研究的基点。该章第一、二节主要介绍了券商的定义和构成性特征,并分析了金融中介理论语境中的券商交易中介行为的制度功能和券商交易中介行为中的委托代理结构对券商行为规制的关键作用。第三节对美国券商交易中介行为规制体系与不当行为治理进行了总括式的论述,包括美国券商规制的历史发展与当前状况,券商交易中介行为规制的执法与责任体系以及券商不当交易中介行为分类与规制路径。本章是全书论述的起点和背景铺垫,也是就券商交易中介行为规制集中提出问题的一章。

第二章主要围绕券商的信息披露义务进行探讨。其中,第一节试图厘清信息披露尤其是券商信息披露的理论特点,并分别从信息披露制度本身,制度经济学对信息披露的阐释以及信息披露应用于券商行为规制的特殊法理进行阐述。然后第二节对注册阶段券商初始信息披露的相关规定加以梳理,并在节末对注册阶段券商初始信息披露的相关法律问题加以评析。本章第三节对券商在经营阶段的持续性信息披露的相关制度进行介绍,其中包括账户性质信息披露、交易过程信息披露和券商财务信息披露等三大板块内容。本章第四节对券商主动信息披露行为的规制加以介绍与评析,券商主动信息披露行为是与以上各节中的强制信息披露截然不同的一种券商信息披露行为,也是美国券商信息披露规制中颇具特色的内容,因此值得特别关注。

　　第三章是对券商交易中介行为中的交易执行规制做了专门的探讨。首先在第一节中,笔者探讨了券商信赖义务特别是信赖义务中忠实义务的概念,并从制度经济学的角度对其进行了深入探讨。在第二节中,笔者对最能体现券商忠实义务的券商最佳执行原则进行了分析,对其实体规则和形式规则的演变与内容做了详细的介绍。在第三节中,笔者接着对券商忠实义务的另一种表现形式即券商在交易执行中避免利益冲突的原则加以叙述,并将重点放在券商佣金与券商内幕交易两个方面,前者体现了券商与客户的直接利益冲突,而后者则体现了两者的间接利益冲突。

　　第四章对券商交易中介行为中的交易推荐行为规制进行了剖析。券商信赖义务下的注意义务是对券商交易推荐行为加以规制的核心概念。本章第一节介绍了注意义务的来龙去脉,主要是注意义务的法律特征及判断注意义务是否得到履行的标准,本节还从法律的经济分析角度对注意义务加以分析,特别注意的是注意义务的上述分析是在过失侵权的框架下进行的。本章第二、第三节分别介绍了体现券商注意义务并适用于券商交易推荐的两大原则即合理基础原则与客户适合性原则,对这两个原则的概念,法律理论与实践,发展演化都进行了探讨,还对根据此两项原则制定的各项类型化规则予以介绍。

　　第五章关注的是美国券商交易中介行为规制的上述种种具体制度、法律理论和法理原则在何种程度上可以移植到中国证券领域中。本章第一节对券商交易中介行为规制在我国演变的历史与现状进行了阐述。在以时间线索对我国券商行为规制加以阐述后,笔者在上述几章论述的基础上试图借鉴美国券商交易中介行为规制领域的做法与理论对我国券商信息披露制度的构建。这是本章第二节的内容。在本章第三节中,笔者试图通过在我国民商法中广受遵行的诚实信用原则嫁接普通法中的所谓信赖义务的概念,提出了券商信赖义务中的忠实义务和注意义务可以分别对应于诚信原则中的客观诚信原则与主观诚信原则,因此引入主客观诚信统一的诚信原则是在我国法律语境中对券商行为实现类似于信赖义务规制的可行途径。

关键词:券商;信息披露;忠实义务;注意义务

Abstract

Benefiting from the legal and economic theories and on the basis of comparative, historical, case and economic analysis, the author detail the regulation of the transaction intermediary behaviour of broker-dealer in U. S. This dissertation consists of 3 parts which are introduction part, main body part and conclusion part. The main body part is further divided into 5 chapters:

The 1st chapter is the starting point of this dissertation. The 1st and 2nd sub-chapters cover the definition and structural characteristics of broker-dealer and analyse the institutional function of transaction intermediary behaviour of broker-dealer and the key role of principal agent model in the regulation of broker dealer behaviour. The 3rd sub-chapter reviews the regulation regime of transaction intermediary behaviour of broker-dealer and governance of misbehaviour therein generally, including the history and current situation of broker-dealer regulation in U. S, the enforcement and responsibility system and the classification and regulatory approaches of misconducts in transaction intermediation of broker-dealer. As the starting point and background of the whole dissertation, this chapter is concentrated with major problems forthcoming.

The 2nd chapter centers around the information disclosure obligation of broker-dealer. The 1st sub-chapter thereof tries to make clear of the theoretical essence of information disclosure of broker-dealer by detailing on the information disclosure regime itself, institutional economic explanation and specific jurisprudence in the application to broker-dealer context. The 2nd sub-chapter focuses on initial information disclosure of broker-dealer during registration and offer some legal analysis on it. The 3rd sub-chapter focuses on continual information disclosure of broker-dealer during operation, which is further divided into 3 parts of account character, transaction process and financial information disclosure. The 4th sub-chapter gives introduction and analysis on the voluntary information disclosure of broker-dealer, which is characteristic of information disclosure regime of U. S. and sharply different from other types of information disclosure.

The 3rd chapter discusses the regulation of the transaction execution of broker-dealer. The 1st sub-chapter discusses the notion of fiduciary obligation in particular the duty of loyalty on the basis of institutional economics. The 2nd sub-chapter analyse the best execution principle which best embodies the duty of loyalty . The author examines the evolution and content of substantive and procedural rules of best execution principle. The 3rd sub-chapter continues to discuss the principle of avoidance of conflict of interests with the emphasis on commission and insider dealing, the former represent the direct conflict of interests between broker-dealer and customers while the latter represents the the indirect conflict of interests between broker-dealer and customers.

The 4th chapter elaborates on the regulation of transaction recommendation of broker-dealer. The legal framework for recommendation of broker-dealer is duty of care. The 1st sub-chapter reviews the time line of the evolution of the duty of care while emphasizing the legal character and standard of performance of duty of care. This sub-chapter also base its elaboration on the institutional economics and negligent tort law. The 2nd and 3rd sub-chapter introduce 2 principles which embody the duty of care. These 2 principles are reasonable basis principle and suitability principle. The author explicate the conception, theory and practice, evolution of these 2 principles. This chapter ends with the introduction of various relevant classified rules.

The 5th chapter pays attention to the feasibility of transplanting the regimes, theories and jurisprudence into the securities field of china. The 1st sub-chapter explains the history and current situation of transaction intermediary behaviour of broker-dealer of china. In the 2nd sub-chapter , after this time line review and on the basis of the reference to the U. S counterpart, the author offers some thoughts on the construction of the regime of the information disclosure of china. The 3rd sub-chapter tries to transplant the concept of fiduciary obligation in the common law system into Chinese legal system via the use of good faith principle. The author thinks the good faith principle can break down into 2 parts named subjective good faith and objective good faith , which are the surrogate for the duty of loyalty and duty of care in the fiduciary context. The introduction of subjective and objective good faith is the possible way to implement the fiduciary-like obligation in Chinese law.

Key Words: broker-dealer; information disclosure; duty of loyalty; duty of care

案例表

In re Merrill Lynch, 911 F. Supp 769 (1995).

In Re Richard - Alyn & Co. ,SEC Admin Proceeding File No. 3 - 9099.

Newton v. Merrill, Lynch, Pierce, Fenner & Smith, Inc. , 135 F. 3d ,at 269.

Charles Hughes & Co. v. S. E. C. , 139 F. 2d 434 (C. C. A. 2, 1943).

In re Cady. Roberts , 40 S. E. C. 907 (1961).

United States v. O'Hagan, 521 U. S. 642, 655 (1997).

United States v. Cassese. 614 F. 2d 1292

DIRKS V. SEC, 463 U. S. 646 (1983)

Hanly v. SEC, 415 F. 2d 589, 595 - 96 (2d Cir. 1969).

SEC v. Texas Gulf Sulphur Co. , 401 F. 2d 833 (2d Cir. 1968), cert. denied, 394 U. S. 976 (1969).

Aaron v. SEC, 446 US 680, 690, 695 (1980).

KAHN v. SEC 297 F. 2d 112 ,115(2d Cir. 1961).

ERNST & ERNST V. HOCHFELDER, 425 U. S. 185 (1976).

Arleen Hughes v. SEC, 85 U. S. App. D. C. 56, 174 F. 2d 969.

Banca Cremi. S. A. v. Alex. Brown & Sons, Inc. 132 F. 3d 1017, 1032 (4th Cir. 1997).

O'Connor v. R. F. Lafferty & Co. , 965 F. 2d 893, 901 (10th Cir. 1992).

McMahon v. Shearson/American Express, Inc. ,482 US 220 ,227 - 38 (1987)
Rodriguez de. Quijas v. Shearson/American Express, Inc. , 490 U. S. 477, 486 (1989).

Peterzell v. Charles Schwab & Co. , No. 88 - 02868, 1991 WL 202358 * 2 (N. A. S. D. 1991).

Peterzell v. Dean Witter Reynolds, Inc. , AAA Case No. 32 - 136 - 0416 - 10. (Nov. 9, 1990).

Aaron V. PaineWebber, Inc. AAA Case No. 72 - 136 - 1146 - 87. (June 28, 1989).

Cass v. Shearson Lehman Hutton, NASD Arbitration No. 91 - 01484, 1994 WL 1248585.

导　论

一、研究的背景与目的

应该说,券商是证券领域的老题材,其相关文献可谓汗牛充栋,但是券商某种意义上又是个新题材,因为作为证券市场的最重要的市场和信息中介,券商在证券市场发展的不同阶段都会成为各方关注的焦点。从历史上看,中介制度的起源甚至早于规范化的证券市场,券商的存在也是举办证券交易所制度的前提。1792 年美国股票经纪人为了规范本行业的行为,签订了美国历史上第一个行业自律协议即梧桐树协议(Buttonwood Agreement),这也成为美国华尔街证券交易所交易规则的前身。梧桐树协议包括了对券商佣金和交易行为的最初规定,是美国有组织和规范化证券市场的滥觞。从梧桐树协议开始直到 20 世纪30 年代,美国券商以及证券行业不仅成为证券市场的法定组织者,其自身所集体遵守的行业规则也成为证券市场运行的主要制度保证(虽然在某种程度上各州的证券制定法和民商事普通法也起到了一定作用,但就联邦意义上而言,自律组织尤其是交易所的规则当时仍是证券市场运行和券商行为规制的主要规范)。随着 20 世纪 20 年代末资本市场的崩溃和大萧条的来临,人们充分意识到券商交易中介行为,尤其是不同金融机构主要是商业银行充当券商之后的短期投机行为对社会整体的巨大伤害,而仅仅依靠地方一级的法律干预已经不能满足,于是以联邦证券制定法(即 1933 年证券法和 1934 年证券交易法)为核心的证券规制体系正式出炉。与原先的自律性机制相比,新体系体现了政府监管与自律规范的合作,是券商行为他律与自律的结合。而对于证券交易市场以及券商而言,最重要的法律则是上述 1934 年的证券交易法及其 SEC 在其下颁布的种种规则,交易所、柜台市场和关联衍生工具市场的交易规则也成为券商行为规范的一个重要渊源。目前,美国已经建立起一个市场格局层次丰富,主体多元,规则相互协调的证券市场体系,而券商交易中介的行为规范成为其中核心组成部分。

与美国的情况不同,我国的证券交易市场一开始就具有强烈的国家主导性质,券商自律从未在券商交易中介行为规制体系中占据重要地位。这是因为在我国,由国家发起的资本市场从来就没能彻底摆脱行政主导的色彩。中国证监会作为官方的行政监管机构无论在管辖范围和规则执行上都与交易所有着高度的重叠,中国证监会甚至对交易所有着直接的人事任免权。因此,在我国,沪深交易所在内的场内交易市场对市场的自律监管实际上几乎难以运作,更多的时候,交易所主要作为官方行政监管的政策工具。有论者认为应该大力提高我国自律监管的地位,借鉴美国的做法将交易所规则的制定权、券商的准入批准权、券商客户纠纷解决的非诉机制等引入我国现行的券商规制体系中,提高自律监管的地位,以充分地发挥自律监管的制度优势和功能特性①。但在目前情形下,券商行为规制在事前不可避免的过度依赖中国证监会,而在事后则唯有走司法诉讼的途径。当然此处值得一提的是,除了沪深证券交易所外,对我国证券市场自律监管有着直接责任的还有另一个券商行业自律组织即中国证券业协会。作为《证券法》所明确规定的自律监管组织,其自律监管工作到目前也颇有成效。但中国证券业协会在面对行政监管的强势主导上也不能摆脱类似于交易所的弱势地位。中国证券业协会在职责和人事上过于依赖中国证监会的授权与委派,而维护会员利益和构建执法手段也属于中国证券业协会的短板。以上种种决定了中国证券业协会在券商自律管理问题上的处境与交易所几乎没有本质的区别。因此,今后中国券商行为包括券商交易中介行为规制的一个重要课题就是如何发挥自律监管的作用,而我国券商规制体系改革的一个重大战略方向同样也应该是摸索适合于中国国情的他律与自律监管相结合的道路。作为现代证券法典范的美国证券法,其一个重大的特点就是做到了自律与他律的成功结合,并在法律强制与行政监管为主导的合作性框架下最大程度地发挥出自律监管的功能与特色。券商行为规制是自律规则的天然领域,因为自律组织本身就是为了对其成员券商行为进行约束而立约构成的。因此美国证券法在券商行为规制的各个环节如何恰如其分地做到自律与他律的结合,都有值得中国借鉴的地方。

除了自律监管的问题,中美券商行为规制还在主要的三个环节上存在较大的差距,这包括信息披露制度、交易执行规制和交易推荐规制,以上三点是券商行为规制的主要基石。信息披露关注券商行为的透明度,交易执行制度关注券商行为的忠实度,而交易推荐规制则关注券商行为的公平度。我国券商行为规制在以上三个环节上都显得力不从心。以信息披露而言,我国对券商信息披露主要关注的是注册阶段的初始信息披露以及经营阶段的财务信息披露,而对与

---

① 纪晨. 浅析交易所自律监管和行政监管的权限划分 [J]. 法制与经济,2009(7):112.

券商行为本身密切相关的经营信息披露和主动信息披露等的规定却付之阙如，这说明我国券商行为仍有很大的暗箱操作空间，这对券商行为的短期化是一种极为不良的制度纵容。另外在券商交易执行上，在我国主要体现证券经纪业务中客户交易委托的执行。由于我国证券市场格局所限，几乎不存在交易委托执行上的路由选择与成本考量的因素，交易一般是通过交易所的自动交易机制以时间－价格优先的方式执行，而对于客户委托执行过程中券商与之的利益冲突领域如券商佣金以及券商非现金形式的利益共享安排等，我国在此方面的规制设计都严重地阻碍或者滞后于实践，包括对券商佣金仍采取行政手段加以硬性规定，对证券交易执行以外的增值服务的收费方式仍然与交易执行本身截然分开，这削减了券商提供一揽子服务的积极性。此外，对于非现金方式的利益共享安排，我国也未能作出详细具体的规定，而防止利益冲突的中国墙机制在我国也未能和责任豁免的法定条款相挂钩。随着中国证券市场结构的完善，主板与副板体系的配搭，以及券商以客户为中心的增值服务的开展，借鉴美国券商交易执行规制的思路势在必行，这包括忠实义务中的最佳执行原则和避免利益冲突原则。当然如何在我国的法理框架内移植美国法概念下的忠实义务是一个值得详细论证的问题。最后是券商交易推荐的问题，所谓的券商交易推荐，也就是券商对客户的证券投资决策施加积极影响的一种行为。券商交易推荐的兴起是券商作为交易中介业务转型的一个结果，目前在我国是一种新兴的现象，这可以在券商委托理财，资产管理和全权委托等诸多活动中有所涉及，而其主要是大量存在于券商以客户为中心的市场营销和增值服务提供中。我国在券商交易推荐方面的规制也存在规范数量不足，规定简单粗陋的问题，而这应该从借鉴美国券商交易中介行为规制中的合理基础原则与客户适合性原则出发，对我国券商交易推荐规制体系进行更为精细的雕塑。

二、研究的思路与结构

除了导论和结束语之外，本书的正文部分共分五章。

第一章对券商一词在美国法语境下的含义进行了辨析。笔者首先对券商与其他常见的资本市场主体进行比较，这包括美国法上券商（broker-dealer）与证券公司（securities firm）以及投资银行（investment bank）。在正本清源的基础上，笔者进一步对券商的构成性特征即券商的特殊功能与结构性特点加以分析，指出本文所研究的券商是一种在美国证券交易市场上以证券交易为惯常营业的专门商事主体。在对券商的含义与基本特征详加阐述后，笔者立足于制度经济学的理论对券商作为一种金融中介组织在证券交易市场上所起的作用加以分析，指出券商证券交易活动在制度层面上有着补充金融市场功能，增进投资者福利和推动证券市场创新等三方面的作用。而同样从制度经济学的角度看，影响券商上述经济职能发挥的最重要因素无过于券商与客户之间存在着的信息不对称的委托代理关系。委托代理结构的存在是券商行为规制的直接和根本的原因，无论是何种的券商行为规制，其本质上都是破除委托代理结构下券商存在的道德风险和逆向选择行为，最终极大地发挥券商在证券交易市场上的制度功能。在对券商交易中介行为的经济原因进行剖析并指出券商行为规制必须以券商客户的委托代理关系为对象后，笔者从高屋建瓴的视角对美国券商规制的历史，券商行为规制的执法与责任体系以及券商不当交易中介行为种类以及规制路径等问题进行了简要介绍，以作为展开全文的一种背景性质的叙述。

第二章是对券商行为的市场化规制方式也即信息披露规制进行全面的介绍，所谓的信息披露指的是券商向客户披露与自身有关的经营、财务与治理信息，还包括券商主动向客户公众传播经其加工的市场公开信息。美国券商信息披露的最大特色在于一方面其通过法律、法规和自律规则强制性地积极要求券商向社会公众披露其自身的原始信息，另一方面对于券商出于自愿向社会公众主动披露的信息以消极的方式加以限定性规范。通过对强制信息披露和对主动信息披露的规范，最终提高券商交易中介行为的透明度。

第三章对规制券商交易执行的法律构造即券商信赖义务中的忠实义务进行分析。所谓的信赖义务指的是因客户与券商之间的信任与依赖关系所引起的券商对客户所承担的义务。其在内容上可以分为忠实义务与注意义务两个方面。前者指的是券商在执行客户交易委托的过程中从客户利益出发，避免与客户发生利益冲突，而后者指的是券商在向客户推荐证券的时候必须合理注意避免其推荐行为可能会对其客户造成的误导与损害。相比于券商行为的信息披露规制，券商信赖义务是从券商与客户关系的内部对其加以规范，也是从积极的角度为券商与客户的委托代理关系构造一个符合立法证券规制价值取向的规范体系。就忠实义务而言，券商忠实义务在具体内容上包括券商最佳执行和避免与客户利益冲突的两方面。所谓券商的最佳执行指的是在复杂的证券交易市场条件下，券商运用自己的专业知识与技能尽可能地为客户寻找最佳的交易条件，这可能是最佳的价格，也可能是最能满足客户要求的任何一种执行方式。所谓的利益冲突避免指的是券商应尽最大努力避免与客户的利益发生冲突，这包括在与客户发生直接的利益冲突如在券商报酬取得方面，也包括与客户发生间接的利益冲突如在券商内幕交易方面。

第四章则转而关注券商在交易推荐方面的规制，券商交易推荐是券商对客户在证券交易中投资决策施加积极影响的一种行为。由于券商相对于客户专业知识、技能和信息上的优势,因此券商在许多情形下不仅仅被动地作为证券交易的中介,还能对客户的投资决策进行引导。尤其是随着世界范围内券商固定交易佣金制度的变革,券商之间竞争压力陡然增大,再加上金融服务综合化的趋势也使得券商越来越从传统的以交易为中心的盈利模式转向以客户为中心的盈利模式,从而越来越注重对客户的市场营销与服务。在此大背景下,券商交易推荐成为一种普遍和大势所趋的行为。为此,美国证券规制体系的应对之策是对券商交易推荐行为施加注意义务要求,要求券商必须以其职业标准进行交易推荐,未能达到这一要求的券商就被认定为未尽到合理注意的义务,从而构成虚假陈述并承担相关责任。券商交易推荐的注意义务可以划分为推荐有合理基础证券的义务以及适合特定客户投资需求的证券,前者被称为合理基础原则,而后者被称为客户适合性原则。券商交易推荐必须同时满足这两个原则的要求方能免于可能的责任。

第五章则从比较法的进路出发试图研究美国券商行为规制的理论与制度移植到中国券商行为规制的可行性。笔者基本以上述各章的顺序为思路,逐一考察了我国当前券商行为规制在信息披露、忠实义务和注意义务方面的理论和实践。当然作为行文逻辑的起点,该章在一开始对我国法语境中的券商即证券公司的交易中介行为进行了分析,并指出在我国证券市场的目前阶段,券商在证券交易市场上的交易中介行为一般指的是证券经纪业务,证券交易执行指的是证券经纪业务中的客户委托执行,而证券交易推荐指的是证券交易之前的经纪业务中券商对客户的招揽、交易中的建议和其他附随于交易的服务。在此基础上,并借鉴美国相关的法律理论与实践,笔者对建立我国的券商信息披露体系以及以诚实信用原则为中心构筑我国券商交易中介行为的规范体系提出了自己的看法。

三、研究的方法

笔者在行文过程中综合运用了比较分析、历史分析、案例分析和经济分析四种研究方法。

首先,本文的选题是国别法研究,而国别法研究的最大意义当然在于对我国法的借鉴,因此在本文的最后一章,笔者集中将美国券商交易中介行为规制与中国法中的有关规定进行比较,意图达到法律移植的效果。此外在其余各章的行文中,笔者也有意识地在有关章节中对美国证券行为规制相较于我国的特色简单提及。可以说,比较法研究是一个国别法研究的出发点和落脚点,比较分析的方法自然也成为笔者论文所必然涉及的方法。

其次,历史分析的方法。证券领域是一个古老而又崭新的领域。古老在于其宗旨始终是追求市场的公开、公平与公正,始终以投资者利益的保护为最高的价值取向。而崭新在于证券领域一直随着时代的发展,经济发展程度的不同和技术手段的更新换代而同步发生变化。历史分析方法的精髓在于能够通过时间线索的梳理对规则的来龙去脉有着恰当的把握,从而有助于更好地洞察和把握美国现今法律规则的合理性与科学性。这对我国目前已存的券商行为法律规制也有着不可忽视的意义。

再次,案例分析的方法。美国是普通法系的国家,其与我国所属的大陆法系最大的不同在于先前判决的效力。实际上,案例不仅在美国证券司法中对规则的形成起着重要的作用,而且也是深入阐述有关法律理论重要载体。证券领域中,美国的以先前判决为基石的普通法传统不仅体现在法院系统,还体现在SEC(即美国证券监管委员会)的行政监管实践中,这包括行政裁决和不行动函等对有关规则与理论的阐发。笔者在行文中,适应于美国普通法传统的上述特点,穿插介绍了与叙述有关的案例,以增加生动性,并使得读者得以感受在真实世界中的法律思维和逻辑。

最后,经济分析的方法。证券法有很大部分是属于经济法的范畴,即属于法律对经济运行特别是资本市场运行加以干预的体现,因此经济分析可以对法律调控如何与经济运行本身的价值特别是经济运行的效率目标相协调提供指导。而且在法律经济分析大行其道的今天,效率本身也逐渐开始成为法律本身所追求的一种价值,因此经济分析的方法为笔者大篇幅运用实属必然。

第一章 券商交易中介行为规制的
基本概念和理论框架

券商(broker-dealer)是美国证券交易市场历史最为悠久,活跃程度也最高的市场中介(market intermediary)组织,也是证券交易市场实际上的组织者。券商的活动分布极广,不仅仅涉及证券发行、证券交易中介,还涉及证券交易信用提供、交易清算、同业借贷、客户资产和隐私保护以及金融不法行为如洗钱和恐怖主义融资的监控。相应地,券商规制也不仅仅涉及对其发行规则和交易中介规则,还包括财务规则、融资融券(即交易信用)规则、清算规则、客户资产与隐私保护规则、客户身份确认规则(Customer Identification Rule,CIR 规则)以及持续经营(Business Continuity)规则等,但尽管有上述种种,证券交易市场上的券商交易中介活动及其规则体系始终是券商及其规制的中心和基础问题。所谓券商交易中介行为,简单地说,也就是券商在证券交易市场上作为中间人促成证券所有权在不同投资者之间流转的一个过程。券商交易中介行为从内容看包括交易执行与交易推荐,而从方式看可以划分为证券经纪和证券自营。本章将首先对美国券商的定义、构成特征与社会功能进行描述,并在此基础上对其规制的历史和现状,进而对不当交易中介行为的种类和规制路径加以简要分析,从而形成全篇论文高屋建瓴的概括和铺垫。

第一节 券商的定义及其构成性特征

美国证券市场体系分为一级市场即证券发行市场和二级市场即证券交易市场两部分。前者是发行人向公众投资者销售证券的市场,而后者是投资者相互间转让证券所有权的市场,其不仅是证券市场体系最重要的组成部分,也是实现证券流通、价格发现和资本配置的主要场所。活跃于证券发行市场并作为发行人向投资者销售证券的中间人是承销商(underwriter)[1],而活跃于证券交

---

① 15U. S. C. §77b‐(a)(11)(1933).该条对承销商的定义是任何为证券的分配从发行人手中购入证券,或就证券的分配为发行人提供或出售证券,或参与或直接或间接参与任何这类事情,或参与或参加任何这种事情的直接或间接认购的人。

易市场并作为不同投资者之间相互转让证券的中间人的是经纪商(broker)与交易商(dealer)①,合称为经纪交易商(broker-dealer),也即本文研究题旨中的券商。从概念上看,券商与证券公司或投资银行有多方面的区别,而从判定标准上看,券商也有着自己独特的构成性特征。

一、券商语义辨析及其社会功能

对券商语义的辨析首先要立足于对"证券"语义的辨析。根据美国1933年证券交易法2(a)(1)条和1934年证券交易法3(a)(10)的规定②,"证券"包括任何代表一定收益权与参与权的证书,只排除货币市场的短期融资工具如货币本身和票据、汇票和9个月内到期的承兑汇票。虽然所涉广泛,但真正在公开证券市场上发行和交易的一般只是权益证券,也就是上述定义条款中所提及的股票和类似证券、与股票及其类似证券相关联的证券期货、可转换证券和带有认购权或认购证的证券。就证券的实质,司法上认为其是一种投资合同,是一种合同、交易或计划,一个人据此(1)将他的钱投资(2)投资于共同单位,并且(3)受引导有获益愿望(4)利益全部来自发起人或第三人的努力③,根据上述标准,只有权益证券最符合于证券的"投资合同"本质。一般而言,无论权益证券的发行还是后续交易都需要根据1933年证券法或1934年证券交易法履行法定注册和披露义务,但这不包括某些获得豁免的证券或者交易④,这些证券或交易的监管要求较为宽松,其中较为典型的就是市政证券(municipal securities)和

---

① 15U. S. C. §78c - (a)(4)(1934)对经纪商的定义是其业务系为他人进行证券交易的人和组织,15U. S. C. §78c - (a)(5)(1934)对交易商的定义是为本身通过经纪商或以其他方式从事证券买卖业务的人。需要指出,交易商实际上就是从事自营业务的商事主体,但其与一般意义上的自营商(trader)又有区别,因为交易商从事自营业务目的是中介证券交易,因此在本文中交易商及其自营业务不宜与中国证券法语境中的自营商及其自营业务混同。在美国法中,虽然两者根本上都是为自己账户进行自营交易的券商,但与自营商(trader)相比,交易商(dealer)特点在于有经常性客户并直接与投资者打交道,在固定地点营业且营业额具有规律性等。交易商只有在例外情况下,如做市时,可以与专业人士之间进行交易。交易商除了交易证券外还提供市场报价、投资咨询、融资融券等,这都不是普通自营商所具备的。参见[美]路易斯·罗斯,乔尔·赛里格曼. 美国证券监管法基础[M]. 张路等译,北京:法律出版社,2008. 601.

② 根据最高法院的有关判决,无论这两个关于证券的定义条款的措辞为如何,应该按照"实质上完全相同"加以对待。参见[美]托马斯·李·哈森. 证券法[M]. 张学安等译,北京:中国政法大学出版社,2003. 24.

③ 同上,第25页。

④ 这些豁免的规定体现在1933年证券法第3条与第4条以及1934年证券交易法第3(a)(12)条中,其中主要是从发行人的性质和证券的特点以及证券交易自身的特点所规定的(这里所指的证券交易不但包括证券交易市场上的经纪和自营交易,还包括在证券发行市场的承销与分销。参见15U. S. C. §78c(a)(12)(1934)以及15U. S. C. §77c - d(1933).

政府证券（governmental securities）。市政证券是州、地方或其他政府分支机构或代理机构发行的债券，具有政府担保，在专门市场上从事市政证券业务的交易商在早期免于 SEC 或 SRO 监管，虽然在 1975 年证券交易法修正案中对其施加了注册和披露要求，但相对于一般券商仍较为宽松。市政证券交易商的自律监管组织是市政证券立法委员会（Municipal Securities Regulations Board, MSRB）。政府证券是联邦政府或者联邦机构发行或担保的债券，有关机构对经营政府证券的券商的监管严格程度介于市政证券交易商和普通券商之间①。当然在本文中，上述经营市政证券和政府证券的券商因不具有典型性而非论述对象，本文所谓的券商主要指的是在证券交易市场上经营一般权益证券（包括认定为证券的金融衍生品）的专门商事主体。

"券商"一词从中文字面上说是"证券商"的简称。在我国证券法中，对证券商的法定名称是证券公司，其是"指依照公司法规定和依前条规定批准的从事证券经营业务的有限责任公司或者股份有限公司"②。而在美国证券法律、文献与实务中，用来指称券商的有三个经常互换并且引起混淆的词语，即证券公司（securities firm）、投资银行（investment bank）和经纪交易商（broker-dealer），三者在含义和用途上有着相当大的差别。由于本研究主要围绕证券交易市场展开，因此券商准确的对应名称自然应该是经纪交易商（broker-dealer）。但在研究的开始部分，对以上三个名词进行比较，有助于澄清概念并奠定研究的基本框架。

最先应当关注的是字面上与我国券商法定名称最为接近的"Securities Firm"，即证券商行或证券公司。其实，与我国证券法对证券公司一词的明文规定不同，在美国证券领域所谓的证券公司（Securities Firm）是对在证券领域经营的商业机构的统称，其未见诸任何正式法律条文。根据美国《商业管理辞典》（Dictionary of Business and Management）的简要定义，证券公司就是其收入依赖于投资其他公司证券的一种组织③。"在登记发行和其他方面，证券公司起着各种不同的作用，当它们发挥这些作用时，证券公司将在有关这些作用的描述中被提及"④。证券公司可以包括承销、自营、经纪和做市以及投资银行等多种职能，因此其实质就是从事证券经营的商事机构，脱离了这个本质特征的任何金融机构都不能称之为证券公司。上述证券公司的含义有两点局限性，首先，在

---

① ［美］托马斯·李·哈森．证券法［M］．张学安等译，北京：中国政法大学出版社，2003.411－418.

② 《中华人民共和国证券法》第一百二十三条，2005 年。

③ JERRY M. ROSENBERG, J. WILEY. Dictionary of Business and Management［M］. New York, NY：Wiley, 1993. 305.

④ ［美］莱瑞·D. 索德奎斯特．美国证券法解读［M］．胡轩之译，北京：法律出版社，2004.34.

美国证券法中,从业商事主体的法定注册资格不仅仅局限于法人,还可以适用于自然人①,而且自然人证券业者在美国已属于常态,从这点说,上述仅仅是法人意义上的证券公司,相较于券商(broker-dealer)的含义有其明显的局限性;其次,由于美国金融混业趋势的增强,许多其他类型的金融机构如银行、保险公司和储蓄协会也开始介入证券经营,而如果仅是从证券经营角度对相关商事主体加以定义,就必须将其限定为"主要"从事"证券经营"的组织,而此中标准却难以划一。因此,更为合理的办法是从功能特征的角度对证券市场上不同商事主体进行区分,而这正是美国联邦证券法所采行的做法,其正式条文从功能角度对行为主体加以命名和定义,这包括承销商、经纪商、交易商、做市商等②。

Investment Bank(投资银行)实际上是在美国资本市场上比证券公司(Securities Firm)使用更广泛的一个名词。投资银行一词学理解释弹性极大,但基本上达成共识的是,只有那些在资本供需者之间从事中介业务的金融机构才能被称为是投资银行。因此,当一家金融机构的主要或核心业务是从事资本中介服务的时候,投资银行是比证券公司更为恰当的一个用词。美国著名的金融投资专家罗伯特·库恩对投资银行的四种分类就体现了上述观点③。他认为投资银行和证券公司有所区别,那些业务范围仅限于帮助客户在证券交易市场买卖证券的金融机构叫证券公司(securities firm)或证券经纪公司(brokerage firm),不能称为投资银行。和投资银行一词在商业上的含义相契合,美国证券法律对投资银行一词的涵盖范围持有类似甚至更为狭隘的观点,在被广泛认为造成了商

---

① 根据1934年证券交易法3(a)(9),人指自然人、公司、政府或政府的行政区、机关或机构,参见15U. S. C. §78c(a)(12)(1934).

② 根据1933证券法2(a)(11)条,承销商指的是任何为证券的分配从发行人手中购入证券,或就证券的分配为发行人提供或出售证券,或参与或直接或间接参与任何这类的事情,或参与或参加任何这种事情的直接或间接认购的人,但其不包括利益仅限于从包销商或交易商那里收取不超过经销商或出售商通常或惯常收取的手续费的人。根据1934年证券交易法3(a)(4) - (5)条,经纪商和交易商分别指的是为别人和为自己账户进行证券交易的人。根据1934证券交易法3(a)(38)条,所谓的做市商指的是被允许充当证券交易商的特殊会员,作为大宗头寸商的交易商以及声明(通过交易商间通讯系统达成报价或以其他方式)在证券方面愿意定期或持续为本身买卖该种证券的交易商。

③ 库恩认为投资银行可以是如下四类定义的一种:(1)投资银行是经营华尔街金融业务的金融机构,其业务几乎包括所有金融活动:从证券承销、证券交易、并购顾问、基金管理到海上保险、不动产投资等。(2)投资银行是经营全部资本市场业务的金融机构,业务包括证券承销与交易、企业并购、企业融资、咨询服务、资产管理、风险投资等,但不包括保险与不动产投资。(3)投资银行是经营部分资本市场业务的金融机构,业务包括证券承销与交易、企业并购、企业融资等,但不包括资产管理、风险投资、保险与不动产投资等。(4)投资银行是从事证券承销与交易的金融机构,业务主要是一级市场证券承销、二级市场证券交易。张东祥. 投资银行学[M]. 武汉:武汉大学出版社,2004. 1 - 2.

业银行和投资银行分业的格拉斯 – 斯蒂格尔法案中①,立法者对商业银行所不能从事的业务进行了列表式的规定,其中的核心就是"证券的发行、包销或分配",从而间接地对投资银行作出了描述。与此类似,在美国 1940 年投资公司法对可与投资银行通用的投资银行家(investment banker)的定义中,明确规定:"投资银行家"是指从事他人发行证券的承销业务的任何人,但不包括投资公司、不在日常业务基础上而是在单个交易中担任承销商的任何人或者从事实推断某些只为一家或多家投资公司承销证券的任何人(在这个定义中,"人",person,可以指自然人或者公司)。在 2002 年萨班斯 – 奥克斯利法案(2002 Sarbens-Oxley Act of USA,以下简称萨班法)中,虽未正面定义,但却多次从行为特征的角度直接使用投资银行(investment banking)一词,并将其与在证券交易市场上从事证券交易活动的经纪人和证券商相并列以示区分②。在萨班法通过前后,在全国证券商交易协会(National Association of Securities Dealers,NASD③)的规则中,更明确地把投资银行定义为"包括但不限于为发行人在发售中充当承销商;在并购中充当金融顾问;提供风险资本,净值贷款,上市公司私募股权投资(私募投资,公开股权交易)或类似投资;或充当发行人的私募代理。该名词还包括证券承销中的销售团体成员④。比较投资银行和证券公司,可以看出,虽然两者的含义在证券承销上有所交叉,但是侧重点上有所不同,投资银行主要强调充当资本市场中介,而证券公司则强调经营证券市场业务。

第三个经常用来指称券商的词是 broker-dealer,字面译为经纪交易商⑤,这也是本文所采用的券商英文名称。从字面上看,broker-dealer 是 broker 和 dealer 的复合名词,美国证券示范法——美国 2002 年统一证券法(The Uniform Securities Act of 2002)在其正文中使用了 broker-dealer 这一复合词⑥,并将其定义为那些为自己或者他人账户进行证券交易的人。容易发现,2002 年统一证券法中的 broker-dealer 是基于 1934 年证券交易法中经纪人(broker)和交易商(dealer)定

---

① 该法案已在 1999 年被废除。

② 这里需要说明另一个容易引起混淆的概念是规定在 1934 年证券交易法 17(i)(5)(A)中的投资银行控股公司,其是指拥有或控制一个或一个以上的经纪人和交易商的任何非自然人及其关联方,是一个和投资银行有区别的概念。

③ NASD 后来与 NYSE(纽约证券交易所,New York Stock Exchange,简称 NYSE)合并成 FINRA(金融监管局 Financial Regulations Agency,简称 FINRA),由于与券商规制有关的自律规则和解释几乎都是在 NASD 时期出台的,因此为了行文方便本文在相应地方仍保留 NASD 的指称。

④ NASD Rule 2711(a)(2),NYSE Rule 472.20。

⑤ 需要注意的是本文将 dealer 翻译成交易商是为了符合翻译上约定俗成的习惯,除了交易商以外,美国法中还有从事一般自营业务的自营商即 trader。

⑥ 截至目前,美国统一证券法已经为 15 个州和 8 个有影响力的法律和证券组织所采用。

义的简单相加,因为在1934年证券交易法中,经纪人指的是"为他人账户进行交易的人",而交易商是"为自己账户进行交易的人"①。当然,broker-dealer复合词能够在统一证券法中出现也有着实际的原因,这是因为经纪和自营是证券交易市场日常活动的主要部分,大多数证券经营主体同时兼具经纪和自营的角色,所以在很多情况下法律确实无法也无需将经纪商和交易商截然分开规范,从而在称谓上券商(broker-dealer)一词也逐渐成为美国证券法律领域对经纪商或交易商的便利而统一的称呼。与证券公司或投资银行相比,美国法上的券商有如下两个特点:一是作为证券交易市场上从事中介活动的商事主体,券商在美国联邦证券制定法上具有直接和确定的法定含义,其证券交易中介的资格是经过1934年证券交易法严格的注册程序而获得的,而不论其经营规模大小、业务范围广狭以及是法人还是自然人;二是券商的定义乃从行为体功能特征的角度出发,而对证券公司或投资银行的定义则更多从经营范围的角度出发,两者比较前者既更加具体也更具灵活性,能够包含证券交易市场上一切从事证券交易中介活动并取得法定资格的主体。券商经营范围广狭不一,美国证券行业组织,证券行业和金融市场协会(The Securities Industry and Financial Markets Association, SIFMA)指出,券商可以指只涉及简单证券经纪业务的折扣商,也可以是全国性综合服务商和地区性服务商,甚至可以是经营范围极广的全能服务商和大型投资银行②。券商的经营方式也各不相同:从证券经纪角度来看,券商可以是全服务经纪商、折扣经纪商、佣金经纪商、场内经纪商、专家经纪商和零股经纪商;而从证券自营的角度看,券商可以是场内交易商、专家交易商、零股交易商、柜台市场造市商和无风险自营交易商(Riskless Proprietary Transaction Dealer)。全服务经纪商(Full Service Broker)指的是提供投资服务组合的经纪商,这些服务包括财务建议、市场研究、股票推荐和指令执行。全服务经纪商的收费一般高于折扣经纪商③。折扣经纪商(Discount Broker)一般指的是仅提供指令执行服务的经纪商,因此在佣金收取上比较低廉。佣金经纪商是证券交易所成员的雇员,其为该成员券商或其客户在交易所执行交易指令,指令来自于成员券商的场内交易席位或其注册代表④。所谓专家(Specialist)则指的是负有维持某一证券的公平和有序市场责任并注册为场内专家的交易所成员,专家可以是

---

① 从1934年证券交易法3(a)(4)以及3(a)(4)中可以看出,交易商排除了那些不从事证券交易业务的人,即那些以个人或者信赖关系受托人身份为自己买卖证券但不以其为常业的人。

② SIFMA. Securities Industry Factbook 2002 [EB/OL]. http://www. sifma. org/research/statistics/other/2002Fact_Book. pdf,2009 – 06 – 01.

③ NORA PETERSON. Wall Street Lingo[M]. Ocala,FL:Atlantic Publishing Company,2007. 46.

④ DAVID LOGAN SCOTT. Wall Street words,3rd Ed. [M]. Boston,MA:Houghton Mifflin Harcourt, 2003. 71.

经纪商也可以是交易商。专家经纪商(Specialist Broker)的主要职责是维护专家交易簿和设定其担负专家职责的证券的开市价格。专家交易商(Specialist Dealer)的主要职责是维持指定其为专家的证券的有序市场并处理零股指令①。零股交易商(Odd Lot Dealer)指的是以零股形式买卖证券的交易所成员,零股交易商一般是特定证券的专家交易商;零股经纪商(Odd Lot Broker)则指的是代理客户买卖零股证券的交易所成员(所谓零股指的是一种股票交易数量,其一般少于正常的交易单位)②。场内交易商指的是以自己账户在交易所场内执行证券交易并自负盈亏的交易所成员。场内经纪商(Floor Broker)指的是受雇于其他交易所成员的交易所成员,其职责是在交易所场内作为经纪为其雇主的客户执行指令③。无风险自营交易商指的是从事无风险自营交易的券商,所谓无风险自营交易指的是这样一种交易,券商在收到客户买卖指令后,相应地为自己账户买或卖该证券来对冲同时期对其他客户的反方向指令。由于美国奉行的证券合业主义,只要拥有相应注册资格,券商经营范围和经营方式实际上并无限制。

　　无论千变万化,券商的法定职能无过于经纪与自营两项,经纪是交易中介行为自不待言,而自营业务如果以维护市场流通为目标则其也成为证券交易中介的一部分,提供此种自营业务的券商也称为交易商。就本文题旨而言,券商自营业务就是指交易商自营业务。在美国证券市场上,这两种表面上有所区别的角色即经纪商和交易商实际上却具有内在的统一性:即其都是通过不同方式维持证券交易市场基本流通,解读不同渠道市场信息,发现证券价格并增进投资者福利的专门商事主体。两者从根本上看都是证券交易市场的中介渠道,其差别不过在于前者是通过代客买卖并收取客户佣金的方式取得酬劳,而后者是通过自己买卖来赚取对客户的买卖价差而生存,两者都起到了以付酬方式中介证券交易作用。随着美国证券市场结构,证券业者组织形式和证券交易技术的发展,经纪业务和自营业务也与时俱进,但这两种业务一直以来是美国证券交易市场活动的重要部分,也是证券行业收入主要来源之一。在证券交易市场中,履行证券经纪与自营职能的券商本质上是市场交易网络的组成单元、市场交易信息的过滤管道和不同市场主体间交易的链接纽带。券商作为交易中介的社会功能表现在证券市场组织和投资者委托执行两大方面。首先,由于券商对证券市场整体负有义务,因此券商不仅是投资者进入证券市场的必经渠道,

---

　　① KENNETH M. MORRIS. Standard & Poor's Dictionary of Financial Terms[M]. New York:Lightbulb Press,2007. 190.

　　② BOSTON INSTITUTE OF FINANCE. Boston Institute of Finance stockbroker course:series 7 and series 63 test preparation[M]. Hoboken：Wiley,2005. 146.

　　③ JOHN DOWNES, JORDAN ELLIOT GOODMAN. Barron's Finance & Investment Handbook[M]. Hauppauge,NY:2003. 428.

还是证券市场的天然组织者。券商通过各种行业自律组织(Self Regulation Organization, SRO)建立不同证券交易中心如交易所和柜台市场,也通过最新交易技术建立了各式各样的私人电子交易平台①,形成了多中心和多交易机制的证券市场格局,从整体上维持了证券市场流动性及其对证券的价格发现功能,并通过种种规则保证了此种"碎片化"(fragmentized)证券市场的竞争与公平。其次,券商对作为其客户的投资者个体也负有义务,表现在通过种类繁多的交易指令和账户类型忠实执行客户交易委托上,其中比较重要的包括市价指令(market order)、限价指令(limit order)、定向指令(directed order)、全权委托指令(discretionary order)、大宗交易指令(blocktrade order)、小额指令或零股指令(small order or odd-lot order)以及配对指令(cross trade order)等,而以市价指令、限价指令、大宗交易指令和全权委托指令最为常见②。由于指令形式多样化及

---

① 目前美国交易所主要包括纽约证券交易所(即 NYSE)、美国证券交易所(即 AMEX)和一些地方性交易所,而柜台市场主要包括纳斯达克(即 NASDAQ 市场)和 NNOTC(非纳斯达克交易市场)两大板。纽约证券交易所的全称是 New York Stock Exchange,美国证券交易所的全称是 American Stock Exchange。纳斯达克的含义是全国证券交易商协会自动报价系统,其英文全称是 National Association of Securities Dealers Automated Quotations,而非纳斯达克交易市场英文全称是 Non Nasdaq Over-The-Counter Market),纳斯达克是美国证券柜台市场的主要组成部分,其准入和监管的要求也最严格。非纳斯达克交易市场细分起来还包括 OTCBB(Over-The-Counter Bulletin Board,柜台市场公告板)市场、粉红单市场(Pink Sheet Market)和第三市场(Third Market)三个部分,OTCBB 是为那些无法达到 NASDAQ 和交易所上市门槛的证券所创设的市场交易系统,其准入与监管的要求较低,而粉红单市场则是为那些甚至无法达到 OTCBB 的证券创建的交易系统,而第三市场则是在柜台市场大宗交易那些在交易所上市的证券而创设的市场交易系统。券商私有的替代交易系统英文名称是 Alternative Trading System,简称 ATS,ATS 是允许券商相互交换证券买卖盘信息以及自动执行证券交易指令的计算机通讯系统,ATS 有许多种形式,其中最典型的就是 ECN,即 Electronic Communication Network 电子通信系统。

② 市价指令指的是按照现存最佳市场价格全额执行证券交易的指令,最佳价格指指令执行当时所能寻求到的市场价格,市价指令缺陷在于其执行质量往往因为专注于寻求价格而执行速度不理想。限价指令是在某种限定价格范围内执行证券交易的指令,当证券价格达到限价范围时,限价指令就自动转换为市价指令并按照当时最好市场价格执行客户指令。大宗交易指令是单一指令中所涉证券数量庞大以至于市场无法消化从而影响当前市场价格的指令,大宗交易指令必须赋予券商对交易的自由裁量权,因为其往往无法一次性或按照一种价格完成指令的执行。全权委托指令是由券商对证券交易指令的执行方式和时间进行自由裁量的指令,其一般源于券商与客户之间的全权委托账户关系,全权委托指令并不豁免券商相关的执行义务,因此券商必须特别注意只为客户利益运用其自由裁量权。除了书中所述最为常见的四种指令外,其他指令形式如定向指令、小额或零股交易指令也比较常见。所谓的定向指令指的是客户指定在特别类型的市场或具体某个交易中心执行的指令,所谓的小额或零股交易指令指的是所涉的证券数量较小的指令,零股一般指的是 100 股以下。小额或零股交易指令一般通过专门系统执行或券商承担特殊的执行义务。最后一种较为特殊的指令执行方式是配对交易,其实配对交易严格上说并非源于客户意愿,从而也非客户指令形式,其是在券商意愿支配下的一种特殊交易执行方式。配对交易指的是券商将其所持有的交易方向相反的客户指令在内部互相冲销或将客户指令与自有证券持仓在内部冲销,配对交易是内部化指令执行的一种方式,其规避了公开市场的证券价格。

其带来的券商客户关系的多样化,使得券商和投资者之间已经超越了一般的代理或合同关系,在很多情况下,券商与投资者之间建立的是一种法律上的信赖关系,更有甚者,券商对投资者还负有职业道德上的义务。券商对投资者义务的核心就是消除投资者信息弱势地位、最大程度维护投资者利益并保证证券交易公平性,这是因为证券交易市场作为一种"信息市",投资者获取的信息大多数都经过市场中介和信息中介的过滤和解读,而这其中最重要的就是券商,故此券商对投资者的上述义务责无旁贷。

二、券商构成性特征解析

美国证券交易市场发展早期,市场主体基本上只有券商和投资者双方,而随着时间推移、市场容量扩展和市场结构日益复杂,券商职能不断丰富,类型不断增加,券商之外的市场专门商事主体也不断出现,这一切都使得不同商事主体之间的联系以及利益冲突的可能性大大增加。上述发展要求法律对各种商事主体加以区分和界定并划分其各自权利义务,从而有效实现维护市场公平运作和保护投资者利益的目的。尤其就券商而言,它是证券交易市场上起基础作用的市场主体,同时也是最为活跃及与其他市场主体联系最为密切的市场参与者,因此如何界定券商的主体资格一直是美国证券法的焦点问题之一,并在整个美国证券市场的发展史中首先受到各方的关注。前已述及,券商(无论是经纪商还是交易商)的法律含义在 1934 年证券交易法中已有明确界定。但该定义给司法和行政部门预留了相当大的阐释空间。由于券商主体资格的认定标准关乎券商注册及监管,因此其无疑成为一个重要的先决问题。考察 1934 年证券制定法中关于券商定义的用语,可以看出,立法者认为无论是经纪商还是交易商的认定其起码应包含如下两个标准即惯常(regularity)标准和交易(transaction)标准,前者是指相关主体必须在常业的基础上进行活动,后者是指该活动必须是以证券交易为内容。

券商主体资格标准实际上是借助美国证券领域法定行政监管机构证券交易委员会(Securities Exchange Committee,SEC)就是否准许对券商进行注册的意见而形成的。由于除了少数例外,绝大多数券商都必须向 SEC 注册,因此对券商注册标准的阐述意见也间接成为有权机构主要是 SEC 对券商主体资格进行界定的方式。SEC 就券商的主体资格认定主要是持续通过不行动函(No Action Letter)发表的。虽然不行动函不是一个正式的法律渊源,但是其中所表述的专业意见在大多数情况下得到法院的尊重,因此不行动函成为了证券制定法外券商主体资格认定的主要依据。纵观 SEC 在不行动函中对相关立场的阐释和陈述,可以明确地看出其是在遵循惯常标准和交易标准的基础上,以个案研判方式对不同情境下券商主体资格认定进行具体化和细化。首先是 SEC 对惯常标准的细化,SEC 认为所谓惯常(regularity)一词指的是相关主体对证券交易的参与具有一贯性。在具体判断上 SEC 常常借助于如下标志性事实:参与的时间长短,涉及的交易规模,活动的频率,表达的意愿以及过往情形。只要满足上述标准的任何一项都可能被认定为券商并被要求注册。与中国证券法显著不同的是,美国证券法并不要求证券业务专营,因此只要满足惯常标准,任何机构和个人,即使并不主要从事证券业务,都有可能被认定为券商而受到监管,只要其是在商业基础上行事。其次是 SEC 对交易(transaction)标准的认定,惯常性标准只是券商主体资格认定的形式要件,而交易标准则是券商主体资格认定的实质要件。交易标准的直接认定依据明示的体现在 1934 年证券交易法的条文中,因为根据该法券商或为自己账户或为他人账户交易证券。但 SEC 认为在不能明确判定自营或者经纪交易存在的情况下,可以借助一些相关的标志性事实,包括是否存在佣金,是否存在业务劝诱(solicitation)等,而就单个自然人而言,可资协助判断的标准包括从业经历等。另外,SEC 也通过一些临时性的标准来判断有关主体的券商资格,但此种临时性标准一般不能形成习惯性做法[①]。

　　以上是从正面的角度界定券商的构成性特征,同样重要的做法是从负面角度对券商与证券交易市场其他商事主体进行区分,从而间接厘清券商的特质。证券交易市场上除了券商以外存在着许多其他的专门商事主体,其也在某种情况下从事证券交易活动或者与证券交易活动密切相关的其他各种业务,而证券市场交易技术和手段的改进也对券商的传统定义提出了某些之前难以想象的挑战。因此,如何将券商与其他商事主体加以区分,如何在新技术条件下审视券商的核心特质,成了摆在立法者与监管者面前的一项棘手任务。

　　在诸多证券市场的商事主体中,首先引起注意的自然是 1934 年证券交易法券商含义中所明示排除的银行(主要指商业银行)。一般认为,从业务功能的划分来看,商业银行和券商的分野非常清晰,券商是以从事证券交易即经纪和自营交易为核心的法人或自然人,而商业银行是以存款吸纳和信贷发放为核心的金融法人机构。但实际上券商和商业银行在历史和现实都有着难以区分的联系和交叉。从历史上看,在同一法人的组织架构下银行经营证券业务久有传统,在 1933 年银行法通过之前,美国各级银行几乎可以不受限制的通过各种机构安排来经营证券业务,这种自由放任的银证协作安排最终导致了严重的市场

---

① DAVID A. LIPTON, A Primer On Broker-Dealer Regulation[J], Catholic Law Review, 1986, 36:975.

投机行为和市场崩溃。为吸取早期银证不分带来惨痛结局的历史教训,在格拉斯－斯蒂格尔法案(Glass-Steagall Act)即 1933 年银行法通过之后,美国建立了严格的银证分业的制度,使得除了少数例外的业务领域,银行不得直接从事证券业务,也不得通过机构联属以及人事互相参与的办法间接进入证券行业,从而使得银行业和证券业之间竖起了高高的格拉斯－斯蒂格尔墙。当然,此后由于金融市场格局的变化,尤其是 20 世纪 70 年代之后 SEC 和法院通过不断对 1933 年银行法加以宽松解释来腐蚀银证隔离以适应变化了的金融市场,最终导致了格拉斯－斯蒂格尔墙的坍塌。在 1999 年,金融服务现代化法案又称格拉姆－利奇－布利利法案(Gramm-Leach-Bliley Act,GLBA)的通过使得银行、保险以及证券之间组织隔离即格拉斯－斯蒂格尔墙制度正式废止。但银证间组织架构隔离撤除并不意味着 1934 年证券交易法对券商与银行区分的过时:因为首先即使根据 GLBA,银行也并非能直接从事所有证券业务,而仍只能在极其有限的例外下才能直接涉足与商业银行核心业务密切相关的证券业务;其次,商业银行通过金融子机构或者金融控股公司间接参与证券交易活动并不能豁免于 1934 年证券交易法的注册程序,但在此情况下与商业银行有关联的子公司或是母公司而非其自身成为受监管的法律主体,所以银行和券商并未混同;最后,商业银行间接参与证券业务的情况下,相关立法以及行政监管对关联机构的待遇与非关联的独立券商相差甚大,这恰恰说明了立法者和监管者坚持对银行与券商性质的清晰区分。当然,反之券商并非不涉及类似于商业银行的信用扩张活动,券商一样可以通过证券信用交易即融资融券的方式为客户提供以证券和资金为形式的交易信用。但以证券融资融券为代表的证券信用交易无论在信用来源还是去向上和商业银行有着根本的不同。就信用来源而言,投资者的融资融券活动基于券商信用,其表现形式既可以是证券也可以是资金,而商业银行只是在同业市场上通过与券商之间的短期资金信用关系而间接介入融资融券活动链条,其与融资融券并不直接相关,其信用的形式也只能限于同业市场上的短期资金;就信用的去向而言,券商融资融券的对象是经过事先严格筛选的少数客户,是证券市场的普通投资者,而商业银行的信用只及于券商本身而与普通投资者无关。从以上看,虽然证券信用交易即融资融券也在一定程度上涉及货币信贷市场,但就整体而言商业银行并未实质性地参与券商的核心业务,券商的上述信用扩张活动本质上只是券商与其特定客户之间的一种特殊的双边契约安排。

　　其次,参与证券交易的还很可能包括作为证券交易前手的中间商(finder)。中间商指的是为证券交易的达成提供居间服务的人,中间商可在投资者之间,投资者与券商之间以及发行人与投资者之间进行证券交易的居间活动。证券交易活动与证券交易居间活动在实践中可能很难区分,而且证券交易的居间活动和证券交易在功能上也是密不可分的。因此,如何辨明中间商和券商也成为美国证券法的一个关注点。这其中的关键点其实在于对券商定义中的交易标准的理解。对交易标准的狭义理解是证券交易只能是一个证券在交易市场上达致成交(effect the transaction)的过程,而广义的理解则可以延伸到任何与交易本身有关的前手和后手活动。就证券法保护证券市场公共利益及证券投资者的立法宗旨而言,无疑把中间商这样的市场主体纳入券商定义中从而对其进行注册和规制是完全必要的。但是,市场上的居间活动是如此广泛且居间活动也是如此的必不可少,以至为此无限制的扩充对"证券交易"的理解从而将所有居间活动纳入券商规制体系在监管成本上看似是一件极不经济的事情。执此两端,SEC采取的做法不是在"交易"一词定义上画地为牢和自我设限,而是坚持在个案基础上灵活应对,但总体趋向是采纳对交易一词的狭义理解,认为只要中间商的活动服从一定的限制,并不实质性地参与证券交易过程,那么中间商就无需注册。那么何者为交易一词的狭义理解,SEC列举出了一系列的标志性事实,集中在相关主体的行为方式和相关报酬上:就行为而言,狭义的证券交易必然涉及证券销售、证券推荐、谈判参与以及持有投资者的证券和资金;就报酬而言,狭义的证券交易必然将相关主体的酬劳与证券交易的结果相联系,无论是直接还是间接。如果中间商不在行为上或者报酬取得上落入上述狭义的证券交易的范畴,那么SEC一般就不会对其提出注册要求①。值得指出的是,券商私人报价和交易系统ATS(Alternative Training Systems,ATS)②也可以是居间活动的特殊类型。随着电子通讯技术的发展,ATS功能必将日益丰富而渗透也会日益广泛,在确定ATS是否属于居间活动并免于券商注册的问题上,关键是确定其是否只是提供交易机会的信息而不介入交易本身。另外,如果将使用者和交易对象局限于一定范围,那么ATS就相当于对投资者提供了类似于券商注册制度的对投资者的保护,从而可免于正式的券商注册。

再次,以证券交易为核心业务的券商能在多大程度上涉及证券顾问或咨询业务一直未有清晰的答案。传统上券商在证券交易的过程中也常常伴随着交易推荐活动,但券商交易推荐活动应完全随附于券商证券交易活动且不应取得独立报酬,因此交易推荐活动虽然在性质上与咨询服务相近,但不足以达到改

---

① DAVID A. LIPTON,A Primer On Broker-Dealer Regulation[J],Catholic Law Review,1986,36:970 – 976.

② ATS在本书第三章将有详细叙述。

变券商证券交易中介本质的程度。随着证券固定佣金制度的废除①,券商之间的竞争核心也从证券交易量转向客户服务,从而经营模式也发生了变化,例如收费模式开始从以交易为基础的佣金模式转向以账户资产为基础的收费账户模式(fee-based account),服务模式从单纯代客交易和自营交易转向从综合服务到网络折扣的多元模式。券商提倡以客户为中心的个性化服务模式必然涉及大量的超出交易中介范畴的智力支持服务,这包括超越证券交易推荐的投资顾问和证券分析等。那么,美国证券法中券商核心构成标准是否与此类业务兼容,券商推荐如何与其他类别的智力支持服务相区分,都开始成为美国证券法所必须面对的问题。首先是券商推荐如何区别于投资顾问,因为两者在表面上极为相似,都是为个别客户提供咨询的活动。1940 年美国投资顾问法以及 SEC 相关规则对券商类似投资顾问的行为进行了例外规定,根据该法 202(a)(11) 对投资顾问的定义:"投资顾问只包括那些为取得报酬而从事下列业务的任何人:直接或通过出版物或著述就证券的价值或就投资于、购买或出售证券的明智性向他人提供咨询;或指为取得报酬并作为其经常性业务的一部分而出具或发布有关证券的分析或报告的任何人;但不包括……对该等服务的提供仅是其经纪商或交易商业务行为附随部分并且不为此收取专门报酬的任何经纪商或者交易商"②。在上述条款中可见,即使券商若有类似投资顾问的交易推荐行为,但只要其属于交易中介附随部分,券商就可免于被定性为投资顾问。但何为不收取专门报酬的附随部分是一个存有模糊的问题,以收费管理账户模式为例,此种模式下的收费显然不是基于账户的交易活动,这与传统佣金的性质有很大的区别。因此,收费管理账户模式下不基于交易活动的收费是否构成"专门报酬"就成为一个充满争议的问题。SEC 就此专门颁发的 202(a)(11)-1 规则中认定,仅仅根据券商收取与交易活动无关的费用不能得出券商需要额外注册为投资顾问的结论,只要与收费相关的投资顾问活动"仅附随于"该账户中的券商经纪活动并且服从一定的披露要求,经营收费账户的券商就可以豁免投资顾问注册。SEC 在此规则中进一步就"仅附随于"一词做了说明,指明了其除外情形:无论是收费账户模式还是传统模式,如果券商①为顾问服务单独收费或者订约;②顾问服务作为财务规划的一部分或与其相关,且同时对公众自称其财务规划的身份和业务范围,向客户交付财务计划及对客户陈述该顾问意见是财务规划的一部分或与其相关;③券商对账户行使投资决定权,除非该行使是

---

①　佣金解困化(unbundling)指的是券商佣金和服务之间对应关系的脱钩,使得券商在一定佣金水平下可以自由配置服务。

②　15U. S. C. §80b-2(a)(11)(1940).

暂时的和有限制的,那么券商顾问活动就不能构成对其交易活动的"附随",从而需要单独进行投资顾问注册①。虽然 SEC 的上述除外规定起到了一定的澄清作用,但是综合服务模式下券商交易推荐与投资顾问之间的界限趋向模糊仍是不争的事实,未来就券商此类活动如何在降低监管成本和保护投资者之间取得平衡仍是一个艰难的课题。另一个常见的与券商有关的智力支持服务是证券分析。证券分析师是证券市场信息中介,他秉持独立和客观的立场对证券市场的信息予以分析和评荐,从而成为发行人和投资者双方的最佳信息流通管道,有证券市场的"守门人"的称号。而由于证券分析师对市场公开信息的整理与传播,证券市场价格机制也变得更为有效。和投资顾问或证券交易推荐明显不同的是,证券分析师并非面对单个客户提供有偿咨询服务,也不管理和操作客户账户。证券分析师是面向不特定对象即投资公众提供信息产品,从而减低证券市场信息不对称状态,提高证券市场的运行效率。证券分析师在历史上大部分时间里都免于规制,并与券商有着显而易见的区分,但随着证券分析师受雇于券商比例的不断增加,独立地位的不断侵蚀,其与券商关联越来越紧密,而与客户利益冲突可能性也大大增加。对于一般投资者而言,与券商相关联证券分析师的活动不但容易与券商交易推荐相混淆,而且在现实中引发了许多损害投资者利益的事情。在此情况下,依据 2002 年萨班法,1934 年证券交易法中增加了 15D 节的授权性规定②,专门针对与券商有关联并主要负责编制研究报告的证券分析师进行规定,要求 SEC 和 SRO 对其的保护和披露制定规则,特别是在区分券商和证券分析师的基础上对其各自责任作出规定,从而为券商证券分析活动规制奠定了初步的基础。

最后,科技尤其是互联网的发展也给传统券商定义带来了挑战和困扰。首先是从 20 世纪 90 年代中期以来,无论是证券发行市场还是证券交易市场都开始陆续出现新型的基于互联网的证券发行和交易方式。就证券交易市场而言,基于网络委托的网络经纪商和提供网上证券交易平台的 ATS 系统和网络公告牌系统的出现都对传统券商的职能和定义带来了冲击。无论是网络委托还是网络证券交易系统,都由浅入深地以电子方式代替了人工证券交易模式,减少了券商在交易过程中的人工介入,构成一种所谓的"去中介化"模式。此种所谓"去中介化"在多大程度上改变了券商作为交易中介的基本功能和核心特征,从而券商传统定义多大程度上能继续适用于现今网络环境成为一个值得思考的

---

① SEC Investment Adviser Act 202(a)(11) −1. [EB/OL]. http://www.law.uc.edu/CCL/InvAdvRls/rule202(a)(11) −1. html 2009 − 06 − 01.

② Sarbanes-Oxley Act of 2002,H. R. 3763,15U. S. C. §78o −6(1934).

问题。网络委托的出现是证券交易网络化的最明显和最直接的证据,网络委托的"去中介化"就表现在投资者在提交订单时无需与网络券商代表进行人工接触,而只需要在事先开立的账户中进行虚拟操作即可实现,但这是否意味着网络委托对传统券商客户关系的彻底颠覆呢?答案是否定的。因为所谓的网络委托只是改变了客户端向券商传递订单的方式,而订单在后台的处理流程,即券商到交易所、柜台市场或 ATS 系统的传送过程没有改变,所谓的网络委托并未真正地对券商"去中介化"。此外就服务提供层面而言,很少开通网络委托的券商仅仅满足于对客户网络委托的简单执行,大多数情况下其都通过网站提供一定参考信息、个性化服务乃至劝诱性广告,这体现了券商的创造性劳动,这是电子网络自身所难以实现的服务增值。因此,就网络委托而言,其充其量只是券商经营手段的一种变化,未能改变券商交易中介的本质。券商传统规制原则在网络委托的情况下仍然成立,其主要挑战在于研究这些基本原则如何更好地修正来适应于网络环境下的证券交易,这包括券商适合性义务,网络广告欺诈禁止和最佳执行义务等方面[1]。相对于网络委托的浅层次冲击,网络证券交易系统对券商概念有着实质性的冲击。如 ATS 中的 ECN 模式[2]以时间 - 价格优先的算法进行交易指令自动路由和匹配,从前端指令输入到交易自动撮合执行其完全排除了券商对交易的人工中介,并在 ECN 系统内或系统外如纳斯达克证券市场实现交易,因此 ECN 几乎具有类似造市商的功能。而 ATS 中非 ECN 的交易配对模式(cross trade)则是券商在不进入外部系统的情况下参考外部市场价格进行自身系统内的指令配对撮合。而发行人设立的网络公告牌也同样是对传统证券交易券商中介模式的一个挑战,网络公告牌系统提供了投资者直接相遇的虚拟场所,投资者根据网络公告牌上的买卖信息接触并完成交易,在此过程中由独立第三方如银行存管资金和证券并完成相关手续。虽然上述的 ATS(包括 ECN 和配对交易)和电子公告牌机制不能完全取代券商在证券交易中通过人工模式发现价格、提供市场流动性、收集信息提供咨询服务、为交易双方提供担保以及缓冲证券交易风险的功能,从而只能适用于部分交易,但就其覆盖范围而言确实达到了一种比较彻底的"去中介化"。可 SEC 认为,ATS 或者网络公告牌等私人发行与交易平台虽然比网络委托更进一步地推进了证券交易"去中介化"程度,但是就其功能而言仍兼具券商或交易所的特点:以目前 ATS 主流

---

① SEC. On-Line Brokerage:Keeping Apace of Cyberspace[EB/OL]. http://www. SEC. gov/pdf/cybr-trnd. pdf 2009 – 06 – 01.

② ECN 是电子通讯网络(Electronic Communication Networks),是私人经营证券交易电子平台,后文将叙。

形式 ECN 而言,为减轻其监管负担并促进其发展,SEC 认为将其定位为券商更为合宜,并要求其以券商身份进行有关注册;此外根据后来的 ATS 条例,只有在 ECN 系统达到一定交易量的时候才能脱离券商范畴而注册为交易所,而实际上 ECN 交易系统注册为交易所的情形极为罕见,其大部分仍然作为券商存在,因为如果注册为证券交易所,则 ECN 在适用券商的相关法律外,还会受到适用于证券交易系统的特殊法律的监管,从而大大削弱了其与传统交易所相比较的优势。由上可见,至少到目前,网络委托或网络证券交易系统并未从根本上对券商的基本特征和传统定义产生威胁,而未来是否对券商的判定标准加以改革甚或是完全重新定义券商仍属未定之数。

第二节　券商交易中介行为规制的制度经济学基础

在对券商之语义及构成性特征作出详细阐述后,本文将进一步从金融中介理论的一般性框架出发阐明券商作为交易中介的制度功能,并对其核心问题即委托代理问题做出重点阐述,指出券商要正确发挥其作为金融中介的制度功能,就必须解决其内在委托代理结构中的利益冲突问题。通过本节对券商功能及内在特征的经济学阐释,笔者试图对券商行为规制提供一个合理的制度经济学视角。

一、金融中介理论语境中的券商交易中介行为

券商不但是金融中介的一种,而且也是证券市场上最重要的一种金融中介。要对券商进行全面而深入的研究必须以经济学上的金融中介理论作为基础,描述券商的经济本质、制度功能和内在矛盾。

金融中介理论最早仅限于描述银行,随着金融市场的扩大和深化,金融中介理论描述范围逐渐扩大,理论视野也不断拓宽,并反映在在金融中介含义上,其从简到繁包括三种:最简单一种界定是 Stuart I. Greenbaum &Anjan V. Thakor 的定义,认为金融中介是金融资本的提供者和消费者之间的第三方,这种明显类似于商业银行的描述也就是金融中介的传统定义[①]。Benston George 等进一步认为,金融中介是在金融资本提供者和消费者之间提供金融产品形式转换的主体,其转换对象包括金融契约和证券[②]。Freixas&Rochet 的定义最为广泛和具

---

① STUART I. GREENBAUM, ANJAN V. THAKOR. Contemporary Financial Intermediation[M]. Burlington, VT: Academic Press, 2007. 43.

② 胡庆康,刘宗华,魏海港. 金融中介理论的演变和新进展[J]. 世界经济文汇, 2003, (2) :67.

体,其认为金融中介就相当于实体经济中的代理人,不同的是其活动是在金融领域,金融中介专门从事买卖金融合约与证券的商业代理活动,券商(broker-dealer)就是这种定义的最佳体现①。Freixas&Rochet 定义几乎可适用于任何金融机构,因为几乎所有金融机构都是通过合约或证券的形式进行金融活动的。

综观上述对金融中介的定义,可以看出,它们共同点在于都承认金融中介是资本运动的桥梁,而后两种定义更明确地把证券市场作为金融中介的活动领域,最后一种定义更把券商作为金融中介的典型形式。以上述金融中介定义为基础,可以得出这样的推论,作为金融中介的券商其经济本质在于促成证券市场的资本流动。券商就是在证券市场上以买卖的形式进行商业代理从而在证券发行和流通市场促成资本流动的商事主体。不同于严格法律含义上的代理,此处商业代理指的是从经济角度而言对资本流动有促成作用的任何活动,这既包括证券发行市场面向证券发行人的承销活动,也包括在证券交易市场面向投资者的证券交易活动。而在本书中,主要是对券商在证券交易市场中面向投资者的证券交易活动进行考察,其中既包括证券经纪或自营等交易活动,也包括附随于证券交易活动的智力支持服务如交易推荐。

概言之,根据金融中介理论,券商证券交易活动在制度层面上有着补充金融市场功能、增进投资者福利和推动证券市场创新三方面的作用。就补充金融市场而言,金融中介理论认为,金融中介是金融市场的必要补充和重要动力。所谓金融市场,指的是基于一次性金融契约实现资金余缺双方非个性化转移资金的过程。而相对于金融市场,金融中介则指的是根据资本余缺双方与金融中介之间的个性化的长期性金融契约所进行的活动。相对于金融市场,金融中介比较优势在于跨时段的纵向管理和风险转移,以个体客户为对象定制金融产品并利用自身的信息处理优势来克服客户的信息弱势。与金融中介相比,金融市场比较优势在于跨地域横向的管理和转移风险、促进定制化金融产品发展并扩大市场交易量和在信息不对称不明显的情况下降低整个市场尤其是投资者的交易成本②。可以看到,金融市场和金融中介在功能上是紧密互补的,通过考察金融市场就能够了解金融中介的产生与发展的原因,并为不同市场中的金融中介提供理论依据。基于上述理论进一步考察证券市场与券商的关系,可以看

① XAVIER FREIXAS, JEAN-CHARLES ROCHET. Microeconomics of Banking [M]. Cambridge: The MIT Press 1999. 15.

② 宋玮. 金融中介与金融市场的互动发展:功能深化与发展趋势[J]. 中国流通经济,2008, (1):74.

出:①券商作为证券交易的中介不仅为投资者提供简单的市场"接入",而且还提供了跨时段管理与转移市场风险的手段,这是单纯的证券市场所不能比拟的。以证券自营交易为例,券商通过自有账户对证券大量持仓,并在必要时候进出证券交易市场以平缓证券价格波动,使包括普通投资者在内所有证券市场主体的风险得到了跨时段的转移和平衡。再以券商在证券信用交易提供的交易信用为例,其能通过信用提供将投资者买卖证券的风险安排到证券市场周期的不同波段,从而达到了管理和平抑客户投资风险的目的。证券中介在风险管理上的此类作用大大增强了证券交易市场的可持续性,也提升了投资者对证券交易市场的信心。②晚近以来,美国证券市场在加强统一化、透明化和电子化的同时,中介化的程度也日益加深,两种趋势越来越呈现相辅相成的发展态势。在美国国会授权 SEC 建立全国市场系统(National Market System,NMS)和改革证券交易市场交易规则的同时,券商在证券市场更倾向于提供以客户为中心的个性化产品和服务。从券商交易推荐的大行其道,到综合不同服务的收费账户盛行,券商的定制化金融产品成为证券交易市场繁荣的重要因素,在推进中介化程度的同时大大扩展了证券交易市场的规模。虽然证券市场电子化对券商的存在意义提出了挑战,但是以私人电子通讯网络 ECN 为代表的替代交易系统 ATS 提供的只是非个性化的简单中介服务,其出现的意义不过是加速了券商从传统经营模式向以客户服务为中心模式转变的过程,尚未根本上改变市场自身发展与市场中介化之间的互动关系。③券商的存在也使得投资者得以利用其对信息集中处理的优势,从而降低在一定市场条件下证券投资者分散处理证券市场信息的整体成本。现今的证券市场是典型的"信息市",信息在证券市场占据特殊重要的位置。但对于普通投资者而言,证券市场信息的原始状态是纷繁复杂的。虽然投资者可以假定证券市场自身的价格机制已经完全消化了各种信息,但是这种"有效市场理论"①往往不能为事实所支持。面对此种市场不完善性,券商就起到了补充和克服的作用,最突出的例子就是券商的证券分析活动。所谓证券分析指的是券商通过雇佣专业的证券分析人员研究市场信息并发布相应报告,作为投资者的决策依据。总体而言,证券分析活动是一种专业性很强的信息处理工作,其可信性具有一定的制度保障,是券商信息处理优势的体现,也是金融中介集中化信息处理从而减少金融市场上分散化信息处理成本的具体例证。

就增进投资者福利而言,金融中介通过降低交易成本和增加投资价值达到

---

① 李鸿昌主编. 证券投资学[M]. 郑州:郑州大学出版社,2003. 136.

此项目的。所谓交易成本是著名经济学家科斯所提出来的一个概念,其认为在完美市场的假定下,交易无摩擦,资源能够通过市场交易得到最有效的配置,但是现实中交易摩擦及其带来的成本不可避免,因此最大程度的克服此种摩擦就能尽可能地增进市场资源配置的效率,以求达到最优化状态。而反映到现代金融中介理论中,金融中介就是为克服金融市场交易成本,达到资本市场配置最优化的理想工具:第一,金融产品和一般商品的一个很大的差异就是其具有很高的交易成本,由于金融产品所涉及契约的复杂性,知识的专门性和信息的繁杂性都使得普通投资者必须在事前准备、事中操作和事后监督等一系列环节上付出极高的信息成本,其中的相当大部分是信息搜寻与信息分析成本等。但由于信息处理是一种具有显著规模经济效应的活动,这使得以相对固定信息成本代理从事上述金融交易的金融中介在节省市场整体交易成本上具有无可比拟的先天优势。第二,交易成本中近年来引起关注的还有投资者的参与成本,这是在通讯和计算机技术发展带来信息成本大大降低的情形下对交易成本假说的修正,所谓的参与成本指的是学习、有效利用并且日常参与金融市场的成本。与信息成本不同的是,参与成本指随着金融市场产品、投资主体和市场渠道的多元化、金融创新的不断深化以及绝大多数投资者所拥有信息日趋不完全,投资者更需要花费大量时间来学习金融知识,如此形成的"固定成本"难以通过技术手段消化,因此市场中介化的趋势将会进一步加深,投资者对金融中介的依赖也会有增无减。第三,现代金融中介理论还认为金融中介不但在消极意义上减少交易成本,还从积极意义上作为独立主体增加客户投资的价值。金融中介能够在动态意义上通过金融创新来创造一个不断增长的市场,并且通过个性化服务来挖掘差异化市场从而减少交易成本和增加金融需求潜力。显然这种认为金融中介是以客户为中心创造价值的假说比传统以交易成本为中心提高既存市场效率的假说更适合于说明动态条件下金融市场资源配置过程中的交易成本问题①。

就推动证券市场创新而言,券商作为最重要的证券市场中介,是证券市场制度变革和进化的重要推动力。首先,券商历史上是美国证券市场电子化的肇始者,最为突出的例子是证券交易电子平台 ECN 的崛起。ECN 最早作为券商的私人电子交易网络出现,在一开始曾被监管部门定性为"券商",随着交易量不断增大,电子交易平台 ECN 成为与传统交易所和柜台市场相竞争的重要交易平台。ECN 的出现是券商通过集中投资于技术手段大大降低了分散状态下

---

① 黄亚钧,吴富佳,王敏编著. 商业银行经营管理(第二版)[M]. 北京:高等教育出版社,2007. 42~43.

证券投资者的信息搜寻成本的结果。这不但大大便利了投资者进行信息分析，降低了投资者的信息成本，也成为美国证券市场的一次重大制度创新。其次，证券市场的日益复杂大大提高了投资者的参与成本，这使得券商在证券市场中的地位日益突出，也为券商制度创新提供了动力和空间。证券市场的复杂化表现在证券市场格局的碎片化、投资主体的多元化和投资产品的多样化：①以美国证券市场为例，市场已经分割成了包括交易所、柜台市场和 ATS 市场三大块，而其中每个市场还可以再细分，因此到目前为止，美国证券市场实际上已经成为一个多层次的虚拟的大交易场。虽然立法和行政监管当局试图在不同市场基础上构建全国统一市场如 NMS，并建立连接报价传递和指令执行的系统如 ITS（Intermarket Trading System）①，但是不同市场之间仍在市场主体，交易对象和交易规则上存在巨大差距，碎片化市场格局大大增加了证券投资者有效利用和日常参与证券交易的难度；②不但证券市场呈现碎片化，投资主体也呈现多元化特征，最重要的就是证券市场机构投资者的异军突起，机构投资者的出现使得普通投资者直接参与证券市场的比率更加下降，机构投资者相对于普通投资者的种种优势以及机构投资者在服务需求上的个性化与多样化使得券商服务提供的重要性日益凸显；③证券投资产品的多元化也增强了券商的地位，随着证券市场金融创新水平的不断提高，各种类型的证券产品不断出现，这对投资者学习和了解相关金融知识，作出投资决策提出了更高的要求，这是任何技术手段难以解决的，也是交易成本中比较固定的部分，因此只能由券商这样的市场中介通过委托代理机制在一般或者特殊的基础上行使投资决策权，产生削减参与成本的规模效益。市场碎片化、投资者机构化和投资产品多元化对券商在交易规则创新、服务提供创新和产品设计创新上提出了更高的要求。最后，证券投资者对投资保值增值的需求使得券商需要超越传统经营方式，通过自身的经营创新来推动证券市场的发展。在传统上，券商的主要职能在于为客户提供进入市场的通路和充当证券流转的桥梁，并根据自己提供的服务"按劳取酬"。但近来市场中介化的加深使得券商与投资者关系日益密切，从而券商日益承担多元化的职能，其核心就是券商对客户投资的更广泛的保值增值责任。此种发展使得券商必须在经营理念和经营方式上勇于创新，从而间接推动了证券市场的整体创新。例如，券商向客户提供咨询建议和发布证券分析报告就是一种对客户和证券进行差异化处理的创新活动，这对于证券市场细分和扩大证券市场需求有着不容置疑的作用。此外，券商通过各种各样

---

① 关于 ITS 系统将在本书第三章详细叙述。

的有管理的收费账户和其他的创新证券服务来创造一个不断增长的动态证券市场,从而将原来简单和被动的中介服务转化为一种复杂和主动的面向证券客户增值的活动,由此造就的新市场不但使得既存市场的整体效率得到提升,也使券商的额外收入和服务不断增强,继而进一步强化了券商的客户服务和价值创造功能。

二、委托代理结构下的券商交易中介行为及其规制

以上借助金融中介理论对券商的意义进行了阐释,在此基础上我们可以对证券交易市场上的券商交易中介下一个经济学的定义,笔者认为:券商交易中介是建立在券商与投资者的长期性契约基础上,以转移投资风险、降低交易成本和创造投资增值为目的,在证券交易市场和投资者之间构建的一种以证券交易为内容的具有动态创新能力的委托代理安排。

细推上述定义,我们可以看出委托代理是上述定义的中心。而委托代理及其引发的诸种问题也是规制券商行为的根本原因。委托代理本是法律用词,但作为经济理论的委托代理理论源于 20 世纪 60 年代西方的企业研究理论,其内容包括交易成本和委托代理两部分[1]。交易成本理论很好地解释了企业存在的制度合理性,委托代理理论则在此基础上进一步对企业内部的信息不对称和激励问题进行研究。企业的委托代理理论在现代企业所有权和经营权分离的状况下,研究信息不对称的股东和经营者双方如何厘定正确的控制和激励架构,从而最大程度协调双方利益的问题。委托代理理论出现后不断应用于各种领域,广泛针对任何一种信息非对称的交易关系,交易中有信息优势的一方称为委托人,而交易中处于信息弱势的一方称为代理人。就金融中介而言,其与客户之间就符合这样的委托代理模型。具体就券商而言,其在交易中介活动中为证券投资者发挥转移投资风险、降低交易成本和创造投资增值功能的同时,与投资者之间构成了信息不对称情势下的委托代理关系:在券商为投资者提供经纪服务的情况下,券商以赚取佣金为代价代理投资者进行证券交易,并行使不同程度的投资决定权,这是一种典型的委托代理安排;而在券商进行证券自营交易的时候,以买卖差价和零售中的加价减价(mark up 和 mark down)为报酬获取方式,间接为投资者进入证券市场提供通路,而交易商的法定市场垄断地位(如造市商)和对市场基础流动性的掌控(如专家交易商)使其与投资者之间也形成了某种信息不对称的委托代理安排。此外,券商围绕证券经纪和自营提供

---

① 郑德,沈华珊,张晓顺. 股权结构的理论、实践与创新[M],北京:经济科学出版社,2003.5－7.

的附随智力支持服务也大多属于信息提供、证券分析和投资决策指导的范畴，其也可以纳入委托代理安排的范畴。

委托代理理论进一步认为，委托代理关系主要问题在于信息不对称引发的逆向选择和道德风险。逆向选择的概念最初源于保险行业，指的是那些最有可能遭遇各种风险并从保险合同中受益的人最倾向于缔结保险合同。而首先在学术上在信息不对称的框架下对其表述则归因于阿克洛夫的1970年的一篇论文即《柠檬市场：质量不确定和市场机制》，根据阿克洛夫的观点，所谓逆向选择指的是这样一种情况，即由于交易前的信息不对称，那些最可能带来不利结果的交易方反而最积极的进入市场进行交易。本来在一个完善市场中，正向选择是市场机制将资源流向最有竞争力的部分，但上述的信息不对称导致的逆向选择反而使得资源的流向发生倒转，资源被配置到了竞争力较差的部分。道德风险的概念同样是来源于保险行业，指的是已经得到保险合同的人往往对所保风险采取较为轻率的态度，从而加大了风险发生的概率。本来在一个完善市场中任何理性经济人都会利用配置到的资源获取最大利益从而使得市场机制的资源优化效果落到实处，而交易中信息不对称导致的道德风险使得资源使用违反最大利益原则，造成了市场机制下的无效率。由于根据完美市场的假定，由经济理性人构成的完美市场能够通过价格机制反映供求，并把资源分配到最需要的和最能发挥其效能的环节，从而使市场达到效率最大化，所以在完美市场中是不存在上述逆向选择和道德风险的，因为资源分配机制总能正确反映资源稀缺情况而经济人总能保持使利益最大化的经济理性。但基于信息不对称的委托代理关系内含的潜在利益冲突恰恰破坏了价格机制前提和理性人前提。就逆向选择来说，在委托代理的情况下，其越是符合代理人利益的交易越是容易达成，其结果是真正代表资源所有者即委托人利益的资源分配机制被代理人的利益所扭曲，这种逆向选择在交易发生的环节造成了完美市场的破坏。就道德风险来说，同样在委托代理的情况下，由于委托代理双方利益的不一致，使得资源所有者即委托人的经济理性被代理人的自利理性所替代，在这种情况下代理人可能忽视委托人的利益而在资源的使用上以消极或者积极的方式做出对委托人的次优选择，使得完美市场下经济人利益最大化的假设前提失效，从而完美市场导致资源配置效率最大化的结果难以出现。具体就券商而言，其与投资者之间的委托代理结构决定了两者关系之间也存在着上述逆向选择和道德风险的情况。从投资者的角度而言，券商的主要功能在于执行交易和提供服务，前者是指券商在选择基础上的具体执行，而后者指的是券商代理或者协助客户选择投资对象。而无论是执行交易还是提供服务，也无论是经纪还是自营，都可能发生逆向选择和道德风险的情形。以经纪业务中的逆向选择为例，由于除少数情况外券商在经纪过程中都可以对客户的投资决策施加某种程度的影响（其或是通过推荐和顾问的方式，或是在全权委托账户（discretionary account）中直接行使投资决定权），所以如果券商在此阶段不是根据客户利益而是根据自己的需要而对客户施加不当影响甚或直接选择不适合的投资对象，那么这就构成了逆向选择；再以券商从事自营业务为例，如果其利用垄断地位操纵市场和独占指令流，人为扭曲买卖差价的报价方式，都将限制乃至逆转投资者在市场上的选择，从而造成逆向选择的效应。券商的道德风险同样也可以发生在经纪和自营业务中，以经纪业务为例，券商在交易执行的过程中可能因为指令流支付和软美元安排而收取上游券商回扣并忽视客户利益，也可能为了其自身收入而恶意使用客户的账户资源如挤油交易（churning）；以自营业务为例，券商可能在与客户交易的过程中在买卖差价之外过度收取对零售客户的加价和减价，或者以内部化方式执行交叉盘交易（cross trade）①并拒绝就节省的佣金向客户返利，这些都是券商在证券交易的过程中的道德风险的具体体现。

　　总言之，委托代理机制在克服现实世界中的信息不对称的同时，却有着固有的引发逆向选择和道德风险的内在缺陷，而其根源是委托代理双方的利益冲突。因此，发挥金融中介所内含的委托代理机制优势的关键在于对利益冲突（conflict of interests）的发现、监控和消除，从而委托代理机制能够在削减信息不对称的同时，克服自身内在缺陷并提高金融体系整体效率。所谓利益冲突是一个广泛被使用的名词，但是正由于其的广泛适用性使其并无一个统一的解释，似乎任何利益的不一致都能包含在利益冲突的字面意思中，因此对利益冲突的定义必须参考具体的语境。但总体而言，利益冲突则主要指委托代理安排下代理人私人利益与其负有信赖义务的他人或者公共利益之间的冲突。Charles C. Cox 对利益冲突的解释较为宽泛，他认为利益冲突就是"当两个或者更多的合法利益都存在的情况下，利润动机可能与信赖义务发生冲突"②。Smith and Roberson 在《商法》一书中从法律的角度看待利益冲突，其认为利益冲突是"代理人必须仅为其委托人利益服务，而不能服务于自己或者他人的利益，此外代理人参与和自己有利益关系的交易时不能未经交易双方同意而同时为其代理，

---

　　① 交叉盘交易指券商不向公开市场提交客户指令，而是在内部对同一证券的交易方向相反、数量相当、时间相匹配的指令进行冲抵操作。交叉盘交易节省客户在公开市场上的佣金，因此并不一定违法，但交叉盘交易必须向客户披露，节省的佣金必须以某种形式返利给客户，而且交易本身也要进行记录，否则将构成欺诈行为。

　　② Carles C. Cox. Conflicts Of Interest—A Regulator's View [EB/OL]. http://www.sec.gov/news/speech/1986/020686cox. pdf 2009 – 06 – 01.

代理人只有在委托人完全知晓相关事实并同意的情况下才能处于利益冲突地位"①。此外,利益冲突还有道德语境下的解说,由于社会分工的发展,现代社会充斥着职业分工带来的委托代理安排,在此情况下利益冲突很大程度上就表现为专业人员的次要利益考虑对于应决定其职业判断的基本利益要求的干扰,也就是个人的经济利益或其他利益与其所应遵循的职业规范或职责的矛盾②。从上述对利益冲突的定义和描述我们可以推知:首先,利益冲突自身并不存在正当性问题,换句话说,利益冲突的存在与正当性无关,利益冲突是不同的正当利益之间潜在或现实的客观碰撞,由于现实利益冲突易于被发现和消弭,因此一般而言应把监控与减少潜在利益冲突放在主要位置;第二,利益冲突一般是被置于委托代理的语境下,由于现实情况的复杂性,委托代理语境下的利益冲突既可以表现在委托人与代理人之间,也可以在多个委托人之间,甚至可以在代理人的不同利益之间,但无论何种情况都根本上表现为代理人在自身与他人或公共利益之间的选择及其结果;第三,利益冲突情境下代理人在自身利益与他人或公共利益两者间的选择不仅会扭曲委托代理机制的资源配置效率,而且还会在法律和道德上对代理人产生的相应不良后果。因此,采取经济、法律和道德的多元控制机制减小乃至消除委托人与代理人之间的利益冲突成为包括金融中介在内的任何委托代理关系的核心命题。

金融中介利益冲突在形式上是多种多样的,Boatright 认为金融中介的利益冲突可以基于冲突发生与否分为潜在和现实的利益冲突,也可以按照冲突是否涉及代理人个人利益划分为个人化和非个人化的利益冲突,还可以根据冲突原因是个人行为还是组织机制引发分为个体化和组织化的利益冲突③。Ingo Walter 认为金融中介的利益冲突可以按照其发生的领域分为批发、零售和过渡领域,而按照利益冲突发生的主体可以将其分为金融中介自身与客户之间以及客户与客户之间发生的利益冲突④。Andrew Crockett 等从信息不对称状况出发,按照发生利益冲突的现实可能性将其划分为投资银行承销和研究中的利益冲突、审计师事务所审计和咨询中的利益冲突、评级机构信用评估和咨询中的

---

①　RICHARD A. MANN, BARRY S. ROBERTS, LEN YOUNG SMITH. Smith and Roberson's Business Law[M]. St. Paul, MN: West Publishing. Co,1991. 329 – 330.

②　赵乐静. 视界的融合:科学、技术与社会导论[M]. 太原:山西科学技术出版社,2003. 47.

③　BOATRIGHT, J. R,Conflicts of Interest in Financial Service[J],Business and Society Review, 2000, 105:201 – 219.

④　I WALTER, Conflicts of interest and market discipline among financial service firms[J],European Management Journal,2004,6:33 – 45.

利益冲突及全能银行业务中的利益冲突①。而对于金融中介利益冲突的控制机制，以上论者也各有看法，Boatright 认为竞争和市场机制惩戒、披露、市场行为规则与监管是控制金融中介利益机制的良好办法，Ingo Walter 则把利益冲突的控制机制分为外在控制和内在控制两类，前者包括市场惩戒和规则监管，后者包括公司治理架构、激励机制和合规系统等。Andrew Crockett 对利益冲突的控制机制的总结更为全面，指出市场惩戒、强制的和更透明的披露、自上而下的监管、职能隔离以及信息生产的社会化。

　　证券交易市场中的券商作为金融中介的一种同样也存在种种类似的利益冲突。借鉴上述种种划分标准，此处也可以对证券交易市场中的券商利益冲突进行某种类型化的划分，从而引出有关其控制机制的讨论。如前所述，券商在证券交易市场上的主要功能是促成资本在证券投资者之间的自由流动，并为此目的提供经纪、自营以及其他如账户管理和证券推荐的服务。在券商活动范围内对其利益冲突进行划分，大致可包括如下几类：从利益冲突主体角度划分，券商利益冲突可以分为券商与客户之间、客户与客户之间以及券商内部不同部门之间的利益冲突；从利益冲突的涉及范围划分，券商利益冲突可以分为券商自身内部的利益冲突、券商与其客户之间的利益冲突以及券商与证券市场一般投资公众的利益冲突；从利益冲突的领域来看券商利益冲突可以分为券商经纪活动中的利益冲突、券商自营活动中的利益冲突以及券商账户管理或推荐过程中的利益冲突等。和其他金融中介相仿，对券商利益冲突控制机制设计着眼于对券商在委托代理架构下相关行为的控制。此种控制不仅可以通过经济意义上的市场惩戒机制，也可直接通过规范意义上的法律、行政以及行业自律规则，而后者也就是本书论述的券商交易中介行为规制的具体含义。任何国家券商交易中介行为的规制史，都是一部不断通过上述各类即法律、行政和自律规范降低、避免和消除各类利益冲突的历史，在此过程中形成了各自独具特色的治理思路和规制体系。而美国券商交易中介行为规制的历史与现状更是具有典型意义，主要表现在从自律规制到合作性规制，从放任自由主义到监管机构能动主义的转变上。

第三节　券商交易中介行为规制体系与不当行为治理

　　在上节对券商行为规制从制度经济学角度加以阐发后，本节将对美国券商

---

　　①　ANDREW CROCKETT. Conflicts of Interest in the Financial Services Industry[M]. Geneva: International CEPR Publications, 2003. 9 – 10.

交易中介行为规制的历史发展、现存状况、执法与责任体系、相关不当行为具体类型和治理思路进行概要的阐述,以展示美国券商交易中介行为规制从历史到当前的制度实践。本节最后对券商不当交易中介行为的类型化介绍和治理思路探讨,是为后续章节开展提供前瞻性和全局性的导引。

一、美国券商规制的历史发展与当前状况

美国券商制度并非一蹴而就,而是根植于英国的古老传统和自身的社会实践之中,并经历了一个漫长的历史过程,目前仍处于变化发展之中。作为券商制度的前身,专门证券市场中介制度有着悠久的起源。早在 1285 年,英王爱德华一世统治时期一项法令就授权伦敦市府参政议事厅(Court of Alderman)向特定经纪人颁发执照,从而成为历史上经纪制度的滥觞。而荷兰出现世界上最早的股票市场的时候,并未将股票与经纪制度相结合,股票买卖由本地商人兼职进行,直到 17 世纪后半叶,随着股票市场在英国的巨大发展,才使得股票与英国既有的经纪制度结合。英国政府于 1697 年通过的一项名为《限制经纪人和股票投机商数量和不当行为法》的法律开始对证券市场中的经纪人和投机商分别进行规制。而根据布莱克法律大辞典的解释,前者是赚取佣金为目的为他人账户交易的人,后者是以投机为目的在自己账户买卖股票的人,这是美国证券法中经纪商和交易商的前身。与美国的券商合业主义不同的是,1773 年伦敦证券交易所正式成立后,英国明确了经纪人和投机商在证券交易中的角色分立,直到 20 世纪 80 年代的英国实行金融大爆炸改革,才破除了两者之间的业务樊篱,在法律意义上融合成为一个类似美国的整体的券商概念①。受到英国证券交易市场制度的影响,美国初期的证券市场模式以及交易所的建立过程与英国相当类似,但由于证券市场发展水平的局限,源于 18 世纪初的美国证券交易一直没有孕育出专业证券交易市场中介制度。直到 18 世纪末联邦政府成立后,才由于联邦政府战争债券的推动促成了证券经纪人的出现。美国最早的证券经纪组织 1790 年在费城出现,随后在 1792 年,模仿英国伦敦交易所的模式,纽约的证券经纪人也订立了梧桐树协议规范证券交易,以此为基础,纽约证券交易所也在 1817 年成立。但与英国不同的是,如上所述,相关证券交易规则以及后来的证券立法一直未对经纪人和交易人采取分业主义的举措②,在整个 19 世纪到 20 世纪初,美国并没有出台对证券业者或是证券市场的特别制定法,就券

① JERRY W. MARKHAM. A Financial History of the United States [M]. Armonk, NY: M. E. Sharpe, 2001. 97–98.

② R. C. MICHIE. The London Stock Exchange: A History [M]. Oxford: Oxford Univ. Press, 2004. 498.

商而言,主要的规制措施来源于三个方面:①普通法下的司法判决;②地方一般性的商事或民事制定法;③交易所主要是纽约证券交易所的自律规则。而其中位于证券交易市场所在地的纽约州司法判例更是影响力卓著,其判例为各州乃至于联邦最高法院所遵循。当时的法律一般将券商在市场活动中形成的法律关系归入代理、信托、合同乃至抵押的范畴,并根据各自的普通法或是衡平法规则加以解释和适用①。

在证券领域,最初感到有必要进行专门化和系统化的立法并非源于联邦一级,而是在美国的各个州。1911 年堪萨斯州制定了第一部的证券制定法,也称为蓝天法(blue sky law)②,随后美国大多数州都跟进制定了各自的证券法。与后来联邦证券法买者自负式的披露哲学不同,各州蓝天法主要对证券自身进行投资价值实质审查(merit-based regulation)和登记。就证券从业者问题,州蓝天法采取了对与证券发行及销售相关的经纪商和投资顾问进行登记的办法。虽然与此相关的规定都比较简略,但是蓝天法中"大多数都至少对证券分销及其他证券交易活动的登记和欺诈性行为禁止作出了规定"③。对证券市场进一步和全面的联邦立法尝试是随着 1929 年美国经济大萧条而来临的,这意味着在证券和券商领域一直以来的自由放任主义(lasse faire)的结束和美国证券立法格局的根本性转变。在大萧条期间通过的六部联邦证券法律中与券商密切相关的是 1933 年证券法、1934 年的证券交易法和 1933 年银行法(也就是俗称的格拉斯 - 斯蒂格尔法案)④。在此之前,就全国性的证券市场而言,其与券商有关的法律完全基于普通法、衡平法、一般性的商业与民事领域制定法以及交易所规则,而其中起主要作用的,针对券商的特别性规范一直是以交易所规则特别是 NYSE 规则为代表的行业自律规范。联邦证券制定法体系的出现及其授权成立的联邦证券交易委员会(Security exchange commission,SEC)使得局面有了结构性的改观,早期券商的自律监管为联邦证券法主导下的合作性监管规制所替代。就券商规制体系而言,其是一个由联邦证券制定法、SEC 行政法规和SEC 密切监管下的 SRO 规则相混合而成的规则体系。与早期券商自律监管相

---

① CHERYL GOSS WEISS. A Review of the Historic Foundations of Broker-Dealer Liability for Breach of Fiduciary Duty[J],1997,65:72.

② 以蓝天法一词描述州最广为人知的来源是一个确立俄亥俄州证券法合宪性的最高法院判决 Hall v. Geiger Jones Company,在该案中 Joseph McKenna 法官认为州证券法的目标就是制止那些欺诈性计划,其甚至实质上不过是销售头上的数尺蓝天,参见 Hall v. Geiger-Jones Co.,242 U. S. 539 (1917)。

③ [美]托马斯·李·哈森. 证券法[M]. 张学安等译,北京:中国政法大学出版社,2003. 320.

④ 格拉斯 - 斯蒂格尔法案建立了联邦存款保险机制和投资银行与商业银行分业体制,除了少数例外情况外,全国性商业银行被隔绝在资本市场之外,该法案于 1999 年被废止。

映成趣的是,该体系历经数次修订后,其中联邦证券法及其授权的 SEC 部分在规则制定、管辖范围和执行上变得更加周密、扩大和有效,并成为合作性监管体系中的主要方面。这体现在其对 SRO 规则的原则宗旨、规则制定和运作机制的限定上,联邦证券法并以此作为 SRO 向 SEC 注册的前提;这也体现在 SEC 对 SRO 规则制定和纪律惩戒措施的监督权上。最后,还体现在 SEC 对 SRO 违法行为采取惩戒行动以及越过 SRO 直接惩戒券商违反法律法规的行为上。当然应该看到,即使如此,SRO 监管由于其灵活性、专业性和经济性到目前仍不可取代,并在实际上仍享有相当大的自主权。一方面,在合作性规制框架下,只要不受到 SEC 的行政干预,SRO 行使其权力惩戒那些违反证券制定法、SEC 行政法规或其自身自律规则的成员被认为是具有绝对豁免权行为。美国法院一般认为,SRO 在行使职能时类似于某种准政府组织,可以免于民事诉讼的指控。另一方面,虽然 SEC 可以通过审批(approve)和修改 SRO 规则的方式来干预 SRO 的运行,但是实际上行业日常管理和规则制定与实施工作主要还是由 SRO 执行。SRO 规则经过 SEC 批准后不但具有类似于 SEC 行政规则的法律地位,而且 SRO 惩戒行为(disciplinary action)只是在程序上接受美国宪法第五修正案的正当程序原则和联邦证券法中相应的体现正当程序原则条款的直接指导。但应看到,随着新世纪以来 SRO 内在利益冲突和治理失效的情形在急速变化的证券市场中日益明显,可以预料的是,在尽可能保留自律监管传统优势的基础上,美国券商规制在保护投资者和维护市场公平的理念指引下,会进一步朝着有利于公权力监管的方向倾斜。

二、券商交易中介行为规制的执法与责任体系

券商监管的前提是注册,作为专门交易中介,券商同时需要满足 SEC 法定注册标准和 SRO 的成员资格标准,此种双重注册与监管意在最大程度保护证券市场公平公正与投资者最大利益。当然美国各州也有对券商的注册要求,不过内容与程序上与上述两项注册已经合并。券商关联人如果参与证券交易中介业务①,如销售人员(也包括管理人员),也必须向 SRO 注册成为注册代表(或注册主管)②。券商及其注册代表的上述准入标准保证了证券从业者的专门性与

---

① 就联邦证券法而言,券商关联人不仅包括雇员,还包括其合伙人,主管,董事,支部经理或者雇员,或任何行使类似职能的人,或任何控制券商及被券商控制,或与券商一同被控制的自然人或法人。即使根据联系人与券商之间的达成的安排,联系人取得了类似独立承包商的地位,但是仍然属于联邦证券法下券商联系人的范畴,受券商监督并由其承担责任。

② 注册代表指与券商有雇佣关系的销售人员,英文 registered representative,简称 RR,如果是券商内部管理人员则称为注册主管,英文 registered principal,简称 RP。

适格性,使得证券活动成为一种专门化的活动,同时也为证券业者适用较高水准的行业道德标准打下基础。就申请主体而言,取得券商资格的不仅可以是法人机构,也可以是自然人。如果机构申请人在注册同时声明对其关联人承担监督责任,那么包括雇员在内的关联人可以免于单独注册为券商,而只需要向SRO 提交注册代表资格申请,并在注册前参加一系列资格考试①。券商注册实质标准依照1934 年美国证券交易法,主要应是证券交易法授权 SEC 规定的必要或者适当的券商经营能力要求,以及券商关联自然人必要或者适当的培训、经验和能力要求。

在券商及其关联人注册的基础上,有关方面对其依据法律法规和自律规则行使日常监管和执法权,这也是券商规制不同于其他证券市场主体的重要特征。作为监管和执法依据的规则分成两类:一类是法律法规,包括适用于证券发行与销售中的欺诈行为的1933 年证券法 17(a)、适用于券商在柜台市场欺诈行为的1934 证券交易法 15(c)及其下 SEC 规则和著名的一般性反欺诈兜底条款即1934 年证券交易法 10(b)及其下的 SEC 规则 10b-5(其中规则 10b-5 是券商行为规制最主要及最一般的适用法规);一类是自律规则,其主要是各个SRO 成员行为规范,虽然各个不同但却大同小异。作为日常监管的通常形式,券商要接受 SEC 与 SRO 的日常检查(examination),当发现问题时 SEC 与 SRO可以发起调查(investigation),并启动各自的执法程序。以 SEC 而论,调查后SEC 既可以发布相应民事禁制令(civil injunction),也可以启动行政程序(administrative proceedings)②。在该行政程序中,SEC 依据其所颁布的规则进行裁决,其结果可以是暂停和撤销(suspend or revoke)券商的注册资格、民事罚款(civil fines)、不当得利返还(disgorgement)、附带衡平救济的责令改正措施(cease and desist order)和禁止有关涉嫌人员在未来建立与成员券商的关联关系。SEC 还能将有关案件提交其他执法组织如美国检察官(United States Attorney)办公室、州监管当局和其他联邦层级的监管机构如联邦商品期货交易委员会(Commodity Futures Trading Committee,CFTC)和联邦劳工部,以寻求其管辖范

①　SEC 可以自己主持也可以授权或共同与 SRO 主持行业资格考试。需要注意的是绝大多数州的蓝天法也对券商关联人规定有考试要求,如果需要在某一特定州执业,券商关联人也必须参加该州的行业资格考试。

②　SEC 可能发动行政程序的理由包括券商提交虚假文件、过去 10 年内券商被控欺诈牵涉道德不端或违反信赖义务的犯罪或轻罪,有关人员曾被禁止注册为券商或投资顾问或从事任何与此类活动或证券买卖有关的行为,券商故意违反证券交易法、证券法、投资顾问法和投资公司法的任何条款,券商故意帮助、教唆、指导、命令、诱使或达致违反上述制定法及其规则的行为,券商被禁止或暂停其与其他券商关联的权利,券商曾经违反外国法律和法规,See 15U.S.C.§78o-(b)(4)(1934).

围之外的刑事、州法和其他监管部门的行政救济。以 SRO 监管而论,由于证券交易法要求其能规制证券行业的方方面面,这就使得 SRO 必须制定适用范围极广的 SRO 规则,其内容不仅包括成员对联邦证券法及其行政法规的遵守,还包括了大量道德规范要求。由于 SRO 规则的广谱性,使 SRO 可对之发动执法程序即纪律惩戒程序的券商行为种类极为广泛,可以包括不当券商交易推荐、交易执行、关联人监督、财务与日常运营行为以及其他不道德与不公正的行为。有关部门可以对同一事由同时采取 SRO 纪律措施和 SEC 执法措施,因为 SEC 不但对 SRO 有监督权,而且还具有绕过 SRO 直接执法的权力。但一般来说,SEC 不会有此举措以避免过度加重券商的监管负担。SRO 同样有类似于 SEC 的调查程序,而调查的结果可以是 SRO 将相关案例转交给其他 SRO 或 SEC 处理、不采取行动、启动非正式纪律程序和正式纪律程序。SRO 非正式纪律程序具有不公开性,其结果一般是给予券商相应警告并要求其主动采取防范措施。对于较为严重的券商不法行为,则非正式纪律程序已显得不足,但是启动正式纪律程序又可能耗费较高成本,因此一般在举行正式纪律程序的听证之前成员券商都会试图达成和解协议(settlement agreement),如果未能达成和解则可以进入正式纪律程序,SRO 一般是以听证专家组(hearing panel)的形式作出处罚决定,处罚一般包括申斥(censure)、金钱罚(monetary fines)、暂停(suspension)、开除(expulsion)、撤销(revocation)、禁入(bar)等。申斥是一种警告,金钱罚是通过罚款、返还不当得利、恢复原状等形式要求成员券商补偿相关的金钱损失,暂停是在一定时期内禁止执业,而开除、撤销和禁入则是最严重的处罚形式,其是针对券商或其关联人的措施,造成永久性执业禁止。SRO 的决定可以在组织内部上诉,还可进一步向 SEC 提请行政审查,并最终可以向联邦法院提请司法审查。

券商监管与执法最终还需要券商内控机制(self policing)加以补充,因为虽然绝大多数情形下券商是作为一个商业实体而非具体的自然人存在,但现实中券商的交易中介活动是通过具体的自然人如雇员或者其他关联人进行的,因此只有把券商规制最终落实到最终端的操作者层次上,才能真正避免不当交易中介行为产生并收到切实效果。建立券商内控机制的途径两个方面,一方面是从正面对券商施加对其关联人员的监督责任(duty to supervise),另一方面是规定券商在无法履行监督责任的时候要对其关联人员不当交易中介行为的后果承担一种连带责任,券商组织中任何名义或者实际上行使监督职权的人都可能为置于其监督下人员的违法行为承担后果。一般来说,券商组织中行使监督职权的是分部经理(branch manager),其职责具体内容包括:了解本部客户与账户情况、每日审查向其递交的交易指令并保证其以适当方式执行、每月监控交易活跃的账户并调查异常活动以及维持监督活动日志以及向券商合规部门(compliance department)转交监督审查文件。监督责任的内容因具体情况不同而有所变化,但其应是一种积极肯定的责任,一般情况下需要监督者主动调查并采取行动。监督责任的另一个重要方面是建立起防止其关联经纪人脱离监督范围而私下交易(selling away)的内控机制,从事上述私下交易的关联经纪人一般被称为是流氓经纪人(rogue broker)。如果券商未能在事前发现流氓经纪人异常活动并采取调查和预防行动或未能建立起防止私下交易的预防性内控机制,则其同样要为关联经纪人的私下交易行为的后果承担责任①。如果券商无法履行上述监督责任则可能需要承担其监督对象的违法行为所产生的后果,监督人责任形式的法律依据可以是1934年证券交易法20(a)下的控制人责任(controlling person liability)、20(a)和15(b)(4)下的教唆和帮助责任(aiding and abetting liability)和监督不能责任(fail to supervise liability)、普通法中代理法下责任特别是其中"雇主责任"(respondeat superior)。在上述诸种责任依据中,适用性最为广泛的责任形式是控制人责任。教唆与帮助责任以及监督不能责任的实现形式都局限在SEC的行政处罚或以SEC为主体的民事诉讼中②。普通法中的雇主责任原则因为其存在争议以及同样难以在10b-5规则下取得救济而显得力量薄弱。因此,在券商监督责任法律救济上适用最广的责任条款当属证券交易法20(a)条中的控制人责任条款。控制人指的是与违法行为主体之间有直接或间接控制关系的人,控制人只有同时满足以下两个条件才能免除其控制人责任:一是控制人的善意即控制人对受其控制违法主体行为不知情,二是控制人并未直接或间接的诱致构成违法的行为及其原因。有关方面将控制人责任法理应用于追究券商监督不能的责任,其结论认为券商承担监督责任的条件首先包括券商对受其监督的关联人有实质控制关系。该种控制不必体现在该关联人每次交易活动中,而只需要对其具有一般控制权,甚至也无需实际上行使该控制权③。其次,只要关联人违法行为的受侵害方能证明券商监督缺失,就

---

① Thomas Lee Hazen. Broker-Dealer Regulation [M]. St. Paul, MN: West Publishing Co. ,2003. 88-91.

② 最高法院在Central Bank of Denver v. First interstate bank of denver一案中曾明确指出,作为证券民事诉讼兜底条款的10b-5规则及其默示诉权不能适用于教唆与帮助责任,此外20(a)款也明确指出只有SEC提起的案件中才有可能追究教唆与帮助人的责任,并且在此类诉讼中有关方面必须承担严苛的举证责任,这包括被帮助或教唆人违反证券法、帮助或教唆人明知该种情形却提供了重大帮助,这也不是一般投资者可以胜任的,参见Metge v. Baehler案,15(b)(4)也明示规定了SEC对帮助与教唆责任的行政处罚权。另外对于监督不能,则证券交易法只在15(b)(4)中规定了SEC对其的行政处罚权,而在民事或刑事方面一般是通过将其合并到控制人责任诉讼中解决。

③ See Martin v. Shearson Lehman Hutton, 986 F. 2d 242(8th Cir 1993) and IBS Financial Corp. V. Seidman & Associates, 136 F. 3d 940 (3d Cir. 1998).

构成一种对关联人违法行为的间接参与,从而必须对在监督缺失期间关联人所有的违法行为承担控制人责任①。

三、券商不当交易中介行为分类与规制路径

在上述日常监管和执法体系下,券商行为包括交易中介行为得到全面规制。当然,任何规制系统的存在都不能杜绝不当行为的发生。而规制的关键也并非在于带有事后性质的监管与执行层面,而是在于事前的对券商可能发生的不当交易中介行为的预防性机制建构上,而这也是券商交易中介行为规制的主要内容。

券商在证券交易中介中的不当行为可以分为三大类,第一是欺诈客户行为,第二是操纵市场的行为,第三是内幕交易的行为。第一类行为即券商欺诈客户行为是券商交易中介过程中最常见的不当行为,也是本书论述的主要部分。券商欺诈的形式可以是虚假陈述,也就是通过虚假、半真半假或者有误导性的陈述,其突出例子包括券商欺诈性推荐(deceptive)、高压销售(high pressure sale)、锅炉房操作(boiler room operation)、冷呼叫(cold calling)和过度收取加价(excessive mark-up)和佣金(excessive commission)等行为,券商欺诈的形式也可以是行为本身,这主要包括抢先交易(trading ahead of customer)、挤油交易(churning)、未授权交易(unauthorized trading)和微盘股欺诈(micro-cap fraud)等。第二类是券商操纵市场的行为,也就是券商以获取不正当利益或转嫁风险为目的,利用资金、信息优势或者滥用职权操纵证券价格,制造市场假象,从而诱导或致使客户做出对其有利的错误投资判断,扰乱市场正常秩序的行为。市场上典型的券商操纵行为林林总总,其中包括洗售(wash sales)、对敲(matched orders)、交叉盘交易(cross trades)和追尾市(marking the close)等虚假交易(fictitious trades)行为②。第三类是券商的内幕交易行为,其表现为券商自己,通过他人或泄漏信息使他人通过内幕消息进行证券交易从而获取利益或减少损失的行为。券商内幕交易的典型行为当属扒头交易(front-running)。虽然券商存在上述三类不当行为,但特别就券商交易中介职能而论,由于其是一个作为中间人促成投资者之间证券所有权流转的一个过程,券商与客户之间存在信息不

---

① See harrison v. Dean Witter Reynolds,Inc,79 F. 3d 609(7th Cir. 1996).

② 洗售指的是在受益所有权未发生变化的情况下进行的虚假交易,目的是造成市场活动的假象。对敲指的是就同一证券在同一时间提交方向相反和数量等同的指令,对敲本身并不违法,只有当对敲的目的是为了制造市场活动假象或误导市场时才构成市场操纵行为。追尾市是试图通过在股市正常交易时段末了执行证券买卖指令以影响证券收盘价格。Thomas Lee Hazen. Broker-Dealer Regulation [M]. St. Paul, MN:West Publishing Co. ,2003. 150 - 151.

对称的一种典型委托代理结构,在这个委托代理结构中,券商与可特定的客户之间存在着直接或者间接的利益冲突,因此上述券商三类不当行为中与券商交易中介及其委托代理本质具有特别相关性的主要是券商欺诈客户行为与券商内幕交易行为。前者体现了作为交易中介的券商与客户之间的直接利益冲突,而后者体现了券商不同客户之间进而是券商与客户之间的间接利益冲突。由于券商在委托代理结构中的信息优势地位,其比较易于利用特定客户对其的信任和依赖乃至其对客户账户的控制,通过虚假陈述或侵权行为本身对客户进行欺诈。基于同样的信息优势,券商比较容易从其不同类型服务的客户处获取有关证券内幕信息并据此交易。当然,券商同样可以在委托代理结构之外对投资者进行欺诈或进行内幕交易,但脱离委托代理结构的欺诈或内幕交易行为就混同于证券市场上一般主体的行为,因此并非本书的研究对象。而至于券商操纵市场的不当行为,则其与券商交易中介行为在绝大多数情形下并不特别相联系,因为市场操纵主要是通过人为制造证券价格波动干扰不特定投资者的投资判断,并诱使其作出有利于券商的投资决策,这一般无需以券商交易中介职能即委托代理中的相对于特定客户的信息优势地位为前提,其结果也只是影响不特定的一般投资公众,因此市场操纵角度并不适合本书题旨中对券商交易中介行为的考察。当然,少数交易中介情形中,如券商造市时,其市场垄断地位使其无论对客户或对一般投资公众的利益都可能通过市场操纵手段加以损害,从而也应成为券商交易中介行为规制的对象,但此种情形显然仅属于特例从而只能在必要的时候述及。就本书而言,由于其主要涉及券商交易中介过程中在券商客户间委托代理框架下发生的不当行为,而尤以体现券商客户直接或间接利益冲突的券商欺诈和内幕交易行为为主,因此市场操纵并非论述重点。

对于上述种种券商不当交易中介行为,各方预防性治理思路主要体现在对券商交易中介的规则内容设计上。其可以是从券商与客户关系的内部角度出发,也可以从券商之间或券商与市场之间关系的外部角度出发。从券商客户关系角度出发也就是考察券商客户关系的性质并在此基础上设计预防性规制,这集中体现在所谓的信赖义务规制上。信赖义务规制的对象是信赖关系,这意味着有关规则是首先将券商客户间关系认定为信赖关系,并在此基础上对其进行规制。信赖关系的认定意味着有关规则在加诸义务上的不平等,意味着作为信赖关系中强势一方的券商要承担较重的义务。信赖义务既可以体现在券商交易中介行为规制具有强制性的法律层面,也可以体现在具有软性约束力的道德层面,而无论在法律层面还是道德层面都可以进一步将信赖义务分为忠实义务与注意义务,前者是券商在执行相关事务中以客户利益为依归,以最佳方式执行证券交易并尽力避免与客户之间的利益冲突,具体即表现为最佳执行原则和利益冲突避免原则,而后者则是指券商在证券交易中以专业知识和技能所应达到的水平合理注意其推荐行为对客户的影响,具体表现为券商交易推荐的合理基础原则和客户适合性原则。券商证券交易中介的信赖义务规制主导了券商客户关系的治理思路,既有刚性法律层面对双方关系的强制性要求,也有着道德层面足够的模糊性与灵活性对双方关系进行个性化处理。从券商之间以及整体市场角度设计券商交易中介行为预防性规制集中体现在券商交易中介行为的信息披露规制上。所谓信息披露是一种契合市场化思路的治理方式,是一种干预最小的预防性治理机制。与信赖义务规制不同,信息披露不要求直接介入券商与客户之间的关系,而只是通过外在于券商客户关系的券商之间或市场整体角度对券商交易中介行为加以约束。信息披露规制通过提高透明度来整平市场参与者之间的游戏场地(level the play field),加强证券市场整体竞争水平,同时提高了证券市场的效率与公平。信息披露这种"形式正义"的本质决定了其是最符合资本市场规则本质的规制思路,从而成为渗透在美国证券规制各个领域的基本哲学。就券商交易中介行为规制而言,信息披露有三方面的意义:贯彻券商信息披露规制能够不但有利于券商之间竞争的加强,从而使得市场机制对券商交易中介行为构成一定的约束并构成一种经济层面的治理;也有利于为券商日常监管与执法即法律层面上的治理提供基础;而券商主动信息披露行为的自律规范更是一种道德层面的治理。因此,信息披露规制也注定成为券商交易中介行为规制的另一个重要内容。

第二章　券商交易中介行为的信息披露规制

　　信息披露是美国联邦证券法的主要立法思路,也是美国证券领域规制的基本哲学。信息披露的目的在于提高证券市场的透明度,而一个较为透明的证券市场一般而言就能约束各证券市场参与方的行为,使其在既定竞争框架下进行有序的互动,从而达到提高市场效率、维护市场公平和保护投资者的目的。信息披露的直接作用就是改变证券市场信息不对称状况,这既是证券市场委托代理结构盛行的结果,也是各方不正当行为的主要触因。由此,各国对券商交易行为的规制首先要从券商交易行为的信息披露规制着手。

　　与委托代理结构下证券发行人与投资者之间信息不对称情形相仿,券商与投资者之间同样存在着信息不对称。而就券商而言,其自身特有的双重性身份更加剧了此种结构性信息不对称对券商交易行为的扭曲。所谓券商双重性身份指的是券商在证券市场上交易主体和交易中介身份的重合。这使得与其他证券市场主体相比,券商在其与投资者关系上有着更为复杂和严重的利益冲突可能。与身份上的双重性相应,券商在证券市场信息结构中也处于双重位置。一方面作为交易的主体,券商是信息需求者,利用其作为具有一定公信力的专门市场主体身份,将其收集、加工与处理的信息作为影响证券市场的杠杆予以主动披露,在增进市场透明度和引导投资者理性决策的同时增进了自身利益,因此相关规范不得不对券商上述的主动信息披露行为予以规范,保护在此过程中处于弱势的作为信息接收者的投资者利益;另一方面作为证券交易的专门中介,券商是信息的生产者,其自身的财务、经营和治理信息都对投资者选择和评判券商有重大价值,也对依赖券商交易中介职能的证券交易市场规范化运作有着重要的影响。因此制定有关法律、法规和自律规则强制券商披露自身的各种原始信息也成为券商信息披露规制的另一个重要内容。而其中,可以进一步根据券商所处的阶段将其分为注册阶段强制信息披露以及经营阶段强制信息披露。本章将从券商信息披露的一般性理论出发,进而对美国券商信息披露具体制度进行全面而系统地阐述。

第一节 券商交易中介行为的信息披露规制导论

本节对信息披露制度的基本理论预设,信息披露规制在美国证券市场上适用范围的扩展以及信息披露制度与券商自身特性如何有效结合从而导出券商交易中介行为信息披露制度(以下简称为券商信息披露制度)独特的法理基础等进行详细论述。

一、信息披露的一般性理论

信息披露制度,又称信息公开制度,首创于 1844 年《英国公司法》,发展于 1933 年《美国证券法》及 1934 年《美国证券交易法》,并在当前各国证券立法中都有所体现的法律制度。券商信息披露的哲学在路易斯·布兰代斯《别人的金钱》一书中有着深刻而最广为流传的表述:"公开,是解决社会与行业痼疾的良方,阳光是最好的消毒剂,灯光是最有效的警察"①。台湾学者陈春山认为信息披露制度(陈在文中称其为公开原则)是企业所有与企业经营相分离的情况下沟通企业所有者与经营者的制度设计。陈春山认为,信息披露制度是将判断企业获益能力的有关资料向一般社会公众公开,使投资人能做正确合理的投资决定,从而起到保护投资者的作用。陈春山进一步指出根据信息披露制度目的与功能,披露的信息起码应做到具有完全性、正确性、时效性和利用容易性。

在上述语境中,信息披露制度主要指的是证券发行人对于在证券发行与流通过程中拥有或产生的经营信息、财务信息、治理信息依法向证券管理部门、证券自律组织和社会公众充分、完整、准确、及时公开的法律制度②。因此,此种信息披露的目的是为了投资者能获得证券发行人足够的信息以对证券价值进行合理判断。作为证券市场规制的基本哲学,信息披露适用范围、义务主体和披露对象也处于不断的扩展之中。现代美国证券规制体系中的信息披露主体已经从证券发行人为主,推广至任何在市场上具有信息优势地位的主体,而信息披露的对象也不仅局限于与行使证券投资决策有关的领域。信息披露制度的上述发展是其自身本质与特征的逻辑必然。首先,信息披露是一种不具有指令性的规制方式,在性质上属于一种形式审查。相形于对证券领域进行直接干预的指令性实质审查机制,信息披露无论在成本上还是可行性上都显得略胜一

---

① JOEL SELIGMAN. Historical Need for a Mandatory Corporate Disclosure System [J]. The Journal of Corporation Law,1983,9(1).45.

② 陈春山. 证券交易法论 [M]. 台北:五南图书出版公司,1998. 27 – 28.

筹。信息披露通过对证券市场透明度加诸形式要求,使得披露信息的受众能够在知情基础上行使投资决策权,从而避免了对证券市场微观运行基础进行破坏性外在干预,使相关市场主体能够真正行使对市场资源配置的投资决策权。通过上述"真正市场化"的决策方式,信息披露能在不破坏市场机制带来的福利的同时对市场机制偶尔失灵进行自动的和自我的矫正。信息披露哲学提示我们,政府对证券市场行使管理的权力应该合理地限定在发挥市场机制所必需的范围内,才能符合证券活动本质上的私人特征。因为如果政府对证券市场的管理过于直接和深入,甚至从政府判断出发行使对证券的价值审查,那么实际上等同于取代了市场机制下投资者的决策权力,也等同于取消证券市场本身。实际上,包括券商在内的处于信息优势地位的专业市场主体对信息披露的规制方式有着非同寻常的偏好①。成熟证券市场也倾向于采取信息披露方式来规范市场主体的行为。其次,除了信息披露具有的市场化倾向外,信息披露也是保护处于信息弱势地位的市场主体(主要是一般投资者)的有效方法,是维护证券市场公平的重要手段。信息披露的直接效果就是降低了证券市场上的信息不对称,增强了一般投资者对市场风险的评估能力,夯实了其对证券市场的长远信心。第二次世界大战后美国证券市场的发展主要表现在投资者构成变迁和市场中介化程度加深两个方面。投资者构成变化则主要体现在美国证券市场从原先以分散的个人投资者为交易主力转化为以机构投资者为主力,而市场中介化程度加深则体现在证券市场上包括券商在内的各种专门市场中介和信息中介的繁荣。上述投资者机构化和市场专业化的趋向增强了证券市场消化吸收信息的整体水平,提高了证券市场效率,也使得信息披露所起的改善信息不对称的作用愈益显示其重要性,间接起到了保护一般投资者的作用。再次,信息披露也对市场主体的行为具有纠正作用,例如要是经纪商佣金设定不合理,则投资者可以拒绝与其建立关系,从而会迫使券商改变相关政策。安然事件后美国出台的 2002 年萨班法更是进一步增强了信息披露对证券市场商事主体行为的调节作用。比如萨班法对上市公司提出了人事安排与内部规范的披露要求,要求上市公司披露其审计委员会是否含有金融专家,其高级管理人员是否遵守一定的道德规范等②。在这里,信息披露所起的作用就是间接强迫相关上市公司在其审计委员会中安排类似人员,或者制定高管行为道德规范。信息披露改变商

① PAULA J. DALLEY,The Use and Misuse of Disclosure as a Regulatory System[J],FLORIDA STATE LAW REVIEW ,2007,34. 1092 – 1093.

② Sarbanes-Oxley Act of 2002, Section 406 and Section 407. [EB/OL]. http://frwebgate. access. gpo. gov/cgi-bin/getdoc. cgi? dbname = 107cong_bills&docid = f:h3763enr. tst. pdf, 2009 – 06 – 01.

事主体行为的另一个典型例子是公司内部薪酬披露,薪酬披露的透明和完整程度至少部分取决于领薪者与投资者之间利益相一致的程度。而反之,越是披露内部薪酬,领薪者就越追求与公司股东利益相一致的行为。薪酬信息透明度的提高也会对投资者决策会产生影响,使得投资者产生对薪酬披露相对透明的公司的偏好。同理,券商及其关联人报酬信息的披露也能改变券商的行为方式,从而促使券商选择与客户利益相一致的行为。固定收费账户就是一种体现报酬信息透明化的券商收费方式创新,其存在的最大理由就是与传统收费方式相比,固定收费账户能够最大程度的促使券商与客户利益相一致。当然,信息披露制度也有其他方面的功能,比如防止欺诈等不当行为,改善公司治理状况和对潜在风险提供预防性警示等。比如以防止欺诈行为而论,充分的信息披露使得有关主体实行欺诈的成本提高,降低了发生欺诈的可能性;以改善公司治理状况而论,对公司治理结构和治理规范的信息披露会促使公司向较优的治理模式靠拢;再以风险预警效果而论,市场上的信息越多,虚假信息所能起到误导作用的可能性就越小。

除了信息披露制度自身特点外,关于证券市场的若干经济理论也对信息披露制度在证券领域规制中愈益扩大的作用提供了支持。证券市场的一个重要假说是 1965 年提出的**市场有效性理论**,其创立者法玛认为"一个'有效率'的市场是指一个存在大量理性参与者活跃竞争的市场,在这个市场上,每位参与者都尽力预测未来证券的市场价值,并且当前重要的信息几乎是免费地被所有的参与者获得。在有效市场中,参与者的竞争导致这样一个状况,在任何时点上证券的实际价格已经反映了已发生事件和市场预计将来会发生事件的信息。换句话说,在一个有效市场上,证券在任何时点的价格都是它内在价值的最好估计。"①法玛所描述的这种有效市场有两个前提条件,那就是充分披露的信息和能完全消化吸收信息的市场主体。在证券市场实践中,这首先反映为市场中介和信息中介等专门市场主体对相关披露信息的第一手解读,并由其驱使可反映证券内在价值的证券价格的形成。换言之,证券有效市场的形成有赖于具备信息解读能力并相互竞争的专门市场主体的促进,普通投资者无非是被动接受相关披露信息与证券市场价格。因此,鉴于上述券商等专门市场主体在吸收信息和形成有效市场上的重要作用,有关方面必然对其有所规制。证券市场的另一个重要理论是投资组合理论,投资组合理论是 1952 年 Markowitz 提出的,并成为现代投资领域最为人所接受的理论范式,其用来衡量资产组合情况下的收

---

① 王智波. 有效市场假说的产生、发展与前沿动态[J]. 华南师范大学学报,2007,4:39.

益和风险的方法广为流行。投资组合理论不仅符合现代证券市场的理性化与中介化特征,而且在美国现行信托法下由于各类专门机构作为信赖关系受托人应遵循"谨慎投资者"规则,投资组合的应用也会是大势所趋①。投资组合理论的出现使得投资成为一种普通投资者难以胜任的事务,也使得包括券商在内的市场专门机构的地位大大提升,从而提高券商等市场专业主体在投资组合实践中的行为透明度也成为对其施加信息披露规制的重要理由。

二、券商双重性本质与其交易中介行为的信息披露规制——从制度经济学的视角

券商信息披露制度除了基于信息披露的一般性理论外,还根源于券商自身的特殊性,这其中最重要的就是券商的双重性特征。一般认为券商传统上是作为证券市场的中介组织而存在。但实际上,券商在证券市场上的作用已远远超出了中介一词的原始含义。券商既是市场中介,为证券市场提供关键的基础服务,以代理人和本人的身份参与交易,同时券商还是市场重要的信息中介,券商不仅为客户交易进行推荐,还通过证券分析或主动信息披露等活动组织和引导证券市场上的信息活动。券商这种市场中介身份与信息中介相合一的身份②,决定了券商既是信息的需求者也是信息的生产者,即券商不仅需要信息披露制度所产出的信息来理性组织证券市场,而且其自身也作为信息披露主体为市场提供各方特别是投资者理性决策所需要的信息。

券商作为信息需求者对信息披露制度的依赖是券商广泛参与不同类型证券交易活动的必然结果,表现在其对证券市场公开信息的收集、加工和整理上。我国学者李国秋指出:"证券市场是一个由筹资者、投资者、中介机构以及组织和监管者形成的市场,他们是市场的主体","这些市场主体为了自身的利益,在进行市场活动的时候均需大量信息,以作为其决策的参考和依据"。李国秋进一步指出虽然具有信息需求的市场主体包括筹资者、投资者、中介机构和市场组织者及监管机构,但证券公司即券商作为中介机构其对信息的需求是广泛而全面的,远远超过其他市场参与者,包括了一切与证券市场运行、客户、发行人所属产业以及本行业及竞争对手的信息。券商一般都拥有信息收集、分析与加工的队伍以满足自己的信息需求。在满足自身需要基础上,券商还会主动将加工与处理过的信息通过各种形式向市场披露,并且往往对证券市场产生巨大的影响。券商加工与处理的信息主要是证券发行人的经营、财务和治理原始信

---

① 张敏. 美国谨慎投资者规则与现代投资组合理论探析[J]. 证券市场导报,2007,7:29.
② 陈玉萍,邹平. 券商发展的市场主体论和市场中介论[J]. 证券市场导报,1998,11:52.

息。券商主动信息披露正是建立在上述信息加工和处理上,把上述原始信息转换成为反应券商观点和倾向的描述性或者分析性信息,并通过建议、通讯、广告和研究报告形式向公众披露①。一般投资者都有对券商加工与整理信息的需求,因为证券市场上公开信息过于繁杂,超出了一般投资者的能力范围。这就使得投资者需要市场专业人士对证券市场公开信息进行二次解读,寻求他们的帮助和建议。可见,券商主动信息披露并非是原始信息的披露,而是经券商解读后的二手信息,其披露价值在于其专业性、权威性和导向意义。在证券市场日益复杂的今天,上述信息成为筹资者与投资人所共同关注的焦点。对该类信息的主动披露,是当今证券市场有序运行和投资者理性决策的重要前提。在缺失此类信息的情况下,投资者长远利益往往不能得到有效保护。近年来个人投资者在互联网上进行"去中介化"证券交易,其失败的经验就证明了这点。但是,由于上述信息在到达投资公众时已经是经过券商过滤的信息,因此在这个信息传递、过滤和解读的过程中,同样从事证券交易的券商完全可能基于自身利益或因被其他强势市场主体收买而与投资者处于利益冲突之中。例如,其完全可以通过倾向性的信息阐释如研究报告和证券交易建议来对投资者进行劝诱,其甚至也可以利用投资者对其专业知识和技能的信任和授权无节制的推荐客户进行证券交易以赚取包括佣金和价差在内的各种收入,这更加凸显了对券商主动信息披露行为进行规制的必要性。

券商不仅有信息需求的一面,同时还有信息生产的一面。就券商是证券市场上信息的生产者而言,其指的是券商在注册和经营过程中其自身源源不断产生经营、财务和治理方面的原始信息。根据有关法律规定,券商对上述原始信息的披露一般都带有强制性,其分为注册阶段的初始信息披露和经营阶段的持续信息披露。上述披露信息都属于券商本身的原始信息,与经过券商处理和加工的信息不同,券商是此类信息的披露主体,并主要根据相关法律法规的强制性要求向社会大众公布。如同证券发行人强制信息披露是为了使投资者对其发行证券的投资价值具有判断能力从而保护投资者利益一样,券商自身原始信息的强制性披露也是出于保护投资者的目的,使得投资者对如何选择券商有所凭依。在传统语境中,投资者与证券发行人之间关系是属于所有权与经营权分离的大背景下的信息不对称,两者之间是一种委托代理结构。传统信息披露制度的功用就是通过增加证券发行人情况的透明度,使得投资者获得对证券发行人行为的约束能力并增强对证券市场整体的信心。相对于投资者与发行人之间的委托代理结构,证券市场

---

① 李国秋.证券市场信息机制[M].北京:北京图书馆出版社,2003.37-43.

也同时存在着专业证券机构即券商与普通投资者之间的委托代理关系。在该委托代理关系下,投资者通过支付报酬委托券商执行交易、运用资产乃至行使投资判断,投资者还向具有垄断性的专门市场中介机构如专家交易商和造市商支付买卖差价来补偿其为维持市场流动性而付出的成本。因此,建立对包括券商在内的市场专门机构的强制信息披露机制也成为必然,这是防止券商在上述委托代理结构下从事投机行为的必然要求,而券商注册时候的信息披露与券商经营阶段的信息披露就成为这种强制性信息披露的制度体现。

以上结合信息披露制度的一般理论对券商信息披露的必要性、制度功能和本质特征进行了介绍。确认了券商信息披露是从券商双重性本质特征出发,实现有效证券市场和理性投资组合的必要制度配套,同时也符合信息披露制度的"规制市场化"导向,对投资者保护和券商行为规范都有着举足轻重的意义。在对券商信息披露制度的理论特征予以阐明之后,本书需要进一步对美国券商信息披露制度的法理原则和具体内容进行探讨。

三、券商交易中介行为信息披露规制的特殊法理原则

在对券商信息披露的法理原则继续深入探讨之前,笔者尝试对券商信息披露制度下一个完整的定义。参考上文,所谓券商信息披露可以完整表述为:券商依照相关的法律、法规与自律规范对其自身的经营信息、财务信息、治理信息以及其在交易中所涉及的证券产品与服务的描述性与分析性信息向有关证券行政监管部门、证券行业自律组织以及包括其客户在内的社会公众予以披露的制度。美国券商信息披露制度滥觞于第一届罗斯福政府通过的两部以信息披露为基础,以合作性监管为框架的联邦证券法律[①]。具体而言,除了两部联邦证券法确立以信息披露为基础的监管哲学外,与证券交易市场特别相关的 1934年证券交易法就券商规制还确立了一个最重要的妥协,那就是对 SRO 准公共监管机构地位的认可,这使得券商监管机制成为法定和自律监管相结合的合作性监管机制,券商信息披露制度也成为上述合作性监管与信息披露哲学相结合的典范。因此,券商信息披露制度在内容上除了证券法律法规以及 SRO 自律规则中的对券商强制性信息披露诸种规定外,还包括 SRO 自律规则中涉及成员主动信息披露的大量规范。前者主要涉及券商强制性信息披露要求,在具体内容上可以进一步分为注册阶段的初始强制信息披露和经营阶段的持续强制信息披露。后者主要涉及对券商主动信息披露的规范,其主要渊源是各个 SRO 中券商

---

① 哈威尔·E. 杰克逊,小爱德华·L. 西蒙斯编著. 金融监管[M]. 吴志攀等译. 北京:中国政法大学出版社,2003. 636 - 637.

的职业行为守则,也可以进一步分为一般性的主动信息披露和特殊领域中的主动信息披露。

与一般意义上的信息披露类似,券商信息披露制度也须遵守实质和形式意义上的法理原则。现代一般意义上信息披露的原则包括实质性和形式性原则两方面。实质性原则指的是披露义务主体在信息披露过程中所要遵循的披露内容上的基本要求,这一般包括信息披露的真实性原则、完整性原则、准确性原则、及时性和公平性原则。真实性原则指的是披露的信息不能包含有虚假陈述;完整性原则指的是披露的信息不能遗漏重大事实,并且要均衡披露有利与不利的信息;准确性原则指的是在披露信息在表述方式和内容必须准确,不能引起认识模糊或者歧义;及时性原则指的是一旦情况发生变化相关主体应该以最快的速度公布相关信息,或者相关主体应该保证所披露的信息反映最新的情况;公平性原则指的是相关主体不能仅仅将信息对某些市场主体进行选择性的披露,而应向一般公众投资者公开。所谓信息披露的形式性原则指的是披露义务主体在信息披露过程中所要遵循的披露方式上的基本要求,这一般包括规范性原则和易解性原则。所谓规范性原则指的是信息披露必须按照统一的内容和格式标准进行,而所谓易解性原则指的是所披露信息的陈述方式和使用术语都必须浅显易懂,不要过于复杂和专业化,阻碍一般投资者的理解[1]。

参照一般情况下的信息披露的法理原则,我们着重对券商信息披露所应该适用的实质性法理原则予以探讨。以上分析过,券商披露的信息大致可以分成两类,一类是券商自身经营、财务和治理信息,其通过强制方式披露,另一类是由其他市场主体主要是证券发行人原始发布并经过券商处理和加工并主动披露的信息。在这两类信息中券商信息披露的价值取向是有所差异的。在券商强制性信息披露中,由于券商是此类信息的原始发布者,券商在此类信息披露中最重要的价值取向是真实性。所谓的真实性指的是券商所发布的信息必须是全面、真实、准确的反应券商自身的最新状况。1934 年证券交易法 15(b)(4)(A)规定"向证券交易委员会或其他任何有关监管机构报备的注册申请或报告中,或在证券交易委员会主持的任何有关注册的程序中,故意做出或故意致使做出任何在进行说明时及依据说明时的具体情况与重大事实有关的虚假或误导性陈述,或在任何该申请书或报告中遗漏需要陈述的任何重大事实"则"证券交易委员会可以在认定符合公共利益时,下令对有关经纪商或交易商进行申

---

① 蒋亚鹏,杨洋. 上市公司信息披露研究 [M].沈阳:东北大学出版社,2005.23 – 27.

斥,限制其活动、职能和经营,暂停其注册(暂停期间不超过 12 个月)或取消其注册"①。在证券交易法的上述规定中明确地提出了券商注册信息需具有真实性,不得含有"与重大事实有关的虚假或误导性陈述",另外也需具有全面性,不得"遗漏需要陈述的任何重大事实"。此外,SEC 规则 15b3 - 1 就券商申请文件的修正问题作出如下规定:如果券商注册申请中所包含的信息,或其修正,因为任何原因是或变得不准确,券商需要及时的向中央登记保管机制(Central Regis-tered Depository,CRD,由全国证券交易商协会运作)就注册申请使用的表格 BD 提交修正文件来更正此等信息②。由此可见,及时性也包含在券商注册信息真实性里。就券商经营阶段的持续信息披露,同样也必须反映真实性原则,也就是所披露的经营阶段的信息必须是真实、全面和及时的。就此最为典型的立法是交易确认规则,即 1934 年证券交易法下的规则 10b - 10。规则 10b - 10 明文对券商在经营过程中的交易中介行为提出了信息披露的要求。作为 1934 年证券交易法反欺诈条款下的规则,违反规则 10b - 10 下的交易义务将构成证券交易法下的欺诈行为。因此,遵循规则 10b - 10 向客户提供交易确认信息的时候任何"使用或利用任何操作或欺诈手段或计谋"均属违法。这一条显然直接对券商经营阶段的信息披露提出了真实性的要求。此外规则 10b - 10 从券商交易各个环节如交易的日期、时间、价格和数量,券商法律地位,券商报酬或其他收入和其他方面的信息确认都做了巨细靡遗的规定,这反映了券商信息披露的全面性要求。最后,10b - 10 规定交易确认必须在交易结束前或者交易结束的同时向客户递交交易确认,从而使得客户能够得到券商操作交易的即时信息③,这无疑反映了信息披露的及时性原则。与券商强制信息披露中的真实性价值取向不同的是,券商在主动性信息披露中的价值取向为公正性原则,所谓的公正性原则指的是券商主动披露的经其加工和处理过的信息必须公正、平衡与真实。公正性原则体现在 NASD 行为规则 2210(d)的相关规定中。根据规则 2210(d)对主动信息披露内容的规定,券商主动信息披露起码应当达到如下标准,首先是公正交易和诚实信用的原则,该规则认为"所有成员与公众的通信应该建立在公平交易和诚实信用"的基础上。券商作为市场专门主体有着一般投资者所不能企及的专业技能和信息优势,而其主动披露的,对市场影响巨大的

---

① 15U. S. C. §78o - (b)(4)(A).

② SEC Rule 15b3 - 1 [EB/OL]. http://www. law. uc. edu/CCL/34ActRls/rule15b3 - 1. html,2009 - 06 - 01.

③ SEC Rule 10b - 10 [EB/OL]. http://www. law. uc. edu/CCL/34ActRls/rule10b - 10. html,2009 - 06 - 01.

信息又是经过其加工整理的,在此情况下券商必须克服其利益冲突地位可能带来的影响,在信息的加工处理乃至披露中谨守其商业伦理以及公平交易规范。其次是平衡与合理的原则,所谓的平衡指的是披露的信息必须包括披露对象的正反面信息,而合理的原则指的是所披露的信息必须达到一个合理的阈值,使得普通投资者能够据其作出事实分析和投资判断。最后是真实性原则,与券商强制性信息披露所适用的原则相一致,券商主动信息披露的真实性原则同样强调成员应防止能引起误导的重大事实遗漏,也不能进行虚假、夸大、无保证或误导性的陈述。此外,真实性原则一般情况下禁止非事实性的预测性信息即软信息,还对主动信息披露中援引第三方证词问题作出了严格规定①。

可以看出,无论是哪类券商信息披露的法理原则,都包含了比较一致的内容。其都要求信息的真实性,都注重信息的公正性,只是在侧重点上两者有不一致的地方。在简要介绍券商信息披露法理原则的基础上,参考券商信息披露的强制性与主动性分类,本书将对美国券商信息披露规制的具体内容进行论述,这包括券商注册和经营阶段的强制性信息披露规范以及券商经营阶段的主动信息披露规范。依据美国证券法律法规以及相关 SRO 规则,券商强制性信息披露的主体不仅包括券商自身,还包括券商内部分支机构以及参与券商业务并与券商形成关联的自然人(以下简称关联人)。券商强制性信息披露可分为两个阶段,一是在券商注册阶段,其必须通过以 BD 表格为中心的一系列表格向SEC、州主管当局和 SRO 主要是 NASD 申请注册,并通过统一的信息公开程序向社会公众披露其所提交的注册信息。二是在券商经营阶段,其必须根据有关法律、法规与自律规则的规定向其客户或社会公众披露有关账户性质、交易内容与财务信息方面的信息。券商强制性信息披露的是券商所产生的原始的经营、治理和财务信息,因此对于券商在注册申请过程中所提交的信息如果有不真实情形,券商必须承担行业自律、行政、民事乃至刑事责任。

第二节　券商注册阶段的初始信息披露规则及评析

券商法律形态既可以是自然人,也可以是合伙与公司,但在绝大多数情况下都属于合伙或公司形式,具有一定的机构组织。券商强制性信息披露的主体一般情况下指的是具有机构形式的券商。一般而言,机构形式券商注册不仅局限于作为一个机构整体的券商,还包括其分支机构及自然人。

---

① NASD. NASD Conduct Rule 2210 [EB/OL]. http://finra. complinet. com/en/display/display _ main. html? rbid = 2403&element_id = 3617 2009 - 06 - 01.

就券商整体注册而言,根据 1934 年证券交易法 15a 的规定,除在若干豁免和例外情形①,作为证券市场专门主体的券商必须首先向 SEC 申请注册登记,才能进行任何证券交易或诱使或试图诱使他人购买或出售该证券。另外,券商还必须向所属 SRO 和所在州的证券管理当局申请注册。在向上述各个监管主体注册的过程中,必须涉及大量信息披露活动,而这主要是以格式化文件的形式完成的,在内容上涉及券商的方方面面。就券商向 SEC 注册申请而言,证券交易法 15b 明确规定:券商注册必须通过提交书面申请文件的方式进行,申请文件必须包含与券商及其关联人有关的信息和文件,且其内容及形式要符合 SEC 基于公共利益和保护投资者所制定的相关规则中必要或适当的标准。SEC 根据此授权条款发布的 15b1－1 规则对券商注册信息披露的形式和内容进行了细化规定,其中主要表现为表格 BD 的应用。15b1－1 规则规定以表格 BD 形式递交的注册申请文件必须存放于 NASD 运营的中央登记保管机制 CRD 中。表格 BD 必须以纸面形式向 CRD 递交,同时还必须包含在 NASD 成员资格申请文件中。如果表格中的信息由于客观情况变动失去准确性和完整性,那么券商就必须及时地通过电子方式对 CRD 在线数据库中有关信息进行修正。最终,券商在表格 BD 中的信息须通过 NASD 网站 brokercheck 系统向社会公开②。分支机构注册原以表格 BD 的附件 E 形式进行的,但根据 2005 年 NASD 提交的一项规则变更申请,券商分支机构注册以后将要通过 NASD 牵头创制的表格 BR③进行,其将逐步取代现行表格 BD 中附件 E 和 SRO 与各州对券商分支机构申请的相应规定。关联人则须通过 U－4 表格以及 U－5 表格④向 NASD 提交注册申请,其必须申明所关联券商,职位类别(注册代表或注册主管,前者是具体业务

---

① 15U. S. C. §78o－(a).

② SEC 规则 15b6－1 规定券商撤销注册时使用表格 BDW,券商在提交表格 BDW 之前必须根据相关最新情况依照申请文件修正规则 15b3－1(a)规定对之前提交的表格 BD 内的信息加以更新。表格 BDW 中的信息公开程序与表格 BD 相同。SEC Rule15b6－1 [EB/OL]. http://www.law. uc. edu/CCL/34ActRls/rule15b6－1. html,2009－06－01, SEC Rule15b1－1 [EB/OL]. http://www.law. uc. edu/CCL/34ActRls/rule15b1－1. html,2009－06－01, SEC Rule15b3－1 [EB/OL]. http://www. law. uc. edu/CCL/34ActRls/rule15b3－1. html,2009－06－01.

③ 表格 BR 信息包括分支机构的一般情况、管辖隶属、业务类型、分支机构安排、与分支机构关联的个人、纽约证交所分支信息以及分支机构撤销等诸方面情况,表格 BR 信息公开程序与表格 BD 相同。NASD. Form BR [EB/OL]. http://www. finra. org/web/groups/industry/@ ip/@ comp/@ regis/documents/appsupportdocs/p015076. pdf,2009－06－01.

④ U－4 表格要求申请人填报其基本信息、合规和财务状况,而 U－5 表格是在申请人终止执业情况下填报的表格,是对前者的及时补充。除了涉及个人隐私以及基于公共政策考量必须保密的信息,以上表格的信息公开程序与表格 BD 相同。

操作者,后者是管理人员,当然还可根据业务种类对职位类别进一步细分)①,关联人还需通过由 NASD 主持的注册申请系列考试。由上可见,表格 BD 是券商注册信息披露最重要的载体,表格 BD 的格式由 SEC 统一规定,其包括申请人的基本信息,业务种类,任何可以影响申请人管理与政策及部分或全部为申请人业务融资的人,与申请人处于同一控制关系下从事证券或投资顾问业务的商事组织以及控制申请人的银行与储蓄机构,申请人及其"控制附属人"②披露其所牵涉的任何刑事、民事和监管程序。除了正文部分,附录也是表格 BD 不可分割的组成部分。其中,附录 A 和 B 要求披露申请人直接和间接所有人③以及行政官员的信息,附录 C 则是用以修正附录 A 和 B,附录 D 则对表格 BD 中的其他项提供补充的空间。附录 E 则是用于报告申请人的分支机构及其他营业地情况如监管办公室(Offices of Supervisory Jurisdiction, OSJ)的信息,当然正如上述,附录 E 将来会被表格 BR 所取代④。除了联邦层级的注册外,券商还可能在其开展业务的州注册,虽然许多州规定了种种注册豁免情形,但是规定各不相同。对于大多数券商而言,其一般不可能逐一考察每个州的情况并解决州证券法上的注册问题,但是一些规模较大的券商则选择在五十个州都进行注册,从而避免卷入与此有关的法律纠纷。为了解决州一级证券法律的混乱给证券市场主体带来的负担,1996 年全国证券市场促进法(National Securities Market Improvement Act, NSMIA)引入了联邦层级机构对若干证券活动的立法优先权机制。该机制的引入使得券商在程序上仅需向 CRD 提交表格 BD 并缴纳一定费用就可以完成绝大多数州的注册,通过 CRD 对表格 BD 的更新也会自动发送到相应的州,从而大大简化了券商在各州的注册过程⑤。虽然 NSMIA 不涉及州法中的券商注册问题,但该法案的确使州一级的券商披露活动仅限于注册阶段,

---

① 这里的关联人根据其在券商内部分工的不同有几种不同的注册类别,包括代表、主管、助理代表和经理以及研究分析师,其中代表是券商最基本的关联人类别,而根据代表从事业务广狭不同,又把其分为一般代表和有限代表,而有限代表中又根据从事的业务类型不同进行了进一步划分。

② 控制附属人指的是表格 BD 中 1A、9 或附件 A、B 和 C 中的控制人或任何其他直接或间接控制申请人,与申请人受共同控制和受申请人控制的个人及组织。除事务性、行政性、后勤及类似职能的人或任何(无论其头衔)不执行交易也没有高级政策制定权限的人外,包括任何当前雇员。参见 FORM BD IN-STRUCTIONS C – 3。

③ 直接所有人指的是拥有申请人 5% 以上有投票权股份或者资本的人,而所谓间接所有人指的是拥有直接所有人 25% 以上的有投票权股份或者资本的人。

④ 表格 BD 的全称是 Uniform Application for Broker-Dealer Registration,即券商注册统一申请表,NASD FORM BD [EB/OL]. http://www. sec. gov/about/forms/formbd. pdf,2009 – 06 – 01.

⑤ Manning Gilbert Warren III. Reflections On Dual Regulation Of Securities:A Case For Reallocation Of Regulatory Responsibility [J]. Wahington Uuniversity Law Quarterly,2000,78:496 – 510.

并实际上使其内容为联邦证券交易法的披露范围所涵盖。除了必须向 SEC 以及相关州证券监管部门进行注册外,券商还必须向特定的 SRO 注册,而其中最有广泛性则属 NASD①。申请人在 NASD 规则 1013 指导下进行注册,并采用修订版的 NMA 表格及其附件披露极为详细的相关信息②,其信息公开程序同于表格 BD。值得指出,无论是何种类型申请人,其注册信息最终都会向社会公众公开,从而实现信息披露的本意。就此,NASD 主席兼首席执行官 Robert R. Glauber 指出,NASD 力图"在投资者保护和投资者作出了解情况的决定与合法的个人隐私以及经纪商自身事务之间作出平衡",因为"向公众提供的信息对其投资决定是绝对关键的,要在不牺牲 NASD 监管职能前提下加强投资者保护"③。

根据证券交易法 15b1 – 1(c)的规定,存放于 CRD 的文件被视为证券交易法下的"报告",而根据 1934 年证券交易法 18a 和 32a 规定,任何被视为证券交易法下报告的文件都不能含有虚假和误导信息,否则将承担民事乃至刑事责任。因此,如同 1933 年证券法和 1934 年证券交易法中对证券发行人和报告公司(reporting company)的信息披露要求一样,证券交易法及相关的 SEC 规则也通过信息披露的方式对作为市场中介机构的券商施加了强有力的法定信息披露约束。上述通过表格 BD 进行的证券交易法下券商注册信息披露不仅是投资者判断券商资质和实力的基础,也是 SEC 注册审核的事实依据。证券交易法 15(b)(4)列举了针对券商的暂停和撤销注册,同时在申请阶段也就是不予注

---

① 证券交易法 15(b)(8)规定除了全国交易所的成员以外,任何注册券商都必须以加入证券交易法下注册的证券协会为前提进行证券交易,而 NASD 是证券交易法下注册的唯一协会,由于在当前市场环境下,券商几乎不可能只在其为会员的交易所交易,因此证券交易法 15(b)(8)条的规定无疑使得所有券商都必须加入 NASD 并成为其会员。

② NMA 表格及其附件的内容包括原本签署并经公证的 BD 表格及相应附录、针对每个关联人的原本签署的纸版 U – 4 表格、NASD 认可的原本关联人指纹卡(该联系人由 SEC17f – 2 规则认定)、新成员评估报告、详细商业计划书、联邦或州当局或 SRO 作出的决定或命令的复件(其包含与申请人或其关联人相关的注册及执照方面永久或暂时的负面决定)、所有关联人列表、除非已被报告给 CRD 否则应提交与申请人或其关联人有关的纠纷解决情况文件、联邦或州当局或 SRO 针对关联人救济行动的描述、对特定关联人强化监管程序和特殊教育计划的书面认可、建议性的或者最终的与银行或清算组织或服务机构之间的合同复件及其描述、申请人资本来源与性质的描述及其支持文件、申请人将要采纳的财政控制手段的描述、申请人内部监管系统描述及其相关书面文件、申请人主管和负责人的详细情况描述、申请人待采行的纪录系统描述、与继续教育有关的书面培训计划复件以及与 CRD 及申请人信息查询有关的表格,NASD Conduct Rule 1013 [EB/OL]. http://finra. complinet. com/en/display/display_main. html? rbid = 2403&element_id = 3570. 2009 – 06 – 01.

③ NASD Announces Proposed Increase of Information Released to the Public [EB/OL]. http://www. finra. org/Newsroom/NewsReleases/2002/P002880. 2009 – 06 – 01.

册的情形。任何在表格 BD 中披露的信息如果符合 15(b)(4)的不予注册情形，则 SEC 将阻止申请人进入券商业务领域。除了证券交易法对券商有法定注册要求以外，根据同属联邦一级的 1970 年的证券投资者保护法案（Securities Investment Protection Act, SIPA）的规定，券商还必须同时加入证券投资者保护基金这一非营利性保险机构。该机构为符合条件的券商客户提供因券商破产或陷入财政危机而失去偿付能力时的保险保护，使这些顾客在此等情况下能得到相应赔偿。该法在 78ccc(a)(2)(D)款中规定，如果券商豁免 SIPC 成员资格，则必须根据 SEC 相关规则将有关其豁免的信息向居住在美国及其领土和财产上的客户披露，这同样是为了保护普通投资者对券商基本情况的知情权。

容易看到，与证券法律对一般公众公司在发行阶段所要求的信息披露相比，券商注册披露有过之而无不及。首先，券商注册披露不仅是联邦和州诸多证券制定法的要求，而且还是证券行业 SRO 的要求，券商注册表现为一种多层次的、法律与自律相结合的、内容相互补充的信息披露框架，其制度设计的周延性是联邦证券法下普通公众公司披露制度所不具备的。其次，券商注册披露主体广泛，披露范围全面，这是普通公众公司抑或是其他市场主体难以比拟的。券商注册披露在涉及的主体上极为广泛，不仅券商自身需要向行政主管当局和行业组织进行注册披露，而且任何被认为与券商之间具有关联或是附属关系的人都需要单独向行业自律组织进行注册。另外，从披露内容上看，几乎涉及除了个人隐私以及基于公共政策考虑予以保密外几乎所有注册材料中的信息，这些信息都通过在线数据库向公众发布。因此，券商信息披露在内容上的广度和深度也是普通公众公司难以比拟的。最后，券商注册信息披露与 1933 年证券法下公众公司证券发行初始信息披露以及 1934 年证券交易法下报告公司持续信息披露并非相互替代，而是构成一种累积性的关系。任何组建为公众公司的券商既要履行券商身份下的诸种注册程序，也要按照上述两项联邦证券立法进行证券发行注册和报告公司登记。就此而言，券商在注册阶段所承担的初始信息披露是极为繁重的，这在一定程度上反映了有关监管机构对券商这一最重要的市场中介组织在信息披露上的严格要求。

第三节　券商经营阶段的持续信息披露规则及评析

与券商注册阶段的信息披露相比，券商经营阶段的持续信息披露有着自身的特点，其一是在于披露对象个性化，这是指券商披露的对象不是一般意义上的投资公众，而是与其建立账户关系的客户，另外交易类型与账户的各不相同也决定了披露内容的个性化，这与券商注册阶段针对一般公众的格式化信息披露形成了鲜明的对比;其二是在于信息披露日常化,其不仅要在每次交易时进行,还要在发生法定事件时履行强制报告义务;其三是在于披露信息内容的丰富性,其包括账户性质、交易过程和财务信息等三个部分。正是由于券商持续信息披露的面对面特征,使得券商信息披露只能通过证券法反欺诈条款课以责任约束,这包括联邦证券法下的默示责任反欺诈条款与明示责任反欺诈条款。笔者首先以交易信息披露的内容划分为框架,对券商经营持续性信息披露加以全面叙述,并在此基础上对其相关内容与责任条款加以评述。

　　券商持续信息披露的第一部分是账户性质信息披露,这包括账户风险状况、运行机制、相关客户个人信息保护等。账户交易风险披露实际上主要针对特殊的风险较大的账户类型,披露对象是持有这些账户的非机构投资者,这些账户中有代表性的包括日交易账户①、期权交易账户和分值股票账户等。就日交易账户而言,相关规则要求券商提供风险披露声明以披露该账户类型的潜在风险②。再就期权交易账户而论,无论是 NYSE 还是 NASD 都规定了在期权账户开立之前要根据该账户期权交易的类型向客户寄送信息披露声明或相关文件,对于风险尤为重大的账户类型甚至要求自律组织对账户开立实施实质审查③。而根据 SEC 规则 15g－9,对于分值股票账户,券商必须在批准客户开户时应以书面方式对如何根据客户个人信息合理认定其适于分值股票交易并有足够金融经验和知识评估相关风险进行披露,如券商发生客户不适合于分值股票交易,应拒绝开户④。账户运行机制信息披露比较典型的包括账户纪录与清

---

　　① 所谓的日交易账户指的是日交易者所开设的账户,所谓的日交易者实际上是证券市场上的超短线交易者,当交易者对某项投资在非常短的时间如几分钟或几小时内持续进行进出仓操作,而且持有时间几乎不超过一天,那么其就被称为日交易者。KENNETH M. MORRIS. Standard & Poor's Dictionary of Financial Terms. New York, NY: Lightbulb Press Inc. 2007. 49.

　　② NASD 行为规则 2360(a)规定:"任何提倡日交易策略的成员不得直接或者间接的为或代表非机构投资者开立账户,除非在开户前已经向客户提交了规则 2361 中所规定的风险披露声明"。规则 2361 对风险披露声明内容作出规定,包括:日交易可能蕴含的极大风险、有关日交易巨额利润宣传可能掩盖其带来巨大损失的特点、日交易需要对证券市场有深入了解和高超交易技巧、日交易需要对证券企业日常运作非常熟悉并且需要面对市场快速变动、仓位清算困难以及交易系统失灵等风险。日交易可能带来巨额的佣金费用,以日交易账户从事融资融券可能带来远远大于原始投资的损失以及代客操作日交易账户可能触发注册要求的法律风险。参见 NASD Conduct Rule 2360－2361 [EB/OL]. http://finra. complinet. com/en/display/display_main. html? rbid = 2403&element_id = 3651, http://finra. complinet. com/en/display/display_main. html? rbid = 2403&element_id = 3652, 2009－06－01.

　　③ NYSE 要求券商在期权交易账户获准开立之时或之前寄送期权披露文件,并且要在客户要求的情况下披露与期权交易相关的现行期权结算公司说明书。NASD 对于那些风险尤为重大的期权交易如无备兑卖空期权交易的披露声明还要专门报送 NASD 审核。

　　④ SEC Rule 15g－9 [EB/OL]. http://www. law. uc. edu/CCL/34ActRls/rule15g－9. html, 2009－06－01.

算安排、银证合作安排、指令流支付安排等方面。在账户纪录与清算安排方面，SEC 和相关 SRO 规则要求券商披露账户纪录信息①。就银证合作的问题，以 NASD 相关规则为例，其要求券商就其在银行等金融机构中向客户提供有关服务进行特别披露和确认②。所谓指令流支付指的是这样一种做法即造市商、专家交易商或者其他市场主体通过向其他券商支付报酬的形式来获取交易指令输入。就指令流支付的问题，SEC 在证券交易法下 11Ac1 - 3 客户账户声明规则中规定：如果券商从事指令流支付业务，那么其就应当在其与客户关系的存续过程中对收受指令流支付的具体做法，对方支付的报酬以及指令流支付对客户指令"最佳执行"的影响等方面作出说明③。同样在规则 11Ac1 - 6 中 SEC 还要求券商通过交易确认书、季度报告和网站披露指令的路由信息。账户运行机制信息披露还包括对异常情况下持续经营的信息披露④。最后是与账户相关的客户个人信息采集和保护政策的披露。客户个人信息采集政策主要表现为 911 事件后金融机构根据爱国者法实施的客户身份确认计划，其主要目的在于打击恐怖主义融资以及洗钱，要求客户在金融机构开户时需通过身份确认⑤。包括 SEC 在内的各个联邦机构都有责任根据爱国者法的授权在其管辖范围内制定

①　在账户开立 30 天内向客户提交账户纪录复件。除了若干隐私信息外，该文件必须向客户如实披露所要求的信息。券商必须解释账户纪录中与投资目标有关的术语，并在该记录附件中包含醒目声明提醒客户有纠正错误与通知情况变动的权利，SEC Rule 17a - 3 (a) (17) [EB/OL]. http://www. law. uc. edu/CCL/34ActRls/rule17a - 3. html, 2009 - 06 - 01.

②　要求券商在此类账户开立时通过书面和口头方式进行如下披露即成员在交易中买卖的证券产品不受联邦存款保险公司的保险保障，不是该金融机构的存款和义务，也不由该金融机构保证，有可能遭受包括本金在内的投资损失。

③　该规定的内容是，除非委员会基于公共利益和投资者保护给予豁免，否则任何券商都不能以代理身份就规则 11Ac1 - 2 中定义的证券或任何被授权在具有本法 17B 中规定特征的自动报价系统中报价的证券为客户执行交易，诱使或试图诱使买卖或以买卖为目的导引指令，除非该券商以书面形式在开立账户时并在此后每年通知上述客户下述事项：(1)经纪商或者自营商就规则 10b - 10(d)(9) 中所定义的指令流支付的政策，指令流支付是对上述经纪商和交易商 (为客户订单) 提供路由的报酬，由其他的经纪商或交易商，全国证券交易所、注册证券协会或交易所成员承担。上述政策通知应包括一份任何指令流支付是否肇因于路由客户订单以及所收报酬详细性质描述的声明；并且 (2) 经纪商或者自营商在客户无特别指示情况下确定作为规则 10b - 10(d)(9) 定义的指令流支付对象的客户的订单路由路径的政策，包括描述何种程度上订单可以比规则 11Ac1 - 2. 定义的最佳买卖价格更好的价格成交。SEC Rule 11Ac1 - 3 [EB/OL]. http://www. law. uc. edu/CCL/34ActRls/rule11Ac1 - 3. html , 2009 - 06 - 01.

④　NASD 行为规则 3510 即业务持续计划 (business continuity plan) 规则 e 款规定：每个成员必须向客户披露其业务持续计划将如何处理未来可能发生的营业中断以及如何应对不同规模的事件。最起码此种信息必须在账户开立的时候以书面形式向客户披露，在成员互联网站上公布 (如果该成员维护有网站)，并在客户要求时向其邮寄 。

⑤　USA Patriot Act. [EB/OL]. http://frwebgate. access. gpo. gov/cgi - bin/getdoc. cgi? dbname = 107_cong_public_laws&docid = f:publ056. 107 ,2009 - 06 - 01.

相应的客户开户身份确认规则。而在 SEC 相应规则中明确规定就客户确认计划中的信息收集行为,券商需要在客户开户之前以通知的形式向客户披露。由于包括身份确认计划在内的种种规则使得券商对用户的信息收集比以前大大增加,这不免增加了客户对券商如何使用其个人非公开信息的疑惑和担忧。就此问题,SEC 根据美国金融服务现代法 504 条所颁布的 S‐P 条例通过作出了规定,S‐P 条例要求券商不迟于与客户之间建立关系时并在此关系存续期间每年向客户送达一份清晰且醒目的自身隐私保护政策的通知,并且该通知须以客户能合理接收到的书面或者经其同意的电子方式进行①。

　　除了账户性质信息披露外,券商交易信息披露还包括交易内容的信息披露,这是发生频率最高的信息披露,主要规则是证券交易法下的规则 10b‐10②。与从账户性质信息披露只要券商在客户开户阶段披露并逐年更新不同,向客户书面提交的交易内容信息披露时基于每交易的,并涵盖交易过程、券商法律地位、券商具体义务、目标证券细节、相关交易费用等诸多方面,其可细分为交易主体信息披露、交易客体信息披露和交易内容信息披露三个部分。从交易主体披露来看,规则 10b‐10 要求券商对交易主体法律地位、法律义务和在相关组织成员资格等方面的信息进行披露。所谓交易主体法律地位,指的是券商在交易中的属于本人还是代理人,这涵盖了券商作为交易中介可能具备的不同法律形式,是券商主体信息披露最重要的部分,也是客户了解券商法律地位并行使其知情权和监督权的基础③。此外,券商主体信息披露还包括券商特殊行为能力方面,在此处表现最为突出的就是规则 10b‐10(a)(9)中对券商或为其承担清算和账户持有责任的券商是否是证券投资者保护公司(Securities Investment Protection Corporation,SIPC)成员的信息披露。此项披露也体现在上文

---

①　SEC. Regulation S‐P［EB/OL］. http://www. law. uc. edu/CCL/regS‐P/index. html,2009‐06‐01.

②　市政证券下的交易信息披露规则是市政证券规则制定委员会(Municipal Securities Rulemaking Board,MSRB)的规则 G‐15。

③　证券交易法下的规则 10b‐10(a)(2)对交易主体信息披露的规定如下:"a. 披露要求:任何券商为或与客户账户交易,或诱使该客户买卖任何证券都是不合法的,除非该券商在交易时或交易结束时,给予或者寄送该客户书面通知披露……2. 券商是否是此等客户的代理,其他人的代理,同时为客户以及其他人的代理,或作为自身账户委托人;并且如果券商作为委托人,其是否是该证券造市商(除非是大宗头寸商);并且 i. 如果券商作为该客户代理人,其他人代理人或该客户以及其他人代理人;A. 为该客户向其买入证券的人的名字,向其卖出证券的人的名字或者应此客户书面要求将会提供相关信息的事实……"SEC Rule 10b‐10(a)(2)［EB/OL］. http://www. law. uc. edu/CCL/34ActRls/rule10b‐10. html,2009‐06‐01.

提及的证券投资者保护法(SIPA)相关条款中①。如果券商是证券保护公司SIPC成员,那么就意味着根据该法,券商拥有向该机构缴纳保费以及获取破产保护的特殊行为能力,这也是投资者与之建立以及维持关系的一个重要考虑因素。从交易客体信息披露的角度讲,指的是对作为交易客体的证券及其衍生品性质的信息披露。如果是一般性证券,那么信息披露就应该包括证券名称、价格与数量。除了一般性的股权证券外,证券市场交易的证券还包括债权证券②、证券期权③等特殊类型证券,对其特性的信息披露也各不相同。由于证券市场日益复杂,类似证券衍生品的金融创新不断出现,使得监管者加强证券市场专门商事主体如券商对其交易客体的信息披露责任会成为一种必然趋势。此种信息披露能够极大程度地提高交易透明度,使得作为一般投资者的券商客户能够对证券交易有着更深一层的把握。从交易内容信息披露角度讲,主要包括对交易双方权利义务及其履行情况的披露。就券商而言包括其如何作为本人或者代理人履行交易义务、承担交易费用和享有报酬。相关规则要求券商披露交易时间、地点、方式等诸多细节,规则 10b – 10 和 NYSE 的自律规则都对其有明文要求。在交易地点上,NASD 和 NYSE 自律规则要求成员披露交易发生的特定市场,因为交易发生的特定市场因其特殊规则和市场结构会对双方权利义务具有一定影响④。此外,由于券商报酬和客户利益呈现直接负相关联系,因此其

---

① SEC Rule 10b – 10(a)(9) [EB/OL]. http://www. law. uc. edu/CCL/34ActRls/rule10b – 10. html, 2009 – 06 – 01.

② SEC 规则 10b – 10(a)(4)规定,"如果是到期前回赎的债权证券交易,则声明应涉及此等债权证券可能部分或者整体在到期前回赎,且此回赎可能影响其所代表的收益以及在应询情况下可以提供额外信息的事实"。10b – 10(a)(5) – (8)规定:如果该债权证券只基于美元价格成交或基于收益率成交,那么还要分情况进行特定的包括价格、收益率以及基于该债权证券衍生品的情况披露;如果该债权证券存在资产支持,而且该债权证券代表不断预支的应收款或其他金融资产池的利益或担保权益,那么就要以声明的形式披露该资产支持证券实际收益率可能根据其基础应收款或其他金融资产预支比率变动的事实以及券商将应客户书面请求提供影响收益率因素的信息。参见 Rule 10b – 10(a)(4),Rule 10b – 10 (a)(5) – (8)。SEC Rule 10b – 10(a) [EB/OL]. http://www. law. uc. edu/CCL/34ActRls/rule10b – 10. html, 2009 – 06 – 01.

③ 期权有如下几种期权即传统期权、期权清算公司发行并在 NASDAQ 股票市场显示报价的期权、由非成员成交的交易所上市期权。NASD 行为规则 2860(b)(12)就期权信息披露规定,期权交易确认必须披露期权类型、基础证券和指数、到期月份、行权价格、期权合同数目、溢价、佣金以及交易和结算期等。NASD Conduct Rule2360(b)(12) [EB/OL] 。http://finra. complinet. com/en/display/display_main. html? rbid = 2403&element_id = 6306,2009 – 06 – 01.

④ 比如在场外交易的情况下,NASD 要求券商在根据规则 10b – 10 披露交易发生于场外交易市场的信息外,要披露券商的委托代理身份,以及是否以交易价格为基础抽取一定差价作为佣金。NASD 也对证券交易在银行等金融机构内进行的情况规定了披露要求,这有助于保护客户识别履行交易义务的责任主体,并防止银证合作关系与投资者之间的利益冲突。

成为券商与客户利益冲突的焦点领域并也成为券商交易内容信息披露的重点。根据券商在法律上委托代理身份的不同,其报酬披露在内容上也存在不同①。规则 10b－10 还对某些特殊类型的证券交易规定了报酬披露要求,除非其披露要求被豁免或已经包含在上述一般性券商报酬披露中,否则就必须在券商的交易确认中有所体现,这包括零股交易、分值股票交易的报酬信息披露②。除了典型情境下的券商报酬信息披露外,第三方介入证券交易导致多委托人利益冲突及其报酬信息披露也是一个值得关注的问题。对此,报酬信息披露的作用就在于防止券商在不同委托人利益之间只根据自身利益进行取舍,从而出现不合理牺牲某一方客户利益的情况。就此,10b－10(a)(2)(C)－(D)对券商向交易外第三方收取报酬和指令流支付中券商向第三人(主要是造市商、专家交易商或其他券商)收取报酬都做出了信息披露规定。前者规定券商必须披露其收到或将要收到的与交易有关的任何其他报酬的来源与数额,前提是经纪商不是在参与分销情况下买入或在参与要约收购的情况下卖出。书面通知中可以仅仅披露是否存在向第三方收取酬劳的情形,该酬劳的性质和数额的进一步信息只根据客户的书面要求提供。后者规定对于券商在从事指令流业务的时候,则需要披露其是否收到指令流支付,在客户书面要求的情况下要进一步披露此种报

---

①　券商在交易中如作为代理人,则其报酬是根据与客户间书面协议而非基于每次交易确认,否则规则 10b－10 要求券商披露其与交易有关的报酬数目;而如券商是委托人,除作为造市商外,其通过向其他人买卖证券来冲抵向客户买卖的证券,那么该券商就有义务披露券商向其他人买卖价格与其相应向客户买卖价格之间的差价;如果该交易涉及有报价义务的证券或在 NASDAQ 报价以及全国证券交易所交易并需要汇报收盘价的股权证券,那么券商作为委托人,应就上述证券的报告价格与其向客户报价之间的差价在客户确认中披露。

②　如 10b－10(a)(3)要求的零股交易信息披露。所谓零股交易指的是那些交易数量不足市场上一个基本交易单位的零散股票交易。由于零股交易的成本一般就正常交易高,所以券商可能会在正常交易价格之外加收一些差价,这就成为零股交易披露的主要内容。如果说零股交易是交易量较小的特殊证券交易类型,那么与此形成鲜明对比的是分值股票交易。分值股票交易是所交易证券面额较低的一种特殊证券交易类型。SEC 规则 15g－2 要求券商必须向客户披露分值股票所蕴含的巨大风险,而 SEC 规则 15g－4 则规定券商必须在交易分值股票之前口头向客户披露其所取得的与交易相关的报酬总额,并且此披露还必须以书面形式在规则 10b－10 书面交易确认之前或同时向客户提交。规则 15g－5 要求券商以规定的时间或者方式披露券商关联自然人(主要是指券商内部具体负责销售的注册代表)收受的现金报酬总额,该关联自然人必须是在相关交易之前就与客户保持关系并且该关系本身必须不仅仅属于事务性或者行政性。上述分值股票的一系列披露规则的存在有其实践中的原因。因为分值股票是一种面额较小,交易并不活跃的柜台市场股票,依靠粉红单系统和电子公告板等系统进行报价,所以分值股票具有高度的投机性和风险性,更容易被操纵,也更容易被利用来进行欺诈。因此,根据分值股票的特点对券商交易分值股票的信息披露进行特殊规定是合理的。

酬的来源与性质①。

最后是券商在经营阶段其财务信息的持续强制披露。在券商经营阶段,由于其在日常基础上参与证券交易,其财务状况也处于不断的变动中。一方面作为证券交易代理人,券商有可能受托掌管着大量的客户资产,财务状况的披露有利于提高券商内部的透明度,并在财务状况不良时发出相关警讯使投资者谨慎选择证券交易执行代理人;另一方面券商作为本人进行证券交易的情况下,券商经营行为对自身财务状况有着更为直接的影响,其财务状况信息不但可以反映券商继续参与和维护市场运行的能力,还可以防止证券市场出现大规模和系统性的风险。券商财务信息披露主要规定在 1934 年证券交易法 17(e)(1)(B)和 SEC 规则 17a - 5 中,根据 17(e)(1)(B)的规定,注册券商每年应向其客户发送其经过核实的资产负债表和 SEC 依据本条②(a)款授权所规定披露的与其财务状况有关的其他财务报表和信息。SEC 规则 17a - 5 则是对 17(e)(1)(B)的具体化和系统化。所谓券商财务信息可从许多不同角度划分:从时间间隔上分,有月度、季度、年中、年度甚至临时性报告;从内容上分,有以基于表格 X - 17A - 5 并经审计的年度财务报告为代表的披露券商一般性财务和经营信息的文件,也有为确定券商资本项下支出、券商破产保险情况而提交的额外文件,也有在一般性财务信息之外就净资本计算、确定储备金要求计算、所有及控制关系要求的相关信息等较为技术性的财务信息;从严格程度来说,可以分为

---

① 与指令流支付中券商向外"输出"指令流从而取得报酬的做法相反,券商在其与客户关系中涉及第三人的情形还可以表现为券商通过向客户返还佣金来争取"输入"证券交易业务。券商向客户提供佣金回扣在有的场合中是被禁止的,如 NYSE 规则就干脆禁止佣金回扣的存在。但在更多场合佣金回扣则得到允许,如 NASD 就对佣金回扣采取了在信息披露基础上的宽容政策,而且 SEC 在若干意见和不行动函中也有类似的看法。在关于佣金回扣问题的一份不行动函中,SEC 阐述了其对佣金回扣的看法。在该不行动函中,发函人 Hamilton 公司要求 SEC 确认券商对未注册的养老金、捐赠和公益基金会的受托人提供现金返还的合法性。SEC 指出现金返还的利益冲突在于上述机构受托人可能基于私利而不能把券商此类返还完全用于对机构有益的方面。作为一种有效的制约,SEC 认为至少在以现金形式返还的情况下,券商必须根据规则 10b - 10 的要求至少对现金返还存在与否进行确认和披露。当然在披露现金返还同时,券商还必须根据交易法下规则 17a - 3 的要求做好交易的内部纪录。除了现金返还外,还有其他类似的基于券商和机构管理人之间协议的安排,如晚近成为各界关注热点的"软美元"问题。与券商现金返还不同的是,在软美元安排中,券商往往通过提供现金之外的服务来争取各类机构管理人的证券交易业务。和上述现金返还一样,软美元安排也存在机构管理人基于自身利益而非其所代表的机构利益来运用券商提供的非现金收益的情况。但是由于非现金服务难以量化,因此对软美元安排的披露往往是由机构管理人而非券商以类似管理费的形式加以披露。Hamilton & Co. ,SEC No - Action Letter April 21,1995. [EB/OL] https://www.lexis.com/research/retrieve? _m = cd1d5824bc0de3cf5dea104b8fbcaa8d&docnum = 9&_fmtstr = FULL&_startdoc = 1&wchp = dGLbVtz - zSkAb&_md5 = d87d746b3cdd03aae6673d990d74146e,2009 - 06 - 01.

② 这里指 1934 年证券交易法第 17 条。15U. S. C. §78q(1934).

经过审计的和未经过审计的财务信息,虽然后者也必须履行一定的宣誓和确认程序。但财务信息披露最重要的分类是有限披露①和完全披露,前者包括券商财务信息的月度、季度和临时性报告等,除了向有关法定监管机构和相关自律组织提交外,对一般投资者并不公开,目的是为了在提高有关机构监管能力和在保护投资者的同时避免对券商施加过大的压力;而后者一般而言包括券商年度财务报告及其相关的客户报表,并向一般社会公众公开,两者券商都是以表格 X – 17A – 5 形式进行,其正式名称是 FOCUS 报告即统一财务与经营联合单独报告(Financial and Operational Combined Uniform Single Report),而我们所指的券商财务信息披露一般指的是券商财务信息的完全披露。

券商财务信息完全披露包括对公众公开的年度审计报告和向客户寄送的券商客户报表两种形式,其以公认会计准则编制。券商年度审计报告是券商每年向 SEC 总部、券商主营业地 SEC 分支机构、券商指定检查机构的主要办公室以及券商所属 SRO 提交的经独立公共会计师审计的券商上年度的会计报告。券商年度审计报告必须经过独立公共会计师审计并经与客户账户无利益关联的适格人士对其内容真实性和准确性进行宣誓和确认。券商年度审计报告还是券商财务信息最完整的披露形式,包括了券商财务状况报表(在格式和基础上与前述表格 X – 17A – 5 总体相同),损益报表,现金流报表,股东、合伙人与个人独资企业股权变更声明,附属于一般债权人请求权的债务变更声明,等等。如报告未合并附属机构财务情况的数据,那么包括券商附属机构资产、负债、净值或股东股权的总括性财务数据必须包含在经独立审计的财务状况报表附注中②。根据规则 17a – 5(e)(3),年度审计报告中的资产负债表和净资本计算的部分需要向公众公开,而其余部分券商则可以申请保密,只用于官方用途。当

---

① 券商有限财务信息披露包括如下几种仅向 SEC 总部及报告人主营业地 SEC 分支机构提交的 FOCUS 报告即月度报告、季度报告和 SEC 或指定检查机构(Designated Examining Agency, DEA)要求的临时报告以及对某些技术性财务信息进一步说明的额外报告。此外如果券商在证券交易所或者证券行业协会里持有的会员权益终止,那么除非得到 SEC 豁免,否则必须要在事件发生两日内向证券交易委员会提交报告,该报告必须附有基于相关人最佳理解和确信而作出的誓言与确认,且该人的起誓与确认行为是在得到恰当授权对之进行管理的人的监督下进行的。券商有限信息披露的对象是 SEC 或者券商所属 SRO,披露主要目的是加强对券商的行政和自律监管,这与信息披露作为市场化约束机制的本质有相当的差距。

② 年度报告必须附有基于 SEC 规则 15c3 – 1 的净资本计算、基于规则 15c3 – 3 附件 A 的确定准备金要求计算以及基于规则 15c3 – 3 的券商所有及控制要求信息。如果券商最近提交的未审计表格 X – 17A – 5 II 或 IIA 部分与上述净资本计算及确定准备金要求有重大不同,则需要在年度审计报告中加以协调并进行适当说明,而如不存在重大不同则券商也需在年度审计报告中加以指出。SEC. Rule 15c3 – 3 [EB/OL]. http://www. law. uc. edu/CCL/34ActRls/rule15c3 – 3. html,2009 – 06 – 01.

然,如果全国性证券交易所和证券商协会的规则中有投资者知情权的规定,那么 17a - 5(e)(3)中的规定不能减损其效力①。除了券商年度审计报告公开外,规则 17a - 5 还特别规定了券商就其财务信息向客户披露的义务,这主要表现为券商一年两次向客户寄送的客户报表,分为经审计和未经审计两种。客户报表必须同时向 SEC 在华盛顿的总部和其主要业务所在地分支机构办公室,券商所注册的证券交易所和协会提交。客户的范围包括除了与券商有重要的资产与人事关系的人之外的任何人。向客户寄送的经审计报表的主要内容包括:有适当附注的根据公认会计准则编制的收支平衡表,如果年度审计报告中的各个报表本身需要认证,那么该平衡表还需经过审计②。券商在提交上述审计客户报表后 6 个月,也就是在年中还必须向客户寄送另一份反映当时情况的报表,年中客户报表免于审计,则应该包括有适当附注的根据公认会计准则编制的收支平衡表③。上述客户报表如果与券商有限信息披露中的季度报告在时间上重合,那么可以延后 30 天提交,但须对净资本变化实际与法定数额按照最新情况进行修正④。在征得客户同意的情况下,券商向客户寄送报表的工作近来也可以通过电子方式进行。

　　从法律角度来看,券商在经营阶段的持续信息披露的性质各不相同,因此其所适用的责任条款也存在差异,大致上可以分为默示责任条款(如证券交易法 10b 与 SEC 的 10b - 5 规则)以及明示条款(如证券交易法的第 18 条)。以交易信息披露的核心条款即规则 10b - 10 而论,其隶属于 1934 年证券交易法默示责任条款第 10b 条,其规定任何人直接或间接利用州际贸易的任何手段或工具,利用邮寄或国内证券交易所的任何设施从事以下行为均属违法:(b)买卖在全国性证券交易所登记注册的证券、未如此注册的任何证券或任何基于证券的互换协议过程中,违反证券委员会为了公共利益或保护投资者而制定的必要或

---

　　① 作为年度报告的独立补充,券商还需提交一份同样由独立会计师审计的券商参与证券投资保险情况的报告,但并不对公众披露。

　　② 此外还包含有如下附注的报表,其基于 SEC 规则 15c3 - 1 及其附录 C 计算券商净资本实际和法定数额,与券商合并附属机构的总体与实质性财务报表以及其对券商净资本和法定净资本的影响;如果独立会计师曾根据法定审计目标和审计程序对券商最新年度审计报告中的重大不足作出评论,那么券商应在客户报表中指明该报告和评论的副本可以在 SEC 总部或者券商主要营业地的分支机构查询;券商还应在客户报表中指明可在 SEC 总部或者券商主要营业地的 SEC 分支机构查询券商最新年度审计报告中的财务状况声明内容。SEC. Rule 15c3 - 1〔EB/OL〕. http://www. law. uc. edu/CCL/34ActRls/rule15c3 - 1. html,2009 - 06 - 01.

　　③ 年中报表也必须包含类似于本页注②中提及的报表。

　　④ SEC Rule 17a - 5〔EB/OL〕. http://www. law. uc. edu/CCL/34ActRls/rule17a - 5. html,2009 - 06 - 01.

适当的规则和条例,使用或利用任何操纵或欺诈手段或计谋的。根据 10b 的授权,SEC 的 10b－5 规则进一步规定:①利用任何诡计、计划或伎俩进行欺诈;②对某重要事实做任何虚假的陈述,或不对某重要事实做必要的说明,以使其所作出的陈述在当时的情况下没有误导性;或者③参与任何带有或将会导致欺诈或欺骗因素的行动、操作或业务活动均属违法。根据上述一般性反欺诈条款10b 与 10b－5 规定,券商若未能正确履行上述披露义务,无疑是一种虚假陈述或误导性遗漏从而构成欺诈。固然 10b－10 规则即交易确认规则下的信息披露是由联邦证券法反欺诈条款加以保障,但 SEC 也指出,上述确认信息并非券商根据反欺诈条款向客户所需披露信息的全部①,但其无疑是券商在交易过程中向客户披露信息的底线,是直接体现在立法中的底线。另外涉及的信息披露规则还有 SEC 规则 11Ac1－3 与规则 11Ac1－6,两者都是关于券商路由状况的信息披露规则,其是为了防止券商通过欺诈性的或者操纵性的散布证券报价或交易的相关信息来达成证券交易或诱使证券交易的目的。因为根据证券交易法 11A(c)任何证券报价或者交易信息必须是从内容到形式必须是公平和有用的,任何人都应在无不合理歧视的条件下获取证券的报价和交易信息。很明显,证券交易路由在很大程度上决定了证券可以获取何种的报价和交易信息,因此要保证证券报价和交易信息的公平、有用与不合理歧视,必须保证对券商路由一定程度上的监督,而最好的形式无疑是信息披露,违反上述规则 11Ac1－3 与规则 11Ac1－6 同样可以依据规则 10b－5 的默示诉权追究责任。与上述两者皆不相同的是,1934 年证券交易法 17(e)(1)(B)和 SEC 规则 17a－5 是券商财务报告的信息披露规则,其最主要的特点是财务报告是首先面向 SEC 提交,而后才间接通过 SEC 向公众披露,因此其可以定义为证券交易法 18 条项下的申请书、报告或文件,即主要是向 SEC 提交的法定报备文件。根据证券交易法第 18 条,券商如果在财务报告中使用虚假或者误导性的信息,则其应对信赖该等说明而买卖证券的任何人因此信赖而造成的损害承担责任,受害人可以向任何有管辖权的法院提起衡平法或者普通法的诉讼,除非制造该财务报告的券商能够证明其出于善意且不知有关陈述是虚假或误导。除了违反 SEC 规则的情形,券商经营阶段信息披露还受到某些自律规则的约束,因此违反该类自律规则可能引发相应的自律责任,违反自律规则虽然不能直接成为联邦证券法下的诉由,但其仍可以成为相关诉讼的重要支持证据。

---

① Rule 10b－10 , Preliminary Note〔EB/OL〕. http://www. law. uc. edu/CCL/34ActRls/rule10b－10. html,2009－06－01.

第四节　券商主动信息披露行为规则及评析

第三类信息披露即券商主动信息披露也称为券商与公众沟通(communication to the public),是一种自愿的信息披露行为,其与上述两类强制性的信息披露有着很大的区别,是券商通过广告、营销资料、通信、机构销售材料、公开露面、独立准备的翻印材料和研究报告等形式进行的主动信息披露。券商该类信息披露活动的大量产生与近年来证券业内电子技术的普及以及增值业务的开展有密切关系。总体上看,上述所谓"主动信息披露"是一种券商的自愿信息披露,其特征在于券商是出于本身自愿而非外在强制进行的公开信息披露。此种信息披露的主要内容包括两个方面,一是关于券商中介交易所涉证券与服务的描述性信息,二是与证券自身价值有关的分析与评估信息。虽然券商并无法定强制性义务发表上述信息,但出于招徕顾客以及应对竞争的需要,券商往往利用大众媒体和电子媒介发布此类吸引客户的信息,从而对客户投资决策产生影响。与强制性信息披露不同的是,券商在自愿性信息披露中所提供的信息专业程度更高,加工程度更深,对普通投资者来说更难识别。而此类信息的专业性和复杂性,形式的多样性以及所涉及领域的广泛性也恰恰使得对其进行强制统一的规定难以具有可行性。另外,强制性信息披露所涉及的信息往往属于券商信息披露的最低要求,而自愿性信息披露是券商具有自主权的信息披露活动,不但披露的水平较高而且披露内容和方式也各不相同,因此事实上也难于对其进行强制性的规定,从而通过法律法规的形式对券商主动性信息披露进行规制显得较为困难。虽然如此,由于券商主动信息披露行为对投资者的影响以及券商天然具有的信息优势地位,所以对券商主动信息披露进行规制仍属必要,而这个任务只能主要通过 SRO 自律规则进行。当然不可否认证券法律法规在某些主动信息披露领域也起着部分作用,如在证券分析研究报告领域。但由于就研究报告规制的有关内容,本书将在第三章中加以详细叙述,所以笔者在此处不多加赘述。

到目前为止,除了在证券分析研究报告领域外,券商主动信息披露规制的实践都仅仅局限于自律规则的范畴。SRO 规则在规制券商的主动信息披露上具有合理性,一方面,SRO 是专业性组织,由其对券商的主动信息披露活动进行规制符合该类活动的专业性特征。另一方面,SRO 是行业自治组织,其所颁布的规则属于道德的范畴,因此比较适合于较为个性化的券商主动信息披露活动的规制。与券商主动信息披露有关的 SRO 规则包括 NASD 行为规则 2210、2211和规则 2711,类似规则还有 NYSE 的 472 规则。NASD 行为规则 2210 区分了七种成员券商的主动信息披露方式,包括广告、销售资料、通信、机构销售材料、公开露面、独立翻印材料和研究报告①。对于上述这七种主动信息披露活动,以NASD 为代表的 SRO 有着一般性的形式和内容要求。就券商主动信息披露的一般形式要件而言,NASD 行为规则 2210(b)要求成员券商进行上述主动信息披露如广告、销售资料和独立翻印材料时要得到注册主管的批准,并在 NASD 要求的情况下向其提交文件。研究报告和关于证券期货的广告和销售资料同样也要由主管分析师或者证券期货领域内的适格主管批准,得到审查和批准的上述文件必须有相关责任人的签名和日期,并且保存一定的年限②。除了批准和记录保存的要求外,NASD 也要求成员券商在首次进行某种主动信息披露的前十天向 NASD 提交相关文件,包括第一次使用的、不符合相关标准的、与投资公司业绩评定和比较及公众直接参与计划③有关的、与抵押担保债券和证券期

① (1)广告,指的是在电子或其他公共媒体如网站、报纸、杂志或其他期刊、电台、电视、电话或磁带记录、录像带展示、信号或公告板、动画或电话目录(除了常规列表)上发表或者使用的除独立准备的翻印材料及机构销售材料之外的任何材料;(2)销售资料,除广告、独立准备的翻印材料及机构销售材料之外的任何可一般性分发及向客户与社会大众提供的书面和电子通信,包括通告、研究报告、商情报告书、业绩报告和总结、表格信件、电话推销脚本、讲座文本、翻印材料(非独立)或其他广告与销售资料及公开发表文章摘要、成员产品与服务的新闻稿;(3)通信,根据2211(a)(1)规则,通信指的是成员向其一个或多个的现存零售客户(在 30 日之内少于 25 个潜在零售客户)分发的书面信件和电子邮件信息;(4)机构销售材料,根据2211(a)(2)规则,机构销售材料指的是任何只向机构客户提供或者分发的通讯;(5)公开露面,任何参与讲座、论坛(包括互动电子论坛)、电台或电视专访以及其他的公开露面和公开演讲活动;(6)独立翻印材料,独立翻印材料包括会员券商使用的出由版商发行的任何文章的翻印或摘要,前提是出版商以及翻印和摘要活动都没有与相关主体产生利益关联,并且除根据法定标准或修正事实性错误外,独立翻印材料内容没有经过实质性修改。独立翻印材料还包括任何有关于 1940 投资公司法下注册投资公司的报告。前提是该报告是独立研究公司准备的,报告内容除根据法定标准或修正事实性错误外没有经过实质性修改。研究机构是根据与大量投资公司有关的类似研究来准备和发布报告的,研究机构在日常业务中经常性更新与发布基于其对投资公司研究的报告,投资公司及其附属机构或采纳研究报告的成员均无委托研究机构作有关研究,如果是基于投资公司、下属机构和成员的要求出具个性化研究报告,那么报告只包含研究机构已经在其他报告中编辑和发表的信息,并且没有遗漏使得该个性化报告公正与平衡的信息;(7)研究报告。所谓的研究报告根据 NASD 规则 2711(a)(8)的规定,指的是书面或者电子通信,包含对单个公司或者行业股权证券的分析。任何不包含推荐或者评级内容,只限于技术说明、统计归纳、增持仓建议、评级与价格变动通知的报告不属于研究报告的范畴,此外券商的内部通信和注册代表为其个别客户进行的分析也不属于研究报告的范畴。NASD Conduct Rule 2210. http://finra. complinet. com/en/display/display_ main. html? rbid = 2403&element _ id = 3626,[EB/OL]. 2009 – 06 – 01.

② NASD Conduct Rule 2210(b) http://finra. complinet. com/en/display/display_main. html? rbid = 2403&element_id = 3626,[EB/OL]. 2009 – 06 – 01.

③ 直接参与计划是一种有税收利益的投资计划,主要投资在房地产、石油、天然气和农业领域,但是排除房地产信托投资。A Team Of Experts. Advanced Learner's Dictionary of Commerce. Anmol Publications, New Delphi, India:2002. 57.

货有关的以及与债券基金波动性评级有关的销售资料和广告。另外成员在一个时间段内的通信还必须受到 NASD 以书面方式进行的抽样检查。当然,上述文件提交义务也有相当多例外规定,此处不一一详述。在券商主动信息披露的内容要件上,NASD 规则 2210(d) 提出了券商主动信息披露必须基于公平交易和诚实信用原则,披露的信息必须是公平和平衡的,必须成为评估特定证券、证券类型、产业与服务相关事实的完善依据的总体原则。在此基础上 NASD 要求成员在主动信息披露的相关材料中不得遗漏重要事实以免引起误导,不能散布虚假和误导性的陈述,这包括成员必须考虑声明所处语境、受众的性质、措辞的清晰程度、对税务负担状况的翔实声明、声明中所含的推荐必须有合理基础并伴有作出推荐的券商其自身的造市活动与经济利益关联等问题的披露,相关声明、相关的注释和图例也不能有碍于投资者的理解。在材料中不能含有对于业绩的预测性信息,暗示过往业绩会再次实现以及任何其他的不实与夸大的声明、意见与预估①。如果在券商客户通信中存在与投资建议或投资业绩的技术方面有关的证词,则证词作出者必须具有此方面的资格,并且要作出醒目的警示,包括:证词对其他客户没有代表性、证词不是对未来业绩或成功的保证、如果证词作出者收取了名义费用之外的其他费用则必须披露其是收费证词。最后,如果广告和销售资料中对投资或服务进行比较则必须揭示彼此间的所有重大差别,并且对成员券商名称、关系网络和产品及服务名称等进行披露②。

如上所述,券商主动信息披露与强制信息披露在内容上存有差别,因为前者主要是券商对市场上的公开信息进行分析与评估的结果,而后者则主要是源于券商自身经营、财务与治理情况的原始信息。那么券商主动信息披露是否等同于证券信息披露上常见的证券发行人所披露的软信息呢? 这也不尽然。所谓的证券发行人的软信息也是一种自愿信息披露,其是发行人对证券主观估计和评价的预测性陈述,具有不确定性和或然性,而券商在与公众沟通即主动信息披露中所传达的信息是从第三者立场进行的信息加工,因此其在内容上应尽量避免任何纯属主观的内容,而应主要基于对市场公开信息的分析与整理,其

---

① 此种信息一般称为"软信息",上述要求是一般情形下的要求,在某些特殊的证券交易品种如证券期货和证券期权必然涉及预测业绩数据等"软信息"的情况下,也必须满足若干条件:该资料和通信必须有证券期货的风险披露声明,未有对未来业绩确定性的暗示,与业绩数字相关的参数明确,预测中披露并反映了一切的相关成本。

② 当然在专门产品和服务领域,NASD 就上述七种主动信息披露活动更有着进一步的特殊要求,其包括可变寿险和可变年金、证券期货、担保抵押债券、期权、投资公司广告和销售资料中的排名、NASD 名称使用、债券共同基金波动评级、机构销售资料和通信以及研究报告,限于文章的篇幅不能对其进行一一介绍。

与软信息唯一可能的共同点就是券商主动信息披露一定程度上也包含了主观判断的内容,但此种主观判断一是来自于市场中介机构而非证券发行人,二是其因为基于市场公开硬信息以及合理与严格的专门分析而具有高度或然性,类似于发行人所发布软信息中的具有同样高度或然性的"前景性信息"(prospective information)。此外,就券商主观信息披露的内容规制法律框架,其已经明确地提示在 NASD 规则 2210 中。其指出,券商主动信息披露主要应着眼于防止虚假陈述,包括虚假或误导性陈述以及遗漏主要事实。这表明,欺诈侵权下的虚假陈述仍是规范券商主动信息披露的主要路径,这与证券发行人软信息披露的实体性法律规制框架是一致的。不仅如此,对于券商主动信息披露,NASD 相关规则同样吸收了美国发行人软信息披露中所发展起来的"预先警示"和"言者当心"主义①,不仅要求券商在主动信息披露包含警示性信息,还要求其充分考虑到披露受众的情况从而真诚相信其主动信息披露的公平性与真实性。

最后需要指出的是,券商主动信息披露涉及的责任主体不仅仅限于作为信息披露主体的券商本身,而实际上可能涉及券商之外的其他参与信息披露材料准备或事后援引主动信息披露材料的主体,这其中最典型的就是证券发行人。这是因为作为市场中介组织,券商所主动披露的信息其分析对象无论是证券、证券发行人还是证券发行人所属行业一般都会涉及证券发行人的利益。同为证券市场上信息优势方,券商与证券发行人在券商主动信息披露上存在着一致利益,并有着强烈的勾结动机,从而券商主动信息披露规制的一个重要方面就是解决市场上的第三方对券商主动信息披露行为的扭曲。以证券发行人而言,其可以参与券商主动信息披露的过程,并参与准备不同形式的券商主动信息披露材料,从而使其有利于证券发行人。即使证券发行人未有参与券商主动信息披露,其事后也可能明知或轻率地在其软信息中引用券商所主动披露的虚假或者误导性信息或遗漏重要事实的信息对客户构成虚假陈述。对此,有关司法实践与 SEC 行政监管实践对此明确从证券发行人的角度判决其需承担欺诈侵权责任,只要其与有关主动信息披露行为有所"牵连"或该主动披露的信息得到不当"采行"。具体说来,如果证券发行人参与了券商主动信息披露材料的制作,则其符合法院和 SEC 所共同发展的牵连理论(entanglement theory),而如果证券

---

①　美国证券法对发行人自愿披露的软信息的态度是经历了一个从排斥到审慎欢迎的过程,其在1979 年确立的安全港规则即规则 175 和规则 3B－6 为发行人提供软信息提供了安全港保护,而事后的1995 年的私人证券诉讼改革法中更是进一步修订了软信息的安全港规则,确立了所谓的"预先警示"和"言者当心"主义。前者要求软信息披露中包含实际结果与预测可能不符的警示性语言,而后者要求发行人在发布软信息的时候其内心确信该预测性陈述。周友苏主编. 新证券法论[M].北京:法律出版社,2007. 399－400.

发行人在其发布的软信息中明知或轻率地引用券商所主动披露的虚假或者误导性信息或遗漏重要信息,则其符合 SEC 提出并为法院所认可的采行理论(adoption theory)。前者即牵连理论认为,只要在券商主动信息披露材料发布之前以任何方式参与了其内容的准备,则该参与主体就应对信息披露材料中或有的虚假陈述内容承担责任。而比牵连理论更进一步的是"采行理论",牵连理论一般要求研究报告发布之前证券发行人的实质性参与,而后者即采行理论只要求证券发行人在明知或轻率地状态下有传播第三方的包含有虚假陈述内容的研究报告的行为即构成一种对报告内容中或有的虚假陈述的默认,从而也必须承担责任①。一般来说,上述源于证券发行人与研究报告关系的理论同样可以适用于除研究报告之外的其他形式的主动信息披露,但其具体的司法与行政实践仍有待发展。

---

① 牵连理论发端于第二巡回法庭的 Elkind v. Liggett & Myers, Inc. 一案,在该案中,法院对 Liggett & Myers 公司审查与改正分析师研究报告的做法进行了考察,认为其不能构成要求 Liggett & Myers 公司对研究报告的内容负责的理由,因为该公司只是更正了报告中其所知的错误事实性信息,而对分析师的主观判断内容该公司无论是明示还是默示都未予以置评,因此无需因为审查分析研究报告的内容而对投资者负责。而之后的第四巡回法庭在 Raab v. Gerneral Physics Corp 一案中更是明确指出证券发行人要么控制研究报告的内容要么其完全与研究报告不相牵连,否则证券发行人须为研究报告的内容中的虚假陈述负责。采行理论的论述则可参见 SEC 行政案件 In the Presstek。BRUCE A. HILER, Dealing With Securities Analysts; Recent Guidance [J]. Securities Regulation Law Journal, 2000, 28(3). 191 – 194.

第三章　券商交易执行的忠实义务规制

在美国券商规制体系中,信赖义务是贯穿始终的一个概念,其将券商客户关系界定为一种以信息不对称为特征的关系,在此等关系中,券商作为占据信息优势的一方自然成为处于信息弱势地位的客户信任与依赖(trust and confidence)的对象,从而必须承担以保护客户此种信任与依赖的义务即信赖义务(fiduciary obligation)。美国法中一般认为,信赖义务具体包括忠实义务和注意义务。前者指信赖义务人在执行客户委托人事务时最大程度忠实于其利益,而后者指信赖义务人在执行委托事务时在合理范围内预见并注意避免对客户委托人利益的损害。忠实义务是一种消极作为和立足于现实的义务,而注意义务是一种积极作为的着眼于或然性的义务。在券商客户关系范畴里,尤其是在券商为客户提供交易中介的情境中,忠实义务主要应用于券商交易执行的环节,而注意义务主要应用于券商交易推荐的环节,本章主要就券商交易执行的忠实义务规制展开探讨。所谓券商交易执行是券商交易中介的基础与传统职能,也是券商存在的根本原因,其含义是券商作为证券交易市场专门组织为客户的证券交易委托指令提供中介服务。忠实义务是券商信赖义务在证券交易执行中的反映,与上一章信息披露规制相比,忠实义务是法律对券商交易中介行为直接和强制的介入,其对券商交易中介设置了一个从社会一般观念看较为合理并内在于券商客户关系的行为标准,这与信息披露规制的间接性和市场化形成了鲜明对比。这里所谓忠实指的是券商对客户最大利益的忠实,因此忠实义务体现在券商交易执行中的含义就是要求券商必须按照对客户最有利的方式执行交易指令,除非经客户同意,否则不应将自身利益卷入与客户利益的冲突中。因此大体上说,券商交易执行的忠实义务可以归结为最佳执行原则和避免利益冲突原则。

第一节　券商交易执行忠实义务导论

证券交易执行是券商通过经纪或自营的方式实现证券交易的中介行为。证券交易执行是券商作为证券市场中介的根本职能。在经纪或自营过程中,券商分别以本人与代理人的身份与其客户发生联系,在证券交易市场中实现证券所有权的有偿转让。在 1934 年美国证券法中,经纪的定义就是券商为他人账户进行的交易,而自营的定义就是券商为自己账户进行的交易,因此证券交易执行就是券商通过自己账户和他人账户实现证券交易的行为。券商交易执行和证券流通市场上投资者进行的一般证券交易存在区别:首先,券商交易执行中兼具代理人与本人的身份,而一般的证券交易行为都是以本人身份进行的;其次,券商交易执行本质上是一种营利性的中介行为,即以自营而论,其根本上也是通过本人交易形式驱动证券交易市场并提供流通性和赚取买卖价差和佣金,这与一般证券交易存在差别;第三,由于证券市场结构变迁、交易产品和方式多元化以及交易技术不断革新,券商证券交易执行日益成为一种高度专业和复杂的行为,这不同于一般市场主体的交易行为,只有具备一定知识与技能并经法定注册和行业组织接纳的商事主体才能有证券交易执行的资格。总言之,券商交易执行是券商在证券交易市场中以自己或他人账户进行的营利性的专门中介行为。券商交易执行是投资者实现在证券市场经济利益的必经桥梁,因此从证券法角度而言,对券商交易执行的规制必然以实现投资者利益最大化为根本宗旨,并且排除任何可能潜在于双方关系中的利益冲突,也就是说证券法必然规定券商的忠实义务。

一、券商交易执行忠实义务的概念与特征

忠实义务是信赖义务的一种,券商忠实义务是券商客户之间信赖关系的反映。1990 年版《布莱克法律辞典》中,信赖义务(fiduciary duty)的定义是为他人之利益将个人利益置于他人利益控制之下的义务,这是法律所定义的最高标准的义务。承担信赖义务的主体是受托人(fiduciary),而受托人作为一个名词指的是一个具有受托人或者类似于受托人特性的人,该特性包含着信赖与信任(trust and confidence),要求审慎的善意与诚实。受托人身份可以包括律师、监护人、经纪人、公司董事和政府官员。受托人及其信赖义务所来源的信赖关系是一个极为宽泛的概念,既包含严格法律意义上的狭义受信任关系,又包括任何存在一方信任或仰赖另一方的非正式关系①。信赖义务首先是忠实义务,这可以从"信赖"英文一词 fiduciary 反映出来,其拉丁文词根"fides"字面上的意思就是诚实②。由于设立信赖关系的目的是使得受托人为他人的利益行为,因此

---

① HENRY CAMPBELL BLACK, BRYAN A. GARNER. Black's Law Dictionary[M]. St. Paul, MN. West Publishing Co. ,1990. 435.

② 罗培新. 国际金融法系列 – 公司法的合同解释[M]. 北京:北京大学出版社,2004. 286.

符合这种目的的"诚实"自然首先就是受托人对他人利益的忠实。忠实义务在不同的法律领域有着不同的表述方式:在信托法领域,忠实义务指的是受托人(trustee)只能为受益人(beneficiary)的利益管理信托事务,受托人在管理信托事务过程中如果为自身账户进行交易或其进行的交易受到自身利益与受托人利益冲突的影响,那么除若干豁免情形外(包括受益人同意)受益人可以将该交易归于无效①,这表明受托人在信托关系内负有最大化受益人利益的责任;在代理法领域,忠实义务就是在为委托人进行的交易中不谋取利润或不作其交易对手②,这表明忠实义务要求代理人不利用代理关系为自己图利并要预防卷入与委托人的利益冲突;而在合同法领域,忠实义务是合同双方在缺乏相反明示条款时的默示条款,其内容是合同一方应为对方的合理预期及最大利益行事,从而使合同达到其应有的增进社会福利的功能,尤其在双方地位不对称(如信赖关系)时法院对委托人保护合同对方合理预期和最大利益的责任更为强调。由此可见,无论在何种法律领域,忠实义务的本质都是一贯的,其核心是一种禁止忠实义务人侵害受益人的消极义务,目的是防止处于利益冲突地位的忠实义务人出于自利动机在相关事务中阻碍受益人利益的实现。这种消极义务在行为人信赖义务整体的构成中是绝对的、清晰的和第一位的。忠实义务从正面看应是忠实义务人以受益人合理预期或最大利益为目的从事相关受托事务,而从负面看则是忠实义务人避免在相关受托事务中处于利益冲突位置。当然,期望忠实义务人完全不存在自身利益是不现实的,因此忠实义务人采取措施避免可能利益冲突时,逻辑上可以受益人同意的方式取得报酬。因为报酬取得与信赖关系设立一样,都是双方一致意思表示的结果,与忠实义务并不矛盾。将上述忠实义务分析用于券商交易执行可知,券商相应忠实义务同样也表现为正反双方面:从正面看,券商应该实现客户在当前市场条件下对交易的合理预期并最大化客户利益,这表现在券商交易执行的最佳执行原则,该原则的实质就是券商在交易执行中根据证券市场具体情况最有效率地实现证券交易;从负面看,券商应该在证券交易执行中尽量避免利益冲突,而即使存在利益冲突也应该在客户同意的情况下行为,这也可以称为是券商避免利益冲突的原则。券商在交易执行中的忠实义务就是上述最佳执行和避免利益冲突的结合。最后需要指出,券商交易执行的本质是被动的,它是由投资者的证券交易意愿所引起的中介行

---

① DAVID M. ENGLISH. The American Uniform Trust Code[A] DAVID J. HAYTON. Extending the Boundaries of Trusts and Similar Ring-fenced Funds[C]. Hague:Kluwer Law International,2002. 358.

② 美国代理法重述第 387 – 398 条,转引自徐海燕. 英美代理法研究[M]. 北京:法律出版社,2000. 205.

为,它或是由经纪业务中投资者的委托指令引发,或是由自营业务中投资者的买卖要约驱动。由此,券商只需要以投资者最大利益为导向,兼顾双方交易条件公平,避免利益冲突下的自利行为就可以满足券商交易执行的全部法理要求。与此不同的是,券商证券交易推荐是一种券商主动干预交易过程的行为,券商在其中需履行注意义务。所谓的注意义务是一种管理义务(management duty),是积极的过程导向的义务。积极指的是行为人对相关事务保有控制权,必须在合理界限内积极行使这种控制权。过程导向指的是注意义务履行并非以有关结果为依归,而是以其过程符合相关行为标准为判别。因此,券商注意义务主要适用于券商对证券交易有一定控制权的推荐情形中,并以券商行业行为标准判断其是否得以满足,与券商忠实义务着眼于客户利益不受影响的消极方式存在差别。

应该指出,忠实义务规范的消极面貌并不等同于忠实义务人的无所作为。事实上,美国证券交易市场结构变迁和证券交易方式、内容和相关服务的日益多元,对券商在中介交易过程中如何真正履行忠实义务提出了挑战。以证券交易市场而论,其最重要的转变就是从早期交易所和柜台市场的二元结构过渡到现在多元的碎片化市场格局,这个多元市场包括交易所、柜台市场、三板市场和替代交易系统①。在此情况下作为忠实义务体现的最佳执行原则就要求券商积极在复杂市场条件下寻求最佳交易路径。另外,证券交易方式、内容和相关服务的多元性也对券商交易执行也有莫大的影响,证券交易方式包括投资者不同的交易指令类型、指令规模和信用延展,证券交易内容则包括传统证券、衍生品和组合投资产品等,而与证券交易的相关服务包括证券分析(security analysis)、证券介绍与清算(introducing and clearing)以及证券指令流分配(Payment of Order Flow,POF)等。由于不同证券交易方式中券商自由裁量程度不尽相同,证券交易对象不同也造成券商客户信息不对称程度存在差异,而多元服务也导致券商利益冲突方式各有特点,所以券商如何在不同客户之间,不同职能之间以及其与客户之间消弭利益冲突也成为一个值得考虑的问题。

二、券商交易执行忠实义务的法律经济学分析

法律经济学的交易成本理论能够深刻阐明券商忠实义务的必要性。实际上,券商客户之间的信赖关系在法律经济学上可以归结为委托代理模型,因为

---

① 证券市场的多元化肇因于1975年美国国会的证券交易法修正案,其认为不同证券交易机制间的竞争可提高证券交易的效率从而更好保护投资者利益,当前碎片化证券市场格局就是上述理念的体现。

委托代理模型很好地归纳了券商客户关系的经济本质。在券商客户关系中,券商一般都持有客户资金和证券并在不同程度上加以使用,这就不可避免地存在着风险和不确定性。如何应对这种风险和不确定性不可能被券商与客户事先设定,而且客户几乎也没有办法对券商进行持续和有效的监管,因此客户往往把有关事务经营权交托给券商并设立激励机制促使券商在代理事务的范围内与自己的利益取得一致。可见,委托代理模型体现了一种社会分工,投资者在节省从事投资事务的时间和精力的同时又能取得专业人士的知识与技能,并且激励结构的设计也大大节省了对专业人士从事委托事务的监督成本。这里委托代理模型节约了两种成本,一是执行委托事务的成本,因为其避免了投资者对委托事务的"业余"操作,二是委托代理关系中投资者的监督成本,因为激励机制使得受托人与委托人之间趋向利益一致。当然,上述两种成本不可能完全消除,委托专业人士执行委托事务不可能完全消除事务本身的执行成本,而激励机制也不可能完全杜绝委托人的投机行为和投资者因此支付的代理成本,因此委托代理模型下仍需不断研究上述两类成本及其消除问题。

继续深入阐明委托代理模型的相关成本必须基于交易成本理论。交易成本理论源于罗纳德·科斯的创造性阐述。科斯认为所谓交易成本就是"使用价格机制的成本",这包括"发现相关价格的成本"以及"签订(交易的)短期合同的成本,包括谈判、监督和强制履约的成本"[①]。科斯认为由于在现实世界中交易成本总是为正,因此不同的权利界定和分配规则就会带来不同效率的资源配置,从这个意义上说,科斯理论实际上是认为能使交易成本最小化的法律就是最好的法律[②]。而德姆赛茨(Demsetz)在 1968 年发表的《交易成本》一文更是把科斯的交易成本理论运用于对证券市场价格形成的分析,成为证券市场微观结构理论的滥觞。德姆赛茨的主要贡献是提出对证券市场交易成本的构成分析,认为这个证券交易成本包括两个大部分:一部分是隐性成本,这种交易成本隐藏在成交的价格中,也称执行成本,而有效率的证券交易制度正是体现在对上述执行成本的节约上,另一部分是显性成本,如各项手续费、佣金等[③]。隐性成本即执行成本是证券交易中的可变成本,其主要受结构性市场因素影响,是衡量市场效率和交易执行质量的重要指标,执行成本最小的交易执行无疑有助于最大程度地实现投资者利益;而显性成本是证券交易中比较固定的成本,因为

---

① 杨哲英. 比较制度经济学[M]. 北京:清华大学出版社,2004. 9.
② 李寿平. 证券民事赔偿制度的法律经济分析[M]. 北京:中国法制出版社,2004. 14.
③ HAROLD. DEMSETZ. The Cost Of Transacting[J]. The Quarterly Journal of Economics,1968,82(1):
33 ~93.

无论其比率确定是否自由都可以由双方在交易前商定,其表面上是激励机制成本但实际上是代理成本显性化。

证券交易执行成本来源于两个方面,一是市场影响成本,二是市场时机选择成本。根据证券市场微观结构理论,市场影响成本指的是证券市场当前状况对证券交易执行的负面影响,其首要衡量标准是券商证券买卖的价格差。价差是交易者对证券市场供需不均衡以及流动性提供的补偿,解释价差对证券市场上价格形成过程的理论称为存货模型。存货模型说明了,证券市场上提供流动性券商的买卖报价差反映了其为保持流动性而产生的存货成本,而此种价差是证券投资者所必须承受的一种可变成本。价差越小,不但证券交易的可变成本越低,而且表明市场越接近于供需均衡、流动性充足的状态,从而对投资者而言交易价格就越接近于最佳报价。当然,除市场影响成本之外,执行成本还可能包括市场时机选择成本,市场时机选择成本指的是因其他市场参与者的影响而导致的价格变动。20 世纪 80 年代以后,金融市场微观结构理论从早先对价差和价格的专注转向考察市场上不同参与者对市场价格形成的影响,其把市场参与者分为知情和不知情交易者两大类,并由此证明了交易规模和时间对执行成本乃至交易价格的影响,这在机构投资者进行的大宗交易中表现的尤为显著。在这种情况下,如果拘泥于表面上的最好交易价格,则市场时机选择成本可能会更大,因此更加合理的做法是在交易价格基础上兼顾指令执行速度,从而在降低市场时机选择成本的同时也降低整体交易执行成本。上述证券交易执行成本理论提示我们,构成交易执行成本的都是市场结构性因素,因此相关规则应以证券市场体系和交易方式的改进为目标。由于在单一证券上买卖双方间的激烈竞争尤其是他们指令间的直接竞争是唯一为投资者赢取最佳价格的手段,所以最佳执行、市场碎片化以及竞争透明度就成为同一问题的不同部分[①]。这再次提示我们委托代理模型下券商忠实义务所要求的最佳执行原则可以通过市场和券商的形式竞争规则实现。

另外,对于投资者而言其证券交易一般是通过券商进行的,因此交易发生在一个委托代理结构中,其难以避免支付对券商的激励成本即一种显性代理成本。代理成本在思拉恩·埃格特森那里得到了很好的阐述,埃格特森指出,"代理成本的发生是因为在委托代理结构中,代理人会更确切地了解被分配工作的详细信息,因为其获取信息的成本较小,并更充分地了解自己的行为状况和偏好,所以只要度量代理人的特点、业绩及完成契约的成本很高,代理人就可能会

---

① SCOTT MCCLESKEY, Achieving market Integration Best Execution, Fragmentation and the Free Flow of Capital[M]. Oxford;Burlington;Butterworth-Heinemann,2004. 42.

进行投机活动,而此种投机活动无疑将增加委托人的成本",他继续指出,无论采取何种方法,"代理人的行为很少全部度量出来",况且采取任何直接度量代理成本的做法都会引发逆向选择和道德风险,从而事倍功半。"委托人利用一切有利机会来限制欺诈之后,仍有投机行为存在",所以代理成本在此处转化成了委托人限制欺诈的投资加上剩余欺诈行为引起的成本的总和。所谓限制欺诈的投资指的是代理人对以较小激励成本防止更大代理成本的契约结构进行的投资,此处的契约结构应该是双方利益重叠的一种安排①。而剩余欺诈行为是不能通过委托代理双方消除的,办法则是通过外在规则尽量消除代理人欺诈的动因即双方利益冲突,从而减少剩余欺诈行为及其导致的代理成本。

　　以上对证券交易中执行成本和代理成本分析表明,这两者是投资者通过券商进行证券交易所无法避免的交易成本。而只有通过最佳执行原则和避免利益冲突原则的约束才可能使投资者的上述两项成本得到有效制约从而获得一个更好的券商交易执行规则体系,因为最佳执行原则是外在于委托代理结构的委托事务执行标准而避免利益冲突原则是内在于委托代理结构的制约券商投机的行为标准。

第二节　券商交易执行的最佳执行原则

　　前面说过,最佳执行原则就是券商执行委托事务的衡量标准,是降低交易执行成本的必需。其实,从法律上看,最佳执行原则不仅是券商忠实义务的逻辑结果,也是建立一个保护投资者利益与公平有效证券市场的必然要求,是得到美国证券立法、司法、行政和自律等各方面广泛认可的证券交易执行原则。但是最佳执行原则并非是一个具有操作性的原则,原因一方面是其实体含义的笼统,比如何为"最佳"执行在性质上并不适合一个统一标准,在现实中也一直没有确切法定含义;而另一方面由于违反最佳执行原则的交易执行在表现形式上较为隐蔽,对单笔交易或投资者造成的损失一般较小,因此实务中极少有投资者以此为由提出申诉或诉讼。由上,最佳执行原则的实现必然只能采取迂回路径即规定券商在交易执行中形式和程序要求来间接实现,其主要反映在证券市场交易规则体系中。本节将首先从实体法角度对券商在交易执行中的最佳执行原则的含义进行探讨,在阐明最佳执行原则实体含义所固有的模糊性和局限性的基础上,笔者将对实现券商交易最佳执行的形式与程序规则进行阐述,

---

① ［冰］思拉恩·埃格特森. 新制度经济学［M］.吴经邦等译. 北京:商务印书馆,1996.42 – 43.

而这主要体现在美国证券交易市场具体的交易规则中。

一、最佳执行原则的实体规则及其局限

最佳执行原则不仅是券商交易执行的基础原则,也是广义上证券市场规制的重要基础。但一般来说,除非另有协议,"最佳执行"是券商对其客户而非对其他券商负有的义务,而不论该客户是直接向券商提交指令还是间接通过第三方提交。券商最佳执行的内涵就是为客户寻求成本最小,价格最好的交易市场的义务,也是交易执行中券商将客户利益置于自身利益之上的义务。

最佳执行原则类似表述体现在各个层级的证券法律与规则中。在1975年的证券法修正案,美国国会曾就设立 NMS 的目的之一做出这样的表述:"国会认定……(iv)经纪商可以在最佳市场上履行投资者指令",这符合"公共利益,又与投资者保护和维护公平有序的市场相适应"①。这里所说的在"最佳市场上履行投资者指令"就是最佳执行原则的一种常用表述。另外,主要证券行政监管机构 SEC 也认为,"委员会并未颁布单独的最佳执行规则或者明确地定义最佳执行,但是券商有责任寻求客户指令的最佳执行"②。虽然没有专门对"最佳执行"本身予以说明,但是 SEC 仍然认为一般而言"最佳执行原则就是要求券商为客户寻求交易当时情形下合理存在的最优惠的交易条件",而何谓"最佳"或者"最优惠"SEC 则承认无法界定,原因是券商最佳执行责任的内涵"应当随着市场状况的变化而不断进化,而上述市场状况的变化一般会提升券商履行客户指令的品质,包括以更优势的价格进行交易"③。此外在司法实践中,美国法院也对券商最佳执行原则进行了阐述,并明确指出最佳执行义务是券商基于代理法下的忠实义务原则,美国法院未在司法实践中正面定义"最佳执行",而是从忠实义务的角度出发对券商最佳执行原则的本质作出说明,其认为券商在交易执行中奉行的最佳执行原则实际上是券商忠实义务的要求与反映,因此只要券商按照忠实义务标准履行交易就等于达到了最佳执行原则的要求,因为"券商寻求对客户指令的最佳执行的责任源于普通法中代理人的忠实义务,忠实义务就要求代理人行为完全从委托人的最大利益出发,代理人有责任行使合

---

① 15U. S. C. § 78k − 1(a)(1)(1934).

② Division of Market Regulation of the SEC. Market 2000: An Examination of current Equity Market Developments, Division of Market Regulation of the SEC [EB/OL]. http://www. sec. gov/divisions/marketreg/market2000. pdf. 2009 − 06 − 01.

③ SEC Order Execution Obligations, Exchange Act Release No. 34 − 37619A. [EB/OL]. http://content. lawyerlinks. com/default. htm#http://content. lawyerlinks. com/library/sec/sec_releases/34 − 37619A. htm. 2009 − 06 − 01.

理注意以为客户获取最有利的交易条件"①。在券商监管的一线层次,SRO 也对券商最佳执行原则从行为标准的角度作出说明,以 NASD 的成员行为规则2320 为例,其认为"在任何与或为客户进行的交易中,成员或其关联人应当尽量合理勤勉地确认目标证券的最佳交易商间市场并在此市场中买卖,从而得到的价格在当前市场条件下对客户能尽可能优惠"。可见 NASD 同样认为最佳执行并非追求一种结果,而更多的是对券商行为的要求,其表明券商行为应该达到"合理勤勉"的水平。至于对"合理勤勉"的判断虽然接近于一种主观标准,但是也需要通过考察相关客观因素予以确认,这包括:所交易证券的市场性质如价格、波动性、相对流动性和既有通信的压力水平,交易的类型和规模,检视的主板市场数量,所涉主板市场及报价来源相对券商的位置及其可得性,但无疑上述通过列举方式提出的客观标准缺乏确定性和可操作性。另外 NASD 还以列举方式对指明了券商违反最佳执行原则的不当行为,如插队交易(Interpositioning)和抢前交易(trading ahead of customers)等②,当然此种列举对最佳原则的阐发极为有限。

　　从法理上看,最佳执行原则首先可以从代理人忠实义务的角度加以说明,这已在上述行文中论及。但代理理论的视角存在固有不足,因为代理理论不能解释券商在自营交易中是否以及如何承担忠实义务以"最佳执行"证券交易。根据《美国代理法重述》第 387 条,忠实义务指"代理人在与代理关系有关的所有场合,都负有仅仅为本人利益而行动的义务,除非有特别约定"③。而在证券领域实践中,券商常常因为兼有自营业务而与客户发生交易,并在事后通过交易确认的方式向客户披露。因此,如果固守传统代理理论则无法对券商的上述明显违反忠实义务的自利行为作出解释,从而不能进一步对券商"最佳执行"进

---

　　① In re Merrill Lynch, 911 F. Supp 769 (1995).

　　② 插队交易指柜台市场上券商在执行客户指令时的一种不当行为,其特征是在客户与最佳可得市场价格之间的路由上增加不必要第三方而增加客户开支,而此项多余开支可能由券商与此第三方共同瓜分,这明显违反了券商寻求最佳市场价格的最佳执行义务,NASD 规则2320 即"最佳执行与插队交易"规则明确禁止插队交易,除非成员券商能证明据其所知插队交易对客户较为有利,因为插队交易明显违反了券商为客户寻求成本最小和价格最好的交易市场的义务。参见 Michael T. Curley, Joseph A. Walker: How to Prepare for the Stockbroker Exam, p183, Barron's Educational Series, 2000. 以及 NASD Conduct Rule 2320。抢前交易(trading ahead of customers)是 NASD 成员行为规则所明令禁止的另一种违反最佳执行原则的不当行为,其指柜台市场造市商通过自己账户造市时无视其所持有来自自己或其他券商客户的未成交限价指令而抢先为自己以上述限价指令相同或更好的价格执行交易,抢前交易明显违反了券商把客户利益置于自己利益之上的忠实义务。NASD 行为规则解释 IM - 2110 - 2 对抢前交易作出规范,认为其违反了 NASD 行为规则2110 即商业诚信原则和规则2320 即最佳执行原则,并且明确了仅有披露不能豁免券商抢前交易的责任,还对机构账户与大宗交易限价指令的特殊问题作了规定。

　　③ 江帆. 代理法律制度研究[M]. 北京:中国法制出版社,2000. 134.

行分析。有学者尝试从合同角度看待券商客户关系,并以此对券商最佳执行原则进行分析。因为根据美国普通法理论,券商经纪业务中双方虽然是代理关系,但是代理人忠实义务作为双方信赖关系的法律要求,完全可以从合同角度加以体现和控制①。因此,这与自营业务中券商与客户之间关系没有本质区别,两者都是处于信赖关系语境下的合同。而所谓的最佳执行原则就是法律法规所施加的一种任意性缺省规范,其可以被券商客户约定排除,但在有关明示条款缺失的情况下,则可以成为双方间默示的原则性条款。合同的缺陷在于客户只能通过事前商谈来控制券商的交易执行,但由于合同条款的有限性以及双方在谈判能力上的不对等使得以合同方式控制券商客户关系存在重大缺陷。但是合同机制的这个缺陷却可以通过类似于最佳执行的法律原则加以弥补。因为最佳执行原则作为一种默示的原则性条款,法院或者有关监管机构可以据其在事后对合同双方因未预计情况发生而导致缺失的条款进行假设性的推断,推测在双方处于公平地位或都知情的情况下应会达成何种条款,从而发挥有关机构在券商客户关系上的能动主义。但合同的视角也存在诸多问题,首先是由于券商与客户之间一般通过事前格式合同确立交易委托关系,因此一旦双方争端涉及券商最佳执行,往往都过于依赖对合同的事后诠释,而事后推断与各方强调最佳执行原则是基于过程而非结果的思路不符。其次是法院一般并不具备证券领域的技能与知识,因此由其来对券商客户间的合同条款进行事后填补存在一定的局限,如果说证券监管机构来进行此种合同填补则也存在实际的障碍,因为合同填补并非是证券监管机构应有职能。第三,通过合同方式控制证券交易执行中的券商客户的关系归根到底还是离不开对法律的参照。无论是事前约束还是事后填补,确定双方权利义务在很大程度上都不得不借助于既有的法律规定。而信赖义务本来就是衡平法下的法律构造,因此对最佳执行原则直接诉诸法律法规和自律规则的规定是一种更符合其作为法律构造物本质的做法。

如果券商最佳执行义务既不能完全用代理人的忠实义务涵盖,也不完全适宜用默示的原则性合同条款解释,那么最适合的办法应是从信赖义务的角度对其进行描述,因为信赖义务理论适用于一切信息不对称下的委托代理关系。虽然法院普遍认为券商在交易执行中承担的义务类似于信赖义务,但无论基于联邦法还是州法,法院对券商客户关系何时真正具有信赖关系性质看法不一,大多数主张通过临时考察具体案件的事实来判定信赖义务的存在。因此,美国法

---

① 徐海燕. 英美代理法研究[M]. 北京:法律出版社,2000.205 – 206.

院的判例法无疑不能为券商信赖义务提供一个理论框架①。在此情形下,券商信赖义务理论的创制成为了 SEC 的一个重要任务,这就是招牌理论(Shingle Theory)的由来。招牌理论当然不仅用于对最佳执行原则进行理论说明,而且还成为说明包括忠实义务在内的一切券商信赖义务的基本理论。

招牌理论源于 Charles Hughes & Co. 诉 SEC 案,该案中券商 Charles Hughes 请求美国第二巡回法院对 SEC 撤销其券商资格的行政决定进行司法审查。在本案中,券商 Charles Hughes 是柜台市场的自营商,其持续向其毫无经验的客户销售证券,而销售的价格远远高于同期市场价格。由于 Charles Hughes 未向客户披露其销售中畸高的加价(mark up),从而 SEC 判定其违反 1933 年证券法第 17a 条、1934 年证券交易法第 15c1 条和 SEC 规则 15c1 - 2 并构成欺诈。第二巡回法院在审判中指出:前提是 Charles Hughes 宣称(hold itself out)其能够提供建议,因此当销售大大高于市场价格的时候当然应披露市场价格。券商在此种情况下占有特殊位置,因为一方面虽然自营商不是客户的代理,但其因为有专家知识和提供建议,所以需担负不利用客户对市场条件无知的特殊责任,而另一方面是自营商一般都培养了客户对其的信任。根据以上两点,券商不披露过度加价的行为就构成了重大事实遗漏或欺诈手段,因为"一般不具相关知识的购买者都会认为券商的询价与市场价接近"。通过以上阐述,第二巡回法院实际上创制了这么一种理论,即由于券商自我宣称(hold itself out)处于特殊地位,所以其与客户之间的关系就属于典型的信赖关系,即一种以占有信息不对称和存在信任与依赖为特征的关系,从而券商负有披露与客户交易中的重大信息的义务,如果未经披露及客户同意,就不能根据此种重大信息为自己谋取利益。美国证券法权威路易斯·罗斯在评述该案时,明确将对券商信赖义务的此种判断逻辑称为"招牌理论",其指出这为的是把信赖义务的要求推广至自营商,从而自营商违反其信赖义务也构成联邦证券法下的欺诈,而与传统的代理及合同分析无关。罗斯指出 Charles Hughes 案件的核心特征就是券商即使作为独立交易的自营商,只要亮出了其作为券商地位的招牌,他就有义务公平地对待公众投资者。除非做了相反披露,否则这种公平交易义务就意味着一种默示陈述,即其收取的价格和当前市场有着合理的联系,违反这种默示陈述就直接构成了联邦证券法下的欺诈行为②。上述公平交易义务其实就是第二巡回法院在该案判决中所称的券商特殊地位所导致的信赖义务,而默示陈述也就是信赖义务所

---

① [美]詹姆斯·D. 考克斯,罗伯特·W. 希尔曼,唐纳德·C. 兰格沃特. 证券管理法:案例与资料[M]. 北京:中信出版社,2003. 1125 - 1126.

② LOUIS LOSS. The SEC and The Broker-Dealer[J]. Vand. L. Rev. 1948,1:518.

决定的券商披露或戒绝义务。招牌理论的默示陈述是否能用于券商最佳执行的问题得到了 SEC 和美国法院的肯定回答。SEC 认为任何人仅仅由于"挂出"（hang out）券商的招牌（shingle）就默示陈述了在证券市场的交易执行中承担最佳执行的义务①，联邦法院也认为，以券商的身份接受客户指令就意味着做出一种默示陈述即根据最佳执行的标准来履行客户指令。因此最佳执行可以看成是券商的一项义务，该义务产生于券商接受客户指令之时，其内容是默示陈述了要以最大程度增进客户经济利益的方式履行客户指令②。在州一级法院，信赖义务原则同样也在不同情况下适用于券商交易执行的法理阐述，而其内容在大多数情况下都相当于最佳执行原则。当然，基于信赖义务的最佳执行原则本身也随着技术进步和交易机制的革新在不断变化，这无形中也符合信赖义务的个性化本质和弹性特征。

虽然 SEC 或者法院从信赖义务实际上是忠实义务的角度对券商的最佳执行原则进行阐释，但值得注意的是其始终回避对最佳执行的具体内容进行界定，原因仍然是确定"最佳执行"的复杂性，这可以通过 1995 年新泽西区法院的一起针对券商的投资者集团诉讼加以说明。在该案中，投资者认为券商单纯依赖全国最佳买卖盘（NBBO）③的价格履行交易指令，而忽视了其可以在其他替代交易系统如 ECN 网络的 SelectNet 和 Instinet 以更好地价格成交，券商的此种行为违反了其应承担的信赖义务，从而违反了 1934 年证券交易法下的第 10 条或其下的规则 10b－5 并构成欺诈。在本案中法院指出，券商客户关系的确包含信赖义务内容，其中包括以最佳的价格履行客户指令的义务，而且此种最佳执行义务并不因为券商以本人身份进行证券交易（即自营交易）而减损。另外原告的逻辑是，与 Charles Hughes 一案中对券商信赖义务的要求一样，本案适用"招牌理论"的推理，要求券商在未能按照比 NBBO 更优的价格履行交易的时候，应向客户披露这个事实，而保持沉默实际上就构成联邦证券法下的欺诈。新泽西地区法院明显不同意原告的上述逻辑，认为本案的困难实际上在于无论是国会、SEC 还是 NASD 都未有对 NBBO 是否是证券交易执行的最佳价格作出认定，而有关证券价格的单一标准也难以适应复杂的证券市场格局。此外法院认为，价格也并非是最佳执行的唯一考虑因素，因为最佳执行显然要考虑与交易有关的方方面面的因素，并且随着市场和技术的发展其内容处于不断地演化中。招牌理论虽然适用于本案，从而券商默示陈述其公平交易义务，但是这种

---

① In Re Richard-Alyn & Co. ,SEC Admin Proceeding File No. 3 – 9099.

② Newton v. Merrill, Lynch, Pierce, Fenner & Smith, Inc. , 135 F. 3d ,at 269.

③ NBBO 是 National Best Bid and Offer 的简写，其是券商在市场上可获得的最佳买卖报价。

默示陈述的"公平交易"其内容不能建立在"流沙般"的基础上,因为"没有人知道在任何情况下的最佳执行的含义。虽然仅依靠 NBBO 可能事实上不能满足最佳执行原则的要求,但是就因此判定默示陈述的被告需要因重大事实疏漏而负责是高度不谨慎的。因为其所依据的不过是一个难以定义的责任,有关监管机构仅仅是目前才开始试图为不断技术变动下的这个行业对最佳执行的意义作出澄清。法院认为,券商违反最佳执行原则只能在案件涉及"特殊情况"或被告对可能最佳价格有明示陈述的时候才能加以认定,上述特殊情况一般指的是明显和极度违反券商在交易执行中信赖义务和联邦证券制定法规定的行为①,而其他性质并非如此一目了然的券商交易执行是否能轻易地认定为违反"最佳执行"则尚存疑义。尤其是在本案中,券商根据 NBBO 价格成交是符合行业惯常做法的,所以本案法院的态度更倾向于否定对券商的欺诈指控②。

可见,无论是从代理、合同的角度还是从有权机构直接阐述的角度,券商最佳执行原则在确定属于券商交易执行忠实义务范畴的同时,其本身存在着实体意义上的模糊,这促使我们另辟蹊径,从"形式和程序"的角度实现最佳执行原则的功能与宗旨。

二、最佳执行原则的形式规则——以市场交易规则为核心

上文指出,虽然"最佳执行"是券商在交易执行中忠实义务的要求,但从实体内容上说我们无法确认何为"最佳执行"标准,因为"最佳执行"本质上难以有一个客观统一的标准。这意味着,是否满足最佳执行原则是依具体情况而异的,一个全国性的券商的最佳执行标准也许就和一个小型券商的最佳执行标准存在差距。NASD 规则 2320(a)列举了在券商遵循最佳执行原则过程中判定其"合理勤勉"可能的参考因素,这包括交易所涉证券市场的性质如价格、波动性、相对流动性、交易对现有通讯压力,交易的规模和类型,核实的主板市场数目以及主板市场和报价资源对券商的位置及其可得性,可见价格并非是最佳执行原则的唯一标准。而无独有偶,SEC 对确定券商的"最佳执行"给出了相似建议。SEC 认为评价券商交易执行的质量需要考虑如下因素:交易指令的规模,所涉证券的交易特征,是否存在影响选择履行的最佳市场的准确信息,是否有处理此种数据的技术辅助,通往不同市场中心的经济的渠道以及在特定的市场中心

---

① 券商在明示陈述要履行客户指令而实际上却为自己账户交易相同证券、券商在明示接受了客户卖出指令之后为自己的账户进行交易的行为以及故意违反证券交易法的行为等。

② IN RE MERRILL LYNCH, et al. ; SECURITIES LITIGATION, 911 F. Supp. 754; 1995.

履行交易相关的成本和困难等。最佳执行原则实体标准的模糊性使得寻找最佳执行原则的客观程序性标准显得更有意义,因为这从形式正义角度最大意义保证了券商的"最佳执行"。而此种所谓最佳执行原则的客观程序性标准就是证券交易市场券商的报价、执行与竞争等规则。

(一)最佳执行原则与美国早期证券市场交易规则的演化

在 1975 年之前,美国证券市场固然已经形成多交易中心互相竞争的局面,但是交易者在不同市场上所获得的价格是有出入的。NYSE 在同一证券定价上占有明显的垄断地位,同时证券交易法赋予各交易中心的未上市交易特权(Unlisted Trading Privileges,UTP)①也一定程度上造成了证券市场分割和流动性减弱。此外,机构投资者的兴起使得交易执行需求逐渐多元,价格成为主要但非唯一的交易执行目标。解决上述问题显然需要不同市场之间的互联互通而又充分竞争的全国性市场体系,其不能仅仅着眼于证券最好价格,还必须顾及价格之外的差异化需求。建立这个市场体系的方式有两种,一种是通过政府主导自上而下地设立,另外一种是通过不同市场之间竞争与协作自下而上地形成,而美国立法者首先显然选择了前者。1975 年,国会通过了证券法修正案,以证券价格透明与指令路由自由为指导对多元化证券市场体系的交易游戏规则进行大刀阔斧的改革。大方向是建立一个开放、透明和公平的体系,创建"符合公共利益,又与投资者保护和维护公平、有序的市场相适应"的全国证券市场系统(NMS)。NMS 目的包括证券交易执行公平有效,券商和市场中心间公平竞争,经纪商在最佳市场上执行客户指令以及无经纪商情况下指令也能得以执行。

而贯彻 NMS 的第一步就是提高多中心市场体系的透明度,这体现在建立全国性证券交易和报价信息系统②即全美统一行情协会(Consolidated Tape Association,CTA)所主管的统一行情计划(Consolidated Tape Plan)和统一报价计划(Consolidated Quote Plan)上。就证券交易信息发布,1980 年 SEC 通过了规则 11Aa3 – 1 以规定交易信息的报告与揭示制度。根据此项规则,所有证券交易所以及柜台市场必须实施经 SEC 批准的"交易报告计划"以实时收集、处理和

---

① 未上市交易特权是 1934 年证券交易法规定的一项权利,其允许在任何一家美国证券交易所上市的证券在其他其未上市的此类交易所交易。参见 CONSTANTIN ZOPOUNIDIS, MICHAEL DOUMPOS, PANOS M. PARDALOS. Handbook of Financial Engineering[M]. Berlin:springer US. 91.

② 当然,早在 1975 年的证券法修正案之前的 1972 年,统一证券行情协会(Consolidated Tape Association,CTA)就推行了统一报价计划(Consolidated Quotation,CQ),对交易所上市证券的实时交易和报价数据进行搜集、处理和发布。只是影响力并不大。

揭示上市证券的交易报告。交易所和柜台市场相应向 SEC 提交的交易报告计划就是统一行情计划,该计划要求交易所和 NASD 收集并向证券业自动化公司(Securities Industry Automation Corporation,SIAC)报告适格证券的最后销售数据,并通过 SIAC 经营的统一行情系统(Consolidated Tape System,CTS)向市场发布。同样,1978 年 SEC 通过的规则 11Ac1 – 1 要求公开发布交易所和 NASD 的报价信息。根据上述规则,纽约证券交易所联合美国证券交易所推出了统一报价计划,使得交易所的证券交易报价信息通过统一报价系统(Consolidated Quotation System,CQS)向市场发布,接着在 1981 年 SEC 发布了 11Ac1 – 2 规则,规则的主要内容是引入了 NMS 证券①的概念,通过 NMS 的概念 SEC 进一步将 CQS 延伸到了柜台市场。根据上述规定,公布 NMS 股票报价的网络有三个,一个是有关在 NYSE 上市股票的报价信息,一个是有关在 AMEX 和地区性交易所上市的股票报价信息,还有一个是关于在 NASAQ 交易的股票报价信息。上述网络公布股票的全国最佳买卖盘(NBBO),其中包括交易价格、交易规模和交易所在市场中心;股票在各市场中心的最佳买卖盘,其中包括交易价格、交易规模和交易所在市场中心;统一交易报告(最后销售数据)。各个网络就其所涉及证券信息的统一全国发布有着垄断权②。

　　虽然上述信息系统提高了证券市场透明度,但其未允许券商跨市场执行交易指令,而这是真正形成券商间和市场间竞争的前提。以 NYSE 为例,其规则 390 仍然明令禁止会员在交易所场外执行 NYSE 上市证券的客户指令,因此单纯的交易和报价信息发布的统一不能实现 NMS 的立法意图③。于是在统一信息发布系统之外,SEC 进一步根据 1975 年证券法修正案的意图将各市场中心通过电子通讯网络互相连接以便在透明度基础上真正实现不同市场和券商间公平竞争。1978 年 1 月 26 日,SEC 在一项政策声明中提出要及时地建立一个全面的市场连接和指令路由系统,以便在不同市场中心之间进行适格证券的指

---

　　①　NMS 股票的定义是除了期权之外的 NMS 证券,NMS 证券是任何证券或证券类型,其交易报告根据一项生效的交易报告计划或一项生效的报告上市期权交易的全国市场系统计划收集、处理和提供。目前生效的交易报告计划是 CTA 计划,其涵盖全国性证券交易所的上市证券,还包括纳斯达克的 OTC/UTP 计划,其包括在纳斯达克全国市场以及纳斯达克资本市场交易的证券。See SEC Regulation NMS Rule 600(b).[EB/OL]. http://www.law.uc.edu/CCL/regNMS/rule600.html,2009 – 06 – 01.

　　②　DALE A. OESTERLE. Regulation NMS:Has The SEC Exceeded Its Congressional Mandate to Facilitate a National Market System in Securities Trading?[J]. Journal of Law and Business,2005,1(1):633.

　　③　虽然 NYSE 认为规则 390 是其集中竞价机制所必需的,但是反对方认为其造成了 NYSE 的不正当竞争优势,几经反复,NYSE 终于在 2000 年初废除了规则 390,U. S. Congress, Office of Technology Assessment. Electronic Bulls&Bears: U. S. Securities Markets&Information Technology. OTA – CIT – 469[Z],U. S. Government Printing Office,1990,9:48.

令传递。SEC 在上述声明中明确提出了严格按照价格时间优先法则处理所有指令的中央执行系统以及作为替代方案的统一限价指令簿(CLOB)。但是 SEC 上述统一集中式的市场体系方案遭到了既存各个市场中心的强烈反对,作为双方妥协的产物,NYSE 再次主导了类似市场间交易系统(Intermarket Trading System,ITS)的建立。ITS 系统目前已经连接了所有证券交易所、NASD 主管的柜台市场以及芝加哥期货交易所。当然新兴 ATS 和 ECN 系统也可以参与 ITS 体系下的市场竞争,但因为两者并非交易所性质,所以它们都不能直接与 ITS 连接,而只能间接通过纳斯达克市场的 CAES 与 ITS 相连①。与统一集中式的市场交易体系不同,ITS 系统保留了各市场中心对指令执行自主权,但如某一市场的交易者发现在另一个市场中心有更好报价,那么其就可以向该市场发送交易承诺,而另一个市场的作为对手的交易者在限定时间内可以接受或者拒绝这个承诺。如果接受该承诺则该系统就自动产生有关的交易报告信息。由上可见,早期的 ITS 在履行更好价格方面仍然具有自愿的性质,因此难以保证形成 NMS 所设想的那种竞争。将 ITS 的上述自愿特性转变成为强制性的是穿价交易规则(Trade – Through Rule)。

穿价交易规则由参加 ITS 系统的 NYSE 最早颁布于 1982 年,其中心思想非常简单,那就是在一个以上市场中心交易的 NYSE 证券必须按照市场上的最好的价格(通常是 NBBO)进行买卖。根据该规则,NYSE 交易者如果发现 NYSE 证券最好价格出现在其他市场,则其必须将指令送到提供该价格市场上执行,但这必须经过 30 秒窗口期,只有在 30 秒内 NYSE 不能提供最好价格的情况下"直通交易"②才能进行。穿价交易规则的基本思想是通过交易在不同市场间的"直通",增加市场竞争性并降低交易执行成本。穿价交易规则虽然有助于市场的竞争度,但是随着技术和交易手段的进步,其越来越成为各方争议的焦点,主要争论点在于其 30 秒的交易缓冲设置上。反方认为此窗口期为 NYSE 争取了不公平竞争优势,因为随着电子交易系统和计算机技术的发展,证券交易速度已大大增快,而强制要求其他交易所和交易系统等待 30 秒确定 NYSE 人工交

---

① CAES 是 Computer Assisted Execution System 即计算机执行辅助系统的简称,这是 NASDAQ 一个电子交易系统,ATS 和 ECN 系统使用 ITS 交易意味着较高费用,而 ITS 相关规则(主要是下文详述的价格直通规则)也禁止 ECN 通过 ITS 交易未获豁免的证券,ECN 的快速自动电子撮合的机制也和交易所或者 NASD 的混合交易机制存在差距。以上都限制了 ATS 和 ECN 对 ITS 的利用,使其真正发生交易量在其整体交易量中占很小比例。同 82 页注①,第 638 – 642 页。

② 这里直通交易指的是将 NYSE 市场上已过 30 秒时间窗口的指令发送到其他具有更好价格的市场上执行。

易①的结果,无疑严重削弱其他自动化交易机制的效率。而且价格变化瞬时性使其他交易市场上有竞争力的报价在 30 秒内可能不复存在。同时其他交易中心提供的指令履行速度、确定性和匿名性上的优势也都无法发挥。而正方认为从经验数据上看 NYSE 人工交易模式的确在大多数情况下可以为客户提供更好交易价格。人工交易模式在价格发现上的优势无疑也附随有履行速度上的欠缺,而交易执行 30 秒窗口时间既能顾及人工交易的特点,也不会妨碍其他交易竞争的价格竞争,因为无论是否在 30 秒以内成交,交易者始终都有义务执行市场上的最佳价格②。总的来说,穿价交易规则及其 30 秒窗口使得其他市场在一定程度上有可能参与 NYSE 股票的竞争并利用 NYSE 人工交易模式的价格发现功能,但缺点也同样明显,首先其只能适用于 NYSE 证券,其次 30 秒窗口期的确赋予了 NYSE 不正当的竞争优势,还有歧视性的访问费用以及指令规模上的双向限制使得指令路由有着实际困难,因此 ITS 系统注定只是一个过渡性产物。

　　1997 年,SEC 为了解决柜台市场上透明度以及竞争不足的问题,同样按照 NMS 的理念制定了适用于 NASDAQ 市场的指令处理条例,其包括限价指令显示规则、报价规则和最佳执行规则。限价指令显示规则要求 NASDAQ 造市商通知客户存在可与其指令相匹配的来自其他客户的价格比造市商更好的限价指令,并且披露造市商是否在 ECN 网络上以更好地价格成交相关证券③。按照该条例,当客户的限制指令的报价等同于或好于造市商指令簿上的报价时,造市商应该在 30 秒内完成这个指令,否则就要在其指令簿中显示这个限价指令,将其送到所有参与纳斯达克市场的 ECN 系统以及其他的造市商和交易所专家系统中去,除非客户要求不显示、该限价指令为大宗交易或零股交易指令或该交易类型是全部或无委托交易④。新兴 ATS 主要是 ECN,虽然不能直接与 ITS 互连从而限制了其对其他市场交易机制的利用,但是柜台市场限价指令显示条例毕竟打开了公开证券交易市场与 ECN 的交流渠道,使得 ECN 可以接收到来自

---

　　① NYSE 上股票价格虽然是通过客户指令集中竞价的指令驱动模式形成,但实践中却是通过场内经纪商和专家交易商人工操作进行的,一般是首先通过专家交易商主持拍卖的方式在场内经纪人之间竞价达成,在流动性不足的情况下则由专家交易商补充,但其不以营利为主,而主要起到平滑市场的作用。同时客户的限价指令和 NYSE DIRECT + 系统的撮合机制也是参与竞争的因素。

　　② Mark Jickling. The Trade-Through Rule[EB/OL]. http://www. policyarchive. org/bitstream/handle/ 10207/3939/RS21871_20050606. pdf? sequence = 1,2009 – 06 – 01.

　　③ JERRY W. MARKHAM, DANIEL J. HARTY, For Whom the Bell Tolls: The Demise of Exchange Trading Floors and the Growth of ECNs[J]. The Journal of Corporation Law,2008,3(4). 879.

　　④ All or none order 即整批委托指令,指全部成交或全部不成交的客户指令,而不允许部分成交。 Matt Krantz. Investing Online for Dummies [M]. Hoboken, N. J. :Wiley,2008. 129.

柜台市场的限价指令。而且报价规则 11Ac1 – 1 也进行了相应修改,要求做市商公开显示其最具竞争力的市场报价,这主要是针对在非公开交易体系如 ECN 中的报价行为,报价规则使得投资者能够接触到 ECN 网络中的造市商报价,报价规则的这个修改使得 ECN 的报价与公众报价在同一平台上一起参与了证券市场竞争①。最佳执行规则是指令处理条例的第三个组成部分,其基本上脱胎于早期的 NASD 成员自律规则,所不同的是其所涵盖的范围不仅限于造市商,还包括输入指令的经纪商。其要求造市商和经纪商在执行客户指令的时候不仅要以最好的价格成交,还要尽量选择最好的指令路由途径,而且最佳执行规则还要求券商在内部规章中体现最佳执行规则,并要求造市商每个季度向 SEC 提交指令路由报告。与 NYSE 主导的 ITS 类似,NASD 的指令处理条例使得 NASD 市场逐渐形成一个接近于 NMS 理念的全国市场电子交易系统,并逐渐与 NYSE 主导下的保留人工交易特色的 ITS 系统形成快慢市场的区隔,但这与 1975 年证券法修正案的 NMS 的设想仍然存在着不小的差距,从而进一步催生了 NMS 条例。

(二)最佳执行原则与市场交易规则的现状及趋势

2004 年 SEC 推出了 NMS 建议规则,而在 2005 年其更是正式推出了 NMS 条例正式版本,以规范 NMS 的交易和指令执行。NMS 条例分成五个部分,包括指令保护规则、访问规则、亚美分规则、市场信息规则以及上述规则重组程序。前面四个规则是 NMS 条例主要内容,其不但取代了早期 SEC 制定的市场交易规则,而且目的与 ITS 下的穿价交易规则或 NASD 指令处理规则一脉相承,那就是提高"碎片化"市场的价格透明度和竞争水平。

指令保护规则目标仍然是针对穿价交易,其核心是寻找证券在市场上的最优价格。证券交易中穿价情形的存在,其不利之处在于会降低客户提交限价指令的积极性,从而损害市场的竞争性与效率。因此,传统上 ITS 的穿价交易规则要求券商积极寻找证券的 NBBO 价格,但是其时间窗口的规定与电子化"快市场"运行方式抵触。指令保护规则对 ITS 下的穿价交易规则进行了改造,在同样基于保护指令免遭穿价的基础上,将穿价交易禁止的适用范围限定于电子化的自动交易系统内,而如果是人工交易市场的指令则允许穿价交易的发生,但这无疑给人工模式市场机制主要是 NYSE 施加了压力,迫使其建立起高速与可靠的自动电子交易系统以达到适用指令保护规则的门槛条件,而这使其运行

---

① SEC Rule Rule 11Ac1 – 1[EB/OL]. http://www.law.uc.edu/CCL/34ActRls/rule11Ac1 – 1.html, 09 – 06 – 01.

数百年的场内人工交易机制受到了严重的威胁。新穿价交易规则不再仅仅限于 NYSE 上市证券而是扩展到柜台市场上所有 NMS 股票,也不限于对最佳市场价格的追求,而可以是任何市场中心的次优价,这在有限意义上改造了传统上的价格优先原则,使其更加适应于多元化的证券交易执行需求。在全国市场条例中同样居于中心位置的是访问规则,所谓的访问规则是类似于上述报价及显示规则的旨在提高市场信息透明度的市场运行规则。访问规则是为了防止不同交易市场基于会员或者非会员的划分在报价信息通路获取、通路费用收取上采取歧视性的做法,从而避免了类似 ECN 系统在 ITS 架构下所遭遇的尴尬。亚美分规则主要是对指令报价档位的控制,以买卖报价一美元为界限,对在其上的交易报价档位控制在一美分以上,而在其下的交易报价档位则硬性规定为一美分,从而不同档位报价能对市场具有不同的吸引力,增加市场交易活跃度。市场数据规则则主要是对信息发布的收入分配机制进行改革,对参与原有机制的各方施加全新压力和动力,既防止其人为制造交易合约数来扰乱市场信息,也防止其怠于提供市场信息的创新服务[①]。首先,NMS 条例仍旧延续了自下而上建立集中式市场交易机制的思路,而且与之前的 ITS 的穿价交易规则兼顾人工交易模式的设计相比,NMS 明显偏向于设计一个涵盖两大全国交易系统的统一自动交易体系。这使得奉行人工交易模式的交易所如 NYSE 渐趋边缘化,并大大影响交易所场内人工机制在流动性提供及价格发现上的功能发挥。其次,主要以价格(无论是最优或是次优)作为最佳执行指标的 NMS 框架所无法满足客户的多元化交易需求,阻止了不同交易中心在价格之外的交易要素,如速度、流动性、确定性和匿名性等上的竞争,而这恰恰是 ECN 等 ATS 系统的主要优势。因此可以说 SEC 所推崇的基于价格的集中式交易体系(如 NMS)在某种程度上抑制了不同市场中心之间在微观市场结构如指令路由和价格形成上的竞争和创新,从而降低了市场整体效率和对投资者利益的保护。再次,NMS 和 ITS 一样,实际上都是一种政府赞助的垄断性反竞争机制,其论据是为客户指令履行提供单一市场能使指令履行最优化。而碎片化的市场只能提供次优的交易执行,从而增加指令的执行成本。但正如有学者指出的"实务上说,指令竞争的最优化是通过不同市场中心指令竞争的演化而实现的"。政府建立并维护一个流动和有效率的集中式交易机制是其不恰当介入市场微观机制的表现,而市场自身通过不同交易中心之间以及不同跨市场体系之间的竞争同样能够提供充足的市场透明度、竞争度以及流动性,并且在交易服务创新和满足证券交易者

---

① 许咏华,喻华丽,戴文华. NMS 法案的演进及其对美国证券市场的影响[J]. 证券市场导报,2008(11):8-9.

多元化需求上也非政府赞助的垄断性机制所能比拟①。

NMS 条例最大的挑战者是 ATS,其主要冲击来源于 ECN 交易②的崛起。ECN 兴起于专为机构投资者交易所设的第三市场上,是任何通过算法自动实现指令输入和执行自动化的电子系统。与 SEC 所设想的集中式的自律交易体系不同,ECN 是一种私人所有的电子交易系统,具有典型的分散性、灵活性,这正是 SEC 原本致力反对的,具有竞争性的碎片化市场体系在新时代的复兴。1998年 12 月 8 日,SEC 公布了 ATS 条例,其中规定所谓的 ATS 指的是"任何组织、协会、个人、个人的团体或系统:①它建立、维持或提供一个市场或设施,以此来聚合证券的买卖双方的委托指令或者履行证监会《规则 3b – 16》(SEC 专门用来界定《1934 年证券交易法》第 3(a)(1)节中"交易所"含义的规则)规定的一个证券交易所所履行的职能;②它不是(i)制定规则以规范(governing)认购者(subscribers)的行为的系统,除非这些认购者通过这些组织、协会、个人、个人团体,或者系统进行交易;或(ii)惩罚认购者的系统,但可以禁止认购者准入系统进行交易。认购者是指与 ATS 签署契约,旨在通过系统从事证券交易、提交、散播或展示指令而进入该系统的任何人,包括一般客户、会员、使用者或参与者,但不包括全国证券交易所和证券交易协会③。在美国,ATS 包括 ECN 和其他非ECN。ECN 是 ATS 的最主要存在方式,所有的 ECN 都是 ATS,但是并非所有的ATS 都是 ECN,比如同 ECN 根本不同的配对系统也属于 ATS④。ECN 能够极大降低交易费用和交易失误,提高运行效率和风险管理效益,同时对既存的交易所以及 NASDQ 在证券交易体系设立与维护上的垄断地位形成了致命的解构。面向机构投资者的 ECN 方式在交易匿名性、速度、容量和稳定性上都能达到一定程度的平衡,这与传统交易机制仅以价格时间优先为基础的方式提出了挑战。当然 ECN 机制不能像传统人工机制一样向市场提供流动性,因此在执行大规模指令时会存在迟延或停滞,但通过发展指令路由系统和交易策略算法,并与交易所或柜台市场在 NMS 条例实施后实行的自动交易匹配算法相衔接,

---

① DALE A. OESTERLE. Regulation NMS:Has The SEC Exceeded Its Congressional Mandate to Facilitate a National Market System in Securities Trading? [J]. Journal of Law and Business,2005,1(1):649 – 650.

② 关于 ATS 与 ECN 的差别参见 曾冠. 另类交易系统的法律界定[J],证券市场导报,2006(2):26.

③ SEC Regulation ATS http://www. law. uc. edu/CCL/regM/rule300. html [EB/OL]. 2009 – 06 – 01.

④ 1997 年 11Ac1 – 1 修订中,SEC 将 ATS 分为 ECN 及配对系统两类。前者是私人电子化交易系统,"广泛向第三方传播交易所做市商或店头市场做市商输入的委托指令信息,并使这些委托全部或部分执行",而配对系统按 ECN 所设定单一价格将不同委托配对,不允许其所接收委托与系统外参与者委托配对。SEC Rule Rule 11Ac1 – 1[EB/OL]. http://www. law. uc. edu/CCL/34ActRls/rule11Ac1 – 1. html,09 – 06 – 01.

此种私人股权的自动化交易体系已经逐渐克服了上述缺点,其甚至开始蚕食历史上一直处于垄断地位的 NYSE 的市场份额,从而使得美国证券交易体系整体走向非互助化①、透明化和自动化的方向。大多数 ECN 是作为券商受到监管,因此其监管成本较轻,而根据 ATS 条例,少数交易量达到一定限度的 ECN 则需要注册为交易所接受监管。大多数 ECN 可以在交易所和券商两者之间择一注册。由于 ECN 的私人性质及其监管框架的灵活性,使其在打破市场交易体系垄断、重构市场交易微观结构等方面有着极为灵活的空间,甚至在跨国证券交易上也能够克服各国交易者的"母国倾向"而与东道国既有交易体系展开竞争,这是与以 SEC 为主导的 NMS 架构完全相反并形成互补的②。就最佳执行原则而言,ECN 的出现解决了集中式证券交易体系的不利于竞争、创新动力不足、交易成本较高和交易执行标准单一的问题。但 ECN 模式的出现并未使证券交易体系去中介化从而抽离券商最佳执行原则的基础。因为首先在大多数情况下ECN 本身就是注册为券商存在,在实际中 ECN 作为券商私人网络运行而并非完全是投资者之间证券交换的直接电子通路。因此,ECN 必然在设计、运行和维护等多方面要根据券商最佳执行原则,争取指令执行成本以及客户利益最大化。此外,与 NMS 架构不同,ECN 重新加剧了市场整体的碎片化,这更加凸显了券商在复杂市场条件下遵循最佳执行原则的必要性以及传统交易机制人工模式下的价格发现与流动性提供对落实最佳执行原则的价值。最后,那些并非属于 NMS 体系的证券交易市场也有着自身的市场交易和指令执行规则,所不同的是其不曾纳入一个统一的体系,如柜台市场上非纳斯达克证券(NNOTC)。在这些市场上,券商的交易中介地位更是难以取代和无可争议。

除了证券市场公开交易规则外,最佳执行原则还受到券商一些非公开交易规则的影响。所谓非公开交易规则指的是那些不通过公开市场竞争而完成证券交易执行的规则。券商之所以有非公开交易的行为,既在于经济因素也在于监管因素。从经济因素角度看,科斯的交易成本理论对非公开交易行为有着合理的解释。交易成本理论认为,不同经济体制下人类经济行为的交易成本是不

---

① 所谓的非互助化就是指(demutualization),是指传统交易所为使交易所出资者、交易所设施使用者与交易所决策考身份分离、交易所所有权、经营权与交易权分离,改变自己互助性(mutualization)会员制(membership)治理结构,使传统交易所成为营利性股份有限公司乃至上市公司的结构性重组与制度安排。因此,本书所述的传统交易所也就是指互助式会员制交易所。参见 于绪刚. 交易所非互助化及其对自律的影响[M].北京:北京大学出版社,2001.1.

② MARKHAM, JERRY W, HARTY, DANIEL J, For Whom the Bell Tolls: The Demise of Exchange Trading Floors and the Growth of ECNs[J],Journal of Corporation Law,2008,3(4).902 – 913.

同的,作为主体自愿平等基础上的横向机制,市场机制是最为普遍的经济体制。但是同样,以价格为基础的竞争性的市场体制其运行也需要付出相应的成本,这包括搜寻的成本、沟通的成本、协商的成本以及监督履行的成本。降低上述交易成本就意味着交易双方经济效益的提高,但市场机制的性质决定了其削减上述交易成本的局限性。因此,企业作为价格机制的替代形式出现,其可以归纳为一种纵向交易机制,主要功能是在横向市场机制的基础上继续节约交易费用①。在证券交易执行上,公开市场交易机制存在着匹配指令搜寻、路由请求和履行不能(其原因可以是流动性短缺、时间延迟或市场波动)等交易前后的成本,因此同样也存在以企业内部机制或外部协议取代公开市场机制,从而进一步节约证券交易成本的必要。当然除了经济因素以外,监管因素也是导致券商进行非公开交易行为的原因,其表现为规避不合理的市场交易限制性规则。这方面最典型的例证就是禁止 NYSE 上市证券场外交易的 NYSE 规则 390 对指令执行的影响②。券商主要的非公开交易方式既包括交易执行的内部化(internalization),也包括交易执行的定向化(preferencing)。内部化交易指的是券商不在公开市场上履行交易指令,而是通过与自己账户交易或与其他客户配对的方式在 NBBO 价格基础上执行指令。内部交易最大问题在于处于信息优势地位的券商可能违反自己的忠实义务,从而直接或者间接的以牺牲客户为代价来获利。因此,1934 年证券交易法的 11a 条规定,禁止全国性证券交易所的成员为自己的账户、关联人的账户或者任何有管理的账户(即全权委托账户)履行交易,除非此等交易是做市、稳定交易、善意套利和对冲交易,而在有管理账户中如果交易所成员及其关联人能行使投资裁量权,则其应在内部化交易之前获取客户明示授权,并向客户提供该账户年度报酬声明。在内部化交易中,券商还可能未将内部交易价格与公开市场价格进行比较后就进行配对交易。因此,NYSE 规则 76 进一步明确规定任何冲销买卖指令的交易所成员在自我交易之前,应该先向市场公开要约。该规则还要求在进行所建议的配对交易之前,其买卖价必须明确向交易公众宣布。此外,券商如在柜台市场体系中的第三市场上内部交易大量交易所上市证券,则可能触发 SEC 的"强制做市商规则",即规则 11Ac1－1(c)(1)。该规则认为柜台市场上包括券商内部交易在内的任何券商自营交易(principal trades)其交易量只要达到所涉交易所上市证券交易总量

① [美]奥利佛·威廉姆森. 交易成本经济学经典名篇选读[M]. 李自杰,蔡铭等译. 北京:人民出版社,2008. 5.
② NYSE Rule 390,由于 NYSE 规则 390 禁止证券交易指令的场外执行,因此券商无法取得其他市场的更优价格,为此通过非公开交易机制执行证券指令也是一个节约交易成本的可行途径。

的 1% 以上，就应自动承担一般适用于造市商的披露和监管义务①。由此可见，有关机构对券商内部化交易持谨慎态度，只将其作为公开市场机制的补充，并且只适用于有限的几种场合，并从监管角度对其课以同样乃至额外的义务。与内部交易类似的券商垂直交易机制还包括券商定向交易。所谓的定向交易指的是券商将证券交易指令导向单一做市商加以执行。定向交易机制同样蕴含利益冲突的可能，其中各方还可能在相关证券市场上形成寡头地位，而且定向交易中各方的协议价格一般只以 NBBO 为准，这就剥夺了公开市场价格机制的价格竞争和发现的功能。稳定的指令流也使得有关各方缺乏改进交易价格②的动力，这无疑加大了指令的执行成本。比较典型的定向交易是指令流支付（Payment of Order Flow，POF）。指令流支付指的是造市商、专家交易商或者其他市场主体通过支付报酬的方式寻求其他券商向其输入指令流。SEC 在规则 10b - 10(d)(8)将指令流支付定义为"对券商构成支付、报酬或约因的任何金钱给付、服务、财产或其他利益，其来自于任何券商、全国性证券交易所、注册证券协会或交易所成员，是为了换取该券商将客户指令路由给上述任何券商、全国性证券交易所、注册证券协会或交易所成员"③。POF 对市场执行成本的作用相当复杂，对于因提供指令流而收取报酬的券商来说，其可以相应起到降低佣金从而降低单个交易者执行成本的作用。但由于达成 POF 的双方一般只能以 NBBO 价格履行交易，而 NBBO 价格往往并非公开竞价市场如 NYSE 上所能发现的最好价格，因此 POF 所带来的次优价格有可能升高市场整体执行成本④。从最佳执行原则的角度来说，就必须考虑如何能使券商 POF 行为既从个体交易者角度也从市场整体角度降低证券交易执行成本。从个体交易者角度看，SEC 对 POF 行为首先通过信息披露进行规制，包括要求券商在交易确认中描述 POF，并在新开账户声明及此后每年披露 POF 流向以及上年度的累积 POF 收入。其次，更重要的是券商将 POF 回扣返还给交易者以补偿 POF 协议执行 NBBO 价格可能导致次优结果，从而降低执行成本，这是从更宽泛的角度而不仅是

① SEC Rule Rule 11Ac1 -1(C)(1)[EB/OL]. http://www.law.uc.edu/CCL/34ActRls/rule11Ac1 - 1.html,09 - 06 - 01.

② 所谓的价格改进指的是造市商或专家交易商在履行客户市价指令时所提供的，以比当时市场最好报价更优越的价格履行交易的机会，价格改进并非强制性义务，但是很多券商以不同形式制定价格改进政策。

③ SEC Rule 10b - 10(d)(8).[EB/OL]. http://www.law.uc.edu/CCL/34ActRls/rule10b - 10.html,09 - 06 - 01.

④ 此外有学者发现 POF 往往会导致所谓的"撇油交易"（cream-skimming），撇油交易指的是 POF 往往把统一流动性交易导向自动交易市场，而把那些更具信息含量的指令（即知情交易者的指令）留在人工交易市场如 NYSE，而更具信息含量的交易风险性和价差都更大，从而提高了该证券的整体执行成本。

基于价格来看待最佳执行原则的逻辑必然,从普通法(主要是州法)角度看,这也符合代理法重述对代理人须将代理事务利润返还委托人的观点,也符合信赖关系之忠实义务对券商的要求①;从市场整体交易的角度看,SEC认为,券商需要周期性评估相互竞争市场的质量来保证POF协议可将指令路由向最符合客户利益的交易机制,尤其是重点评估那些提供价格改进机会的市场或造市商,POF下券商实现其"最佳执行"的一个重要因素就是将指令导向具有价格改进机制的市场或造市商,因为这使得市场在整体上能够具有更低的执行成本②。需要重申,即使在非公开交易机制中,最佳执行原则标准也是多元的,不仅以价格为基础,还包括执行速度和时机、确定性、匿名性和防止插队交易③的路由简约性,而交易者和交易类型也对其实现有着相当影响。

第三节　券商交易执行的避免利益冲突原则

在本章第一部分笔者论述过,券商交易执行的忠实义务既表现在客户利益的最大化上,也表现在其对利益冲突的避免上。所谓的利益冲突简单地说就是指委托代理结构中,代理人自身的利益与委托人的利益相矛盾。利益冲突危及代理人忠实义务的履行,而委托人消除此种利益冲突的努力构成了另一种交易成本即代理成本。具体就券商客户关系而言,由于其是典型的委托代理结构,券商与其客户之间存在着利益冲突的可能,为此投资者必须付出相当的努力来保证券商在代理事务即交易执行过程中忠实于委托人的利益,降低券商投机行为所产生的代理成本。这与最佳执行存在不同,因为最佳执行原则指的是券商在执行代理事务时实现客户利益的最大化,最佳执行原则通过交易执行成本衡

---

① 当然,州普通法在POF领域是否具有管辖权是一个具有争议的问题,一般而言都认为联邦法规就POF的管辖优先于州普通法,因此POF下券商未必依州普通法代理理论返还回扣,但最近的判例却认为,只有联邦一级法规明示的管辖范围才具有优先权,而POF明显不在此中。参见 Guice v. Chalres Schwab 案以及 Levin v. Kilborn 案。Guice v. Charles Schwab & Co., 89 N. Y. 2d 31 (Oct. 17, 1996). Levin v. Kilborn, 756 A. 2d 169, 173 (R. I. 2000).

② 但是SEC拒绝了一项强制要求券商提供价格改进的建议性规则,其主要内容是当NBBO价差大于八分之一点的时候,券商发布客户市价指令时长为30秒,期望在此期间以更好价格成交,并保证若价格改进落空则按30秒窗口开始时的价格和数量履行交易,该规则因为业内广泛质疑其实行成本和复杂性而作罢。

③ 插队交易(interpositioning)指的是证券交易中在两个委托人之间或在造市商与其客户之间插入第二个经纪人,如果插入该第二经纪人目的只是为了产生更多费用而且没有必要的话,那么插队交易是不合法的。NASD规则也对插队交易进行了规定。参见 JOHN V. TERRY. Dictionary for Business & Finance. Fayetteville[M]. University of Arkansas Press, 1995. 172.

量,执行成本是任何具体市场交易制度所必然产生的隐含于交易价格之内的成本。执行成本与代理成本的不同,前者是执行代理事务的成本,是由外在于委托代理结构的交易制度所决定的,而代理成本则是内在于委托代理结构中的,表现为券商的投机行为导致的客户损失以及客户采取相应治理和控制措施的支出。目前在券商客户关系中,控制利益冲突以降低代理成本的途径包括几种。首先是契约,主要是客户向券商支付中介报酬,通过报酬将券商代理成本显性化和可度量化,从而控制代理成本就等同于对券商报酬的规制。其次是监督,监督是契约之外消除代理成本的另一种途径,由于客户对券商的个体监督必然涉及对代理成本的直接衡量,进而引发道德风险和逆向选择反而升高代理成本,所以监督一般采取成本最小的券商自我监督和风险内控的方式,这包括建立券商内部纵向垂直监督与横向防火墙机制。再次是监管,监管是由外在权威所提供的公共产品,与报酬及监督相比,其边际成本最小而权威性也最高,能够对契约以及监督无法涵盖的券商剩余欺诈行为及其引起的代理成本进行控制。最后是市场,只有市场竞争机制才能形成对券商削减代理成本的压力,而市场机制主要表现在信息披露上,由于在第二章中已经有所论述,故此处无须赘述。

一、券商交易执行的直接利益冲突规制——券商佣金及其规则分析

券商交易执行报酬根据其业态不同而有分别,如作为经纪商则券商报酬主要来源是经纪佣金,这是投资者对券商代理证券交易所支付的酬金,一般占证券交易总价格的某个百分比,具体数字由投资者与券商双方商定。历史上曾经实行过各交易所会员抽取固定比例的经纪佣金,但已被废止。经纪佣金是投资者因依赖券商经纪服务而付出的代理成本;如果是作为自营商,则券商报酬主要来源是两个部分,一部分是自营买卖的价差收入,也就是券商在市场上从事自营买卖时向市场公布的买卖某证券的价格差。一般卖价高于买价,价差是自营商的最主要的收入来源也是其承担证券交易风险以及提供市场流动性的补偿。券商的价差收入属于市场交易制度所产生的执行成本,并非为投资者所负担的代理成本。而自营商收入的另一部分来自于其向投资者或者中间商收取的零售加价或减价(以下统称加减价)。所谓的加价或减价指的是自营商,主要是造市商,在其市场公开报价(批发价格)基础上以一定百分比向投资者额外收取的额外零售溢价。与经纪佣金不同的是,加减价是自营商在柜台市场向零售客户收取的费用。可见加减价同样也是客户向自营商提供零售中介服务所支付的代理成本。正是因为两者性质上的重叠,所以券商不能在同一笔交易中收取佣金和加减价。当然,除了传统以交易金额为基础计算佣金和加减价以外,

近年券商还推行以客户账户资产额为基础的固定收费账户模式,以期更好地协调券商与客户的利益。但经纪佣金和加减价仍然是券商报酬的主流模式,在这里将其统称为佣金。

对美国券商佣金机制影响重大的事件是国会 1975 年对历史悠久的固定佣金制的废除①。所谓固定佣金制指的是同一交易所的成员券商在为顾客执行交易指令时按照固定比率提取佣金。如果说固定佣金制在早期起到了防止券商间恶性竞争及其进一步与客户利益冲突的作用,那么随着第二次世界大战后美国证券市场环境的变化,固定佣金制开始变得不合时宜。从法律上说,固定佣金制具有触犯反托拉斯规则的嫌疑。1963 年最高法院在 Silver v. NYSE 一案中就曾基于联邦反托拉斯法对固定佣金制的合法性提出质疑②。而从经济上说,固定佣金制不利于具有大宗交易能力的机构客户(如共同基金)获取折扣及节省交易成本。同时僵硬地仅将佣金与券商交易执行相联系也限制了券商提供多元化服务,因此亟须将佣金与券商服务之间的联系"松绑"。因此,SEC 在 1973 年敦促各交易所终止固定佣金制,并于 1975 年 1 月 23 日正式通过当年 5 月生效的 19b – 3 规则,禁止交易所采行固定佣金制。随后国会也通过了 1934 年证券交易法 6(e)条,规定全国性证券交易所不得实施由其会员收取佣金、折让、折扣或其他费用的任何费率表或固定相关费率。佣金费率的自由化改革在实施以来降低了行业平均佣金费率,所带来的服务"松绑化"效应也使券商提供包括折扣经纪、固定收费账户和研究分析等一系列多元服务。

纵观佣金自由化以来的证券市场发展,其需要着力解决的问题包括如下三点:首先,如何确定券商交易的经纪佣金或加减价费率的合理水平。这是规制券商客户利益冲突,防止券商滥用中介地位和履行券商忠实义务的必然要求。因此确定佣金合理水平是各方关注的一个焦点。其次,券商交易执行服务与其他附随性服务之间的结合进一步使得合理确立佣金费率的问题复杂化,这尤其表现在适用于机构投资者的软美元安排或研究付款上,也可能表现在固定收费账户上。因为在实践中,机构投资者在获取券商一揽子服务时,其支付额度可能高于仅购买交易执行服务时的水平。这表面上违反了机构管理人的职业诚信义务,因为根据普通法、州法或联邦法对职业诚信义务的解释,机构管理人必

---

① 柜台市场的加减价不存在类似以交易所为单位的价格同盟问题,但由于交易所证券交易量在美国证券交易市场所占据的主导地位,因此真正交易中介费用自由化的改革起始于 20 世纪 70 年代的交易所佣金自由化。

② SILVER V. NEW YORK STOCK EXCHANGE, 373 U. S. 341 (1963)

须按照最低佣金购买券商的中介服务,因此如何在服务多元化下量度券商报酬的合理性也是一个关注的焦点①。最后是券商中介收入的内部分配问题。乍看上去佣金如何在券商内部分配不会增加客户的代理成本,但实际上正如负责调查此一问题的图利委员会的报告所指出的,券商内部的差别性报酬体系只会激励注册代表销售那些最大程度增加其佣金而非增进客户利益的证券产品,从而引发券商与客户之间的利益冲突"②。因此券商内部报酬体系及其对注册销售代表动机的影响,同样决定了证券交易执行中券商投机行为及其对客户造成的代理成本,从而也应成为券商报酬规制的一个方面。

(一)券商佣金合理费率水平的确定

在决定券商佣金合理水平方面,一个广为人知的行业标准是 NASD 公平价格和佣金规则 2440。该规则认为"成员券商无论从事上市还是非上市证券的交易,如果为自己的账户向客户购买证券或从自己的账户向客户出售证券,那么其买卖价格应该公平,考虑到所有的相关情况,包括在交易时与此证券有关的市场条件,相关费用以及其有权盈利的事实;而如果他在任何此类交易中是充当客户的代理人,那么他向客户收取的佣金或者服务费不应超过一个公平的水准。这要考虑到所有的相关情况,包括在交易当时与该证券有关的市场条件,执行指令的花费以及基于其对该证券的知识、经验以及市场状况的了解而提供的任何服务的价值"。在 NASD 对 2440 规则的解释中,佣金费率"公平"的参考标准为 5%③。但同时 NASD 又认为佣金不可能有统一而周详的"公平"标准,5%上限只是绝大多数佣金费率的经验数据。除了费率因素外,佣金确定还必须考虑交易所涉证券类型、价格、可得性、金额,佣金披露状态、收取模式以及成员业务性质等。此指导性规则适用于证券交易市场券商与客户之间任何类型的经纪和自营交易,但明确把证券公开发行活动排除在外④。除了传统佣金模

---

① [美]路易斯·罗斯,乔尔·赛里格曼. 美国证券监管法基础[M].张路 等译. 北京:法律出版社,2007.584.

② SEC REPORT OF THE COMMITTEE ON COMPENSATION PRACTICES [EB/OL]. www. sec. gov/news/studies/bkrcomp. txt,2009－06－01.

③ 此外,MSRB、NASD 和 SEC 还有债权性证券和市政证券的类似规则,但限于篇幅不再一一论述。

④ 当然除了加价和佣金等与交易执行有关的费用外,券商还向客户收取其他服务的管理费用,包括客户账户到期金钱、红利与利息的收取,证券交换与转移、评估以及保管与存托服务等,NASD 规则 2430 要求这些费用同样需要合理以及不具歧视性。此外,同样出于避免利益冲突的需要,NASD 规则 2460 要求成员券商不得接受证券发行人及其附属机构与推销商因其报价、做市和相关申请而提供的给付。

式适用上述规则外,新型的固定收费账户也同样适用上述规则①,但 NASD 额外建议,如果固定收费账户对客户来说成本高于传统账户,那么券商不但要提供两者成本比较的报告,而且还要提供文件证明开立固定收费账户的客户存在对除成本外其他因素的偏好。总体而言,计算固定收费账户下客户支出不应超越规则 2440 所确立的合理标准范围。除上述 NASD 实体性的指导规则外,SEC 还出台了券商佣金披露规则,这包含在规则 10b – 10,规则 15g – 4 中,其已在本书第二章中有详细叙述,此不赘言。

证券交易法 15(b)(4)(E)对券商监督责任的规定使得券商负有防止其注册代表滥用职权收取不合理佣金的责任,但整体上追究券商收取不合理佣金最重要的条款却是证券交易法反欺诈条款 10b 及其下规则 10b – 5。其认定欺诈的关键要件是佣金不公平程度以及是否披露等欺诈的客观方面②。只要券商在未披露的情况下向客户收取不公平佣金,就足以构成 10b – 5 下的欺诈。由于披露存在与否容易确定,因此认定券商佣金收取是否存在欺诈的焦点就变成了如何确定其"不公平",而这是一个较为复杂的事实问题,其主要通过佣金与证券当前市场价格的比率来确定,从而成为券商不公平报酬案件的主要争议所在。该争议包括两个部分,一部分是如何确定证券的当前市场价格,另一部分是如何确定券商报酬占证券价格的合理比率。第一步确定证券当前市场价格主要发生在柜台市场的加价案件中,因为在交易所条件下证券市场价格主要通过投资者委托竞价自动撮合形成,因此并没有太大争议。而柜台市场证券价格则是券商间依靠报价驱动机制形成的,因此证券当前市场价格产生路径比较多元化,既可以是券商同期成本,也可以是券商间交易价格和其在市场上的公开报价,采纳何者作为当前证券市场价格则是在个案基础上灵活决定。同期成本是最直接和最自然的市场价格,因为它以同一券商在零售同期购买同一证券的成本为衡量基础。具体而言,同期成本指的是券商在券商间批发市场买入某种证券的批发价格,其购买时间必须与之后零售时间同日并尽可能接近,如果买入不在同日发生,则异日的购买价格是否构成同期成本法下的当前市场价格必

---

① 但是 NASD 建议成员券商在为客户开立固定收费账户之前必须有合理理由确认该类型账户适合于该客户,其成本不大于提供相同服务及收益的传统佣金账户。收费账户开立的合理基础确认包括客户财务状况、投资目标、交易历史、投资组合规模证券性质以及账户多元化程度等因素。

② 而至于欺诈构成的主观方面,则在过度加价案件中一般不构成争议,因为作为专门商事主体,券商对当前市场批发价格、对客户的零售价格以及两者之间的加价幅度和行业标准(即上述 NASD 公平价格和佣金规则 2440)都有显而易见的了解,从而过度加价的行为自然地构成了券商主观上的故意或者至少轻率。参见 SEC 以法庭之友身份在 Elysian Fed. Sav Bank & First Interregional Equity Corp. 一案中的相关意见。

须结合市场性质加以认定。同期成本法的一个最突出的特点是不受相关证券市场格局的约束,即使相关证券交易不活跃或者市场高度垄断从而相关价格信号失真①,其也可以用于确定证券的当前市场价格。这是因为同期成本法是从券商交易对手处确定证券的券商间市场(Inter-dealer Market)批发价格,其可最大程度排除券商对证券市场价格人为干扰的可能。如果券商与其交易对手达成某种共谋的默契,同期成本法还可以转为从零售客户处扣除合理的零售利润后确定证券的券商间市场批发价格。虽然具有上述优点,但同期成本法受制于两个前提条件,一是其不能适用于造市商,因为自有持仓的造市商几乎不存在当时购入成本的问题,二是其不能适用于同期购买未发生或其无法确定的其他情况。同期成本法失效的情形下,最可能的替代方法是同期券商间交易价格法,其是交易商间市场竞争的自然结果。当然与同期成本法乃是针对同一券商前后交易进行比较而言,券商间同期交易价格的方法明显具有间接性和局限性,但是其非常适宜于券商是造市商的情形。因为按照同期成本法的逻辑,作为造市商利润的价差不能包含在证券当前市场价格之内,而这明显会阻止造市商冒风险维持某一证券的市场或仓位,结果是损害了市场的流动性。另外对于交易活跃而市场有竞争性的证券而言,SEC 也一贯坚持适用券商间同期交易价格法以作为确定证券当前市场价格的基础②,这其中包括造市商进行的无风险自营交易,因为其也是造市商的日常功能之一。在上述方法都难以奏效的情况下,最后可以依赖的就是券商在柜台市场的公开报价,但公开报价往往难以反映券商的真实成本,因此只能在严格的前提下才能适用,这个前提就是券商必须证明事实上券商间的交易是按照该报价进行的。此种证明对于活跃而有竞争的 NASDAQ 上市证券尤其是 NMS 证券较为容易,而对那些交易低落而竞争不强的市场则存在难度。在确定证券市场价格后要最终确定券商报酬的公平性,还需考察券商报酬的合理比率。法院一般是在个案基础上确定券商报酬比率合理性的,更准确地说是个案中券商对特定证券交易的特定客户所收取报酬比率的合理性。而在合理比率的确定上比较突出的指导性规则是 NASD 的 5%行业标准。另外一个有关报酬比率合理性的标准是 SEC 在行政判例中的 10%标准,其内容是 SEC 认为券商未披露加价的上限是 10%,如果未披露加价幅度达到 10%以上则仅就该因素券商就可构成欺诈。虽然无论是 5%还是 10%,都

　　① BOSTON INSTITUTE OF FINANCE. Boston Institute of Finance stockbroker course[M]. Hoboken, NJ:Jone Wiley Sons Inc. 2005. 130.

　　② CLIFFORD E. KIRSCH. Broker Dealer Regulation [M]. New York City:Practising Law Institute, 2004. 10 – 25.

不是一个最终判定,但一般券商须承担举证责任以支持其违反上述规则的加价的合理性。在确定证券市场价格和券商报酬合理比率的基础上,法院或 SEC 一般以适用规则 10b - 5 对欺诈的存在进行判定。在券商加价行为构成欺诈的问题上,一个标志性的案件是 Charles Hughes &Co. V. SEC 案。在该案中法院认为,券商向寡妇和其他无经验投资者按照高于证券当前市场价格 16% 到 40% 的幅度销售证券的时候其实已经远远高过了该证券的当前市场价格。另外,该案中券商也未尽到公平交易原则所规定的信息披露义务。在未披露的情况下收取远高于当前市场价格的报酬,尤其是其比率已经远远高于上述行业指导标准或 SEC 的标准,券商此种行为构成了遗漏重大事实的欺诈,从而必须受到相应的行政处罚。

(二)券商佣金"合理性"的软美元豁免——证券交易法 28(e)条

除了佣金比率自由化为佣金合理水平的确定带来困难外,券商服务的多元化也造成同样的问题,这突出表现在机构投资者与券商之间的软美元安排上。软美元安排典型反映了在券商向机构投资者提供多元化服务的情况下,确定券商佣金合理水平的复杂性。软美元是在固定佣金制时代券商为了争取客户指令而采取的一种竞争方式。由于当时佣金率是固定的,因此各个券商就采取向客户尤其是机构客户提供研究服务或直接支付的方式变相返还其所收取的佣金,借以争夺客户资源。在 1975 年国会废除固定佣金制后,软美元不但失去了原来的存在理由,还与机构管理人的信赖义务相抵触。但券商雇用的游说集团成功说服国会通过了证券交易法 28(e)即软美元安全港规则,其豁免了机构管理人可能的责任,从而在安全港规则适用范围内保留了软美元安排的合法地位①。所谓的软美元安排,根据 SEC 的定义,指的是券商与其机构客户之间的一种安排。根据该种安排,券商自己或通过其他券商向机构管理人(是为机构投资者管理其投资业务的管理人,一般称为资金经理或投资顾问)提供证券交易执行之外的产品和服务,目的是促使机构管理人将经纪业务导向该券商。机构管理人获取研究或者其他服务,除了要按照软美元协议将业务导向该券商之外,还要以其所管理账户交易佣金的一部分对其支付。软美元计价方式是机构管理人每获得一美元的研究或者其他服务则要向券商支付多少美元的佣金。由于机构管理人动用客户佣金购买软美元服务违反了信赖义务人不能将客户资产在未经客户同意情况下用于自利途径的原则,而且软美元安排下机构管理

---

① MARSHALL E. BLUME. Soft Dollars and the Brokerage Industry[J]. Financial Analysts Journal, 1993, 49(2). 36.

人支付的佣金一般会高于普通经纪佣金的水平,所以软美元安排有可能引发机构管理人与其客户之间的利益冲突。另外软美元虽节省了机构管理人购买相关服务的支出,但部分为软美元服务同样付出佣金的客户却可能没有得到帮助,反而是机构管理人在获取了软美元收益的同时某些客户未获收益情况下需支付本可避免的多余佣金,就此部分客户而言利益冲突更显昭然。为规制软美元安排下的上述利益冲突问题,证券交易法 28(e)为此设立了安全港规则,在其适用范围内对软美元安排中利益冲突可能导致的机构管理人责任加以豁免。

28(e)(3)对软美元服务的定义是:①直接或通过出版物或书面形式提供与证券价值、投资于买卖证券的可行性以及证券或证券买家或卖家的可获得性等有关建议;②提供与发行人、行业、证券、经济因素与趋势、投资组合战略和账户业绩有关的分析和报告;或③实施证券交易及履行实施证券交易附带的职能(如结算、交收和托管)或履行证券交易委员会规则或其作为会员、会员关联人或参与者所在的自律组织的规则所要求的相关职能。上述软美元服务是通过机构管理人所管理账户下的交易佣金支付的,因此券商所收取的佣金自然很可能高于传统经纪服务下所收取的佣金。这虽然不能简单地认为违反了券商的忠实义务,但至少从价格方面看要涉及一个如何对其合理认定的问题,从而既对业已存在的多元化券商服务加以鼓励,也防止券商利用多元化服务为掩盖肆意收取合理水平之上的报酬。证券交易法 28(e)安全港规则的解决办法是豁免具有投资决定权的机构管理人在软美元安排下因多支出的佣金可能承担的违反州法或联邦法项下诚信义务的责任,只要管理人善意地认为其所支付的该部分佣金从所进行的证券交易的角度或从其行使投资决定权的账户总体责任角度看均属合理。28(e)安全港规则也不阻止监管机构通过规则规定机构管理人的披露要求,只要此类披露规则对维护公共利益或保护投资者确属必要或适当。28(e)安全港规则更不减损 SEC 在证券交易法下的其他权力①。上述安全港规则固然是从豁免券商机构客户管理人责任的角度制定的,但也意味着其适用于券商对机构客户的责任。因为除非符合 28(e)的规定,否则券商不能以竞争业务为目的与机构管理人之间达成以佣金换取“软美元”服务的协议,否则就可能卷入机构管理人为联邦证券法反欺诈条款所认定的欺诈行为里,而券商行为在其中可能构成帮助或教唆。而且,券商还有责任就机构管理人参与的,在

---

① 15U. S. C. §78bb(e).

普通人看来具有欺骗或欺诈嫌疑的行为或做法主动进行调查①。既然只有严格适用证券交易法 28(e) 条券商在软美元安排上才有可能避免责任,而且根据 28(e) 条,软美元安排下券商合理佣金水平是从机构管理人的角度认定的,那么关键问题就变成如何正确适用券商软美元安排的 28(e) 安全港条款。焦点是如何确定机构管理人支付的佣金从机构管理人参与的证券交易或其控制账户的总体角度来看比较合理。2006 年 SEC 所颁布的证券交易法 28(e) 适用范围解释指南就确定软美元服务佣金是否合理提出了前后三个步骤的框架。首先,机构管理人要确定券商所提供的服务和产品是否属于 28(e)(3) 中的软美元定义,只有具体内容是表达推理与知识的建议与分析以及附随于交易执行并与其同时的产品和服务才属于软美元服务的范畴②。其次,券商的软美元服务是否真正为机构管理人的投资决策提供了合法与适当的帮助,只有真正用于机构管理人投资决策的软美元服务才能适用于 28(e) 安全港规则。再次,由于在满足软美元性质和用途的要求后,机构管理人软美元服务佣金数额的合理性成为最后需要讨论的问题。机构管理人必须善意确定为软美元支付的佣金数额就软美元服务的价值来说是合理的。SEC 认为,机构管理人必须在个案基础上承担软美元服务佣金数额合理性的举证责任,也就是说券商为其软美元服务收取的佣金其合理性取决于机构管理人的举证③。当然作为利益相关者券商必须积极参与有关问题的讨论,为机构管理人在软美元佣金支付问题上提供指导和帮助。

即使符合 28(e) 安全港,券商的软美元佣金是否满足券商对其机构客户所应承担的忠实义务,是否是券商多元化服务情形下实现其代理成本最小化的方式目前仍是各方争议对象。当然,在安全港之外,一般认为还可以不断加强软美元安排的信息披露以促进机构管理人间和券商间市场竞争,从而同样有助于解决软美元安排下的券商代理成本问题。

(三) 券商佣金差别性内部分配——图利报告及其余波

即使券商佣金数额上达到一个合理水平,而且附加服务也在安全港范围内收取了机构管理人所确定的合理佣金份额,也还需要进一步解决包括佣金在内

---

① 具体说券商责任包括:①如有理由相信投资顾问在使用其提供的软美元服务上有欺诈行为则应采取行动;②对涉及提供软美元服务的雇员进行充分监督;③券商对软美元安排有充分的披露义务。CLIFFORD E. KIRSCH. Broker Dealer Regulation[M]. New York City:Practising Law Institute,2004. 14 - 39.

② 15U. S. C. § 78bb(e)(3).

③ SEC. Commission Guidance Regarding Client Commission Practices Under Section 28(e) of the Securities Exchange Act of 1934. [EB/OL]. http://www. sec. gov/rules/interp/2006/34 - 54165. pdf, 2009 - 06 - 01.

的券商现金报酬①的内部分配问题,才有可能在日常实践中排除或降低券商客户利益冲突的可能性。券商交易执行说到底是依靠券商的内部销售人员进行的,因此除了券商客户间的关系外,在券商与其销售人员之间同样存在着一个委托代理结构。而这个委托代理结构内部的激励机制如果不能有助于客户利益最大化的实现,那么券商销售人员主要是注册代表②的投机行为同样会产生须由客户承担的代理成本。而在券商内部注册代表间如何进行分配交易佣金就是这样一种内部激励机制,不当的佣金内部分配将会加剧注册代表乃至券商与客户之间的利益冲突。尤其在当前主流的佣金分成模式③下,注册代表与客户间的利益冲突表现为两种形式,注册代表要么推荐客户进行过度交易,要么是推荐客户从事那些分成比例较高的交易。两者都是为了尽可能多地为注册代表赚取交易佣金。如果说前者即过度交易是佣金分成模式所固有的缺陷,只能通过外部的市场竞争和规则监管加以不断克服,那么后者即券商内部差别性佣金分成完全是券商有意的一种选择,其完全可以通过有关禁止性规定加以排除,从而恢复被扭曲的销售激励机制,而这也正是券商报酬内部分配机制规范的主要内容。

　　无论是法律、行政法规还是自律规则都未对现金形式的券商佣金内部分配进行过规范,但相关的丑闻及接踵而来的全行业调查却接连不断。其始于 20 世纪 80 年代末分值股票市场,1994 年 SEC 协同 NYSE 和 NASD 发布了《流氓经纪人报告》,将券商注册代表的投机行为首次归结于注册代表报酬分配机制。不久之后,SEC 主席 Arthur Levitt 指定了一个委员会审查注册代表报酬的行业实践并择机推荐业内最优做法。该委员会是以美林公司的董事会主席图利挂帅,因此也称为图利委员会。图利委员会有三项任务:首先是考察行业中注册

---

　　① 注册代表的报酬可以分为现金方式和非现金方式两种。非现金报酬指的是任何形式的与证券销售与分销有关的非现金形式的报酬激励,包括但不限于商品、赠送和奖品、旅游开支和食宿等。非现金报酬主要运用于一级市场证券发行活动中,也用于诸如特殊投资产品如投资基金和可变合同产品的销售中,与此相关的规则包括 NASD 的公司融资规则、直接参与计划规则、投资公司规则和可变合同规则等。而注册代表的现金报酬则是基于券商交易市场交易活动的佣金,是券商内部差别性报酬分配机制的主要形式。

　　② 联邦证券法和 SRO 规则都未对券商关联人获取报酬方式明确规定,在各种券商关联人中只有注册代表报酬方式才是和证券交易的佣金直接挂钩的,进一步说注册代表只有在其获取注册资格产品线上才能从券商佣金中提取个人报酬。因此注册代表在销售活动中处于与客户直接利益冲突位置,而其他未注册券商关联人一般都以薪水或小时工资形式支付,其利益冲突相对较少。NASD. Notice to Members [EB/OL]. finra. complinet. com/en/display/display_main. html? rbid = 2403&element_id = 912,2009 - 06 - 1.

　　③ 当然对注册代表报酬还有其他模式,包括工资的模式和固定收费账户的模式,但仍是以佣金分成为主。参见图利报告, SEC. REPORT OF THE COMMITTEE ON COMPENSATION PRACTICES [EB/OL]. www. sec. gov/news/studies/bkrcomp. txt,2009 - 06 - 01.

代表和分支机构经理报酬的实际做法,其次是确认注册代表及分支机构经理所面对的现存和潜在的利益冲突,再次是寻找行业最佳做法以消除、减少或缓和这些利益冲突,上述三项任务实际上主要围绕差别性报酬机制进行。考察中,图利委员会对固定费用账户、销售竞赛、差别性报酬、未披露分红以及新调入销售代表更高比率佣金等种种差别性报酬机制进行了仔细研究。在报告总结中图利委员会指出,虽然佣金分成模式的潜在缺陷使得券商内部各种以差别性待遇为手段的注册代表销售激励机制盛行,但近期内改变佣金分成模式是不现实的。因此,我们所能做的是一种渐进改良,这包括更加均衡公正对待不同类型客户、更好协调销售人员与客户利益以及加强对券商内部人员报酬的披露。图利委员会还在报告中特别推荐了九种最佳的行业做法[①]。

图利报告并未得到监管部门的积极响应,SEC 并不在行政立法上跟进图利报告,而是希望券商主动采取内控或合规措施来贯彻图利报告的建议。NASD同样也未采取任何措施实施图利报告,其立场与 SEC 相仿。但 1996 年,在共同基金和可变合同等投资产品领域,NASD 曾尝试禁止对注册代表的现金激励措施而未获 SEC 批准。1997 年和 1999 年,NASD 两次就注册代表差别性现金激励的规制问题征求公众意见[②]。1997 年的建议规则中的相关措施包括对差别性现金报酬的强制性披露和实体性禁止,还特别包括禁止在对同一基金股份进行分类的基础上对注册代表实施差别性现金报酬。1999 年的建议性规则更具体地禁止券商在区分自有基金和非自有基金的基础上对注册代表实施差别性现金报酬激励,另外还将此类禁止扩展到同样建立在对注册代表差别性现金报酬激励基础上的单一证券销售竞赛和加速支付(accelerated payout)[③]。NASD认为这些差别性的现金报酬激励机制"都会因为鼓励注册代表推荐自有产品以最大程度赚取佣金收入而非最好满足其客户需求而产生利益冲突"。NASD 也再次提及了书面或口头的披露对抑制差别性报酬机制的激励作用,认为信息披露更符合 NASD 一贯的不实体性地介入成员券商内部事务的立场,从而把评判和选择券商的权利留给投资者。2003 年和 2004 年,按照上述思路,NASD 就注册代表销售共同基金的差别性现金报酬激励机制建议采取销售点(point-of-

---

① SEC. REPORT OF THE COMMITTEE ON COMPENSATION PRACTICES [EB/OL]. www. sec. gov/news/studies/bkrcomp. txt,2009 - 06 - 01.

② CLIFFORD E. KIRSCH. Broker Dealer Regulation [M]. New York City: Practising Law Institute, 2004. 9 - 113.

③ 加速支付(accelrated pay-out)指的是对转换雇主的注册代表支付较高的工资。

sale)披露①的方式。由于 NASD 上述种种建议性规则迄今未付诸实施，因此可以说自图利报告发布以来，券商经纪佣金的内部分配问题，即券商内部注册代表的差别性现金报酬激励问题仍属于券商的内部事务，只能通过其适当的内控和监督机制加以实现。

二、券商交易执行的间接利益冲突规制——券商内幕交易

上一节对券商佣金规制作了较为详细的论述，券商佣金体现了券商交易执行过程中显性和定量的代理成本。券商过度追求佣金必将导致券商客户间直接的利益冲突，从而能确定券商佣金合理水平与分配结构的规范，成为削减客户代理成本和抑制券商投机行为的有力工具。如果说券商过度追求佣金体现了券商客户间直接的利益冲突，那么券商内幕交易则体现了券商客户的间接利益冲突。内幕交易指的是券商自己或建议他人或泄露内幕信息②使他人利用该信息在市场上与不特定的对象进行证券交易的行为③。券商这种非个性化(impersonal)交易方式表面上并不面对面(Face to Face)违反对特定客户忠实义务，但其所增加的自己或部分客户(往往是机构投资者)的利益却间接建立在其余客户(往往是普通投资者)可得利益减少或代理成本增加的基础上④。比如券商在证券市场上常见的不当交易行为"扒头交易"就是典型的内幕交易。在"扒头交易中"，券商及其关联人与某些客户(主要是机构客户)以即将发生的大宗

---

① 销售点披露指的是在销售点营销中进行的披露，所谓的销售点营销是在营销策略和技巧上强调券商发行证券的销售地点的营销。SCOTT G. DACKO,The advanced dictionary of marketing[M]. Oxford: Oxford Press,2008. 394.

② 内幕信息的含义在美国法中是通过案例发展起来的，其指的是对理性投资者的投资判断有重大影响的实质非公开信息。

③ 符启林,谢永江. 证券法[M]. 北京:法律出版社,2007. 155.

④ 当然关于内幕交易的危害性，一直有所争议，从而在对待内幕交易上有着干预论和不干预论。干预论者认为内幕交易破坏证券市场公平和信任、降低证券市场资源配置效率并损害了公司对内幕信息的财产权益，因此立法者需要通过强制性规定管制内幕交易行为，使得证券市场信息对各方平等开放并维护其自身的公平和诚信，这兼顾了效率和公平的价值。而不干预论者认内幕交易能提供内部人正当激励、减少股价波动，同时对其处理应由公司和内部人之间通过私合同解决，将内幕交易归于市场机制管辖，还更能满足更广泛意义上的社会目标。虽然各执一端，但近年来美国司法实践中却逐渐倾向于干预论从而禁止内幕交易。因为根据证券守恒定律，内幕交易的确倾向于减少普通投资者的可得利益，正如美国众议院在通过 1988 年《内幕交易与证券欺诈执行法》时于相关报告中所说的一样:"内幕交易破坏证券市场的合法性，降低公众对其的信任度。部分投资者如果感觉到其处于不利地位的话，将要或已经不愿意投资于证券市场"。参见杨亮. 内幕交易论[M]. 北京:北京大学出版社,2001. 16 - 32. 胡光志. 内幕交易及其法律控制研究[M]. 北京. 法律出版社,2002. 58.

交易内幕信息为基础进行证券或期权买卖①,其收益明显间接建立在散户投资者的损失基础上。券商内幕交易无疑违反了券商对普通投资者的忠实义务,从而应该成为法律、法规或自律规则所规制对象。

规制内幕交易的主要实体手段是联邦证券法的反欺诈条款,其中规则10b‐5是主角,其适用于包括券商在内的广泛主体。在前联邦证券法时代,普通法对于公司董事经理等内部人从事证券交易是否需要披露内幕信息存在争议。一般认为上述内部人除非因职务关系在公司事务领域对股东和公司本身具有诚信义务外,以个人名义从事证券交易没有强制披露的义务。此种放任自流的情形在联邦证券交易法颁布后有所改观,主要原因是SEC反欺诈规则10b‐5开始介入对内部人内幕交易的规制,但其严格限定在面对面交易情形。所谓面对面一般指介于公司内部人和公司股东之间。只有面对面双方有直接诚信义务纽带时,才有必要向对方披露可能影响其投资决策的内幕信息,否则将构成规则10b‐5下的虚假陈述,无论其形式是欺骗、半真半假还是隐瞒。其实这同样符合传统普通法下代理原则,即代理人在处理代理事务期间因其代理职能而获取的利益应该归于被代理人。而内幕信息获取正是内部人执行其职务或业务关系的结果,据其获取的利益理应归于被代理的公司股东,如果持以获利自然就构成对被代理人的欺诈和对代理义务的违反。面对面交易对于制止证券交易执行过程中券商的内幕交易行为显然无能为力,因为作为市场中介的券商大多情况下并非是公司内部人。另外,在非个人化的证券市场如交易所和自动交易系统上,券商交易对象往往是不特定的投资公众,因此不可能会出现传统面对面意义上的虚假陈述。因此,规则10b‐5至此变得难以适用。为了克服上述缺陷,美国法院相继以一系列规则10b‐5案例和理论逐步扩展了内幕交易

---

① 根据NASD成员行为守则解释2110‐3,所谓的扒头交易指的是券商及其关联人、其持有利益的账户、其行使投资决策权的账户或某些特定客户账户在大宗交易信息向市场公开之前(1)执行买卖期权指令,当执行此等指令的成员或其关联人有即将发生的期权所对应证券的大宗交易的重大非公开市场信息或某个客户从成员或其关联人获知此等重大非公开市场信息;或(2)执行买卖证券指令,当执行此等指令的成员或其关联人有即将发生的证券所对应期权的大宗交易的重大非公开市场信息或某个客户从成员或其关联人处获知此等重大非公开市场信息。上述内幕信息不必包含大宗交易的所有条款,只要包含已经或即将要达成的大宗交易的所有重大条款即可,而参与自动执行系统并必须接受自动执行的成员券商不在适用范围。另外扒头交易的上述禁止性规定不适用券商及其关联人接收到同时与期权及其对应的证券有关的大宗交易指令的场合,此种场合下券商及其关联人可以进行对冲操作,但通过对冲操作回补上述情形造成的券商及其关联人的自有仓位也必须是在内幕信息公开之后。上述禁止性规定还只能适用于通过CTA、NASAQ和OPRA进行最后报价的交易。这里内幕消息所谓的公开指的是通过上述系统的报价带、高速通信线路和第三方有线新闻服务揭示,这里的大宗交易一般指至少包含一万股以上的证券或对应期权的交易,另外大宗交易在其定义范围内也可包括某些情形下的分块执行。

内涵和外延,并在此过程以"披露或戒绝"作为内幕交易的核心原则,将其适用于包括券商在内的可能的内幕交易主体。当然,上述内幕交易实体性规则也存在种种抗辩可供内幕人援用,这包括证明内幕人不存在主观动机如内幕人不存在故意、所指称的内幕信息不存在如信息本身已公开以及相关行为得到法律特别豁免,如规则14e-3对收购要约中的某些内幕交易行为豁免及规则10b5-1提供的抗辩等。但无论何种抗辩其举证责任都在内幕交易主体一方,当然上述抗辩也是券商常常援用的。

如果说法律从反欺诈角度设计了种种对券商内幕交易行为的实体规制,那么美国证券法同样设计了种种由内部人承担执行责任的预防内幕交易的程序性机制,这包括内部人报告制度、发行人信息披露制度以及内部人短线交易的归入制度。对于券商这样的金融中介,最重要的程序机制则是用于防止其雇员和关联人等实际操作证券交易执行的人通过内幕交易牟利的书面政策和程序,其不仅是美国证券法的强制性要求,也是券商用于免除其内幕交易欺诈责任的一项抗辩,使得券商无须根据监督人责任理论(the doctrine of respondent supervisor)为内幕交易承担责任。上述内容为券商内部信息隔离的书面政策和程序的通俗名称就是"中国墙"。中国墙广泛体现在美国证券法的相关立法中,也是SEC和各级法院所认可券商内幕交易行为免责抗辩。此外,证券分析作为券商经常涉足的一项服务,其也是内幕消息程序性规制的经典环节,以其为例解析券商内幕交易的程序规制也将成为本文的重要内容。

(一)券商内幕交易的实体性规制——司法理论演进与10b5-1规则

美国法院在司法实践中主要根据10b-5规则逐渐确立规制内幕交易的"披露或戒绝规则"。该规则认为,当公司内部人①获悉未公开的重要信息即内幕信息的时候,他或是公开该信息后进行证券交易或是完全放弃从事交易。当披露内幕消息不现实或不合法的时候,比如券商负有对相关内幕消息的保密义务,内幕交易的"披露或戒绝规则"实际上就等同于禁止内幕交易,否则将构成10b-5规则下的欺诈行为。早期10b-5规则下的"披露或戒绝规则"只适用于严格的面对面交易下公司内部人进行内幕交易的情形,这也就是内幕交易的古典特殊关系理论,因为公司内部人一般和公司股东之间都存在特殊的信赖关系。1961年SEC的Cady, Roberts & Co. 一案将"披露或戒绝规则"推广到非人

---

① 所谓的内部人指的是与公司具有特殊信赖关系的人,内幕交易规制意义上的内部人传统上主要是发行人自身,发行人管理层、控制人、雇员和直系亲属等,随着司法实践的发展,出现了推定内部人的类别,其指的是因为业务关系参与到传统内部人与股东之间的诚信关系,能接触仅为公司目的的信息的人。

格化的证券交易领域,并将责任主体扩展到从内部人接收消息的任何人,这也成为信息泄露理论的滥觞。在 Cady, Roberts & Co. 案中,经纪商 Cady, Roberts 某雇员是上市公司 Curtiss Wright 董事。该雇员在市场未获知 Curtiss Wright 的股利分配方案之前就将其泄露给 Cady, Roberts 公司。Cady, Roberts 得到内幕信息后将其作为一种业务回扣迅即通知了某共同基金(该基金通过 Cady, Roberts 持有 Curtiss Wright 重仓,其代表先前也特别因为 Cady, Roberts 雇员在 Curtiss Wright 的内部人地位而与 Cady, Roberts 取得联络),从而得到了该基金抛售和做空 Curtiss Wright 股票的授意。Cady, Roberts 明知此内幕消息的性质及其雇员负有的内部人义务却仍进行内幕交易,包括抛售 2000 股该公司的股票以及卖空 5000 股该股票,而这些股票的绝大多数属于该共同基金。SEC 认为 Cady, Roberts 内幕交易行为明显违反了规则 10b – 5,从而构成了欺诈。因为"披露或戒绝规则适用于交易所市场,与面对面的交易一样,在不见面交易中若拥有内幕信息并据其交易则其行为也构成欺诈,反欺诈条款提供的保护不适用于交易所这个主要的证券交易市场是不正常的"①。由 Cady, Roberts & Co. 一案开始,券商在交易执行中必须避免内幕交易行为,无论其作为"面对面"的内部人还是"非面对面"的从内部人接收消息者。实际上 Cady, Roberts & Co. 一案有着特殊历史背景,该案时值美国证券交易所市场固定佣金制时代,专业机构投资者在证券市场兴起并占主导,这使券商往往就通过非价格手段争取机构投资者的指令,这包括各种"秘密"服务,秘密返款和券商向其机构投资者提供的互惠商业安排。在佣金管制与回扣提供的共同压力下,为获取大额佣金,有机会接触内幕消息的券商经常以研究名义将其透露给机构客户以换取该类客户向其输送大笔证券交易指令。这使得券商内幕交易行为成为一种牺牲普通投资者权益以利于券商和机构投资者的惯常投机做法。非人格化内幕交易间接造成了券商及机构投资者与普通投资者的利益冲突,违反了券商本应遵循的忠实义务,增加了普通投资者交易代理成本。而以佣金为表现形式的契约控制手段明显难以在事前估量内幕交易,因此余下的选择只能是以强制性法律手段如反欺诈 10b – 5 规则严格禁止和消除此类利益冲突,维护市场公平和投资者利益。

之后影响较大的 Chiarella 和 Dirks 案中,法院进一步确认了内部人和接收内部人信息者的披露或戒绝交易的责任,确认其适用于公开市场和面对面交易的证券买卖。那么券商在何种情况下可以成为适格内幕交易主体(如内部人)

---

① In re Cady, Roberts, 40 S. E. C. 907 (1961).

或接收消息者呢？首先就内部人而言，如果券商和客户间有招牌理论下所谓公平交易的诚信义务，那么这是否意味着其券商与客户之间存在着类似于内部人与股东之间的诚信义务，从而需要承担类似于内部人的内幕交易的披露或戒绝责任呢？应该说，由于内幕交易本质上涉及不特定投资者，因此有内幕消息的券商承担披露或戒绝责任就必须是面向投资公众，而这正是美国法院所不赞成的。无论是最高法院还是第一巡回上诉法院都否认了拥有内幕消息的券商当然内部人的地位，认为这既限制了券商许多重要职能如证券分析的发挥，也不是国会的真实意图。其次如果作为接收信息者，券商是否以及如何承担披露或戒绝责任呢？在此问题上未有先定程式，券商有可能对其客户承担此责任，但是这视乎具体案情中泄密内部人的行为本身是否符合内幕交易行为要件的认定。此外，如果券商既不属于内部人也非内部人的消息接收者，但确实拥有内幕消息，则能否对其课以披露或戒绝义务呢？在特殊情形如要约收购下，券商只是拥有内幕信息也可能要承担披露或戒绝义务。这规定在 SEC 规则 14e - 3 中，该规则将披露或戒绝义务延伸到收购要约双方的内部人及其内幕信息接收者上，但金融中介机构可以在举证不知道该内幕信息或已建立确保雇员不违反规则 14e - 3 的政策和程序前提下买卖证券而免于内幕交易指控，券商在代理要约过程中进行的证券买卖也可获得豁免①。

　　除了要约收购的情形，就一般情形下仅拥有内幕消息是否需承担披露或解决责任呢？美国法院运用所谓盗用理论对此作出回答。其结果是将 10b - 5 规则下可能构成欺诈的内幕交易主体进行了极大推广。盗用理论的标志性案例是 1997 年美国最高法院审理的 United States v. O'hagan 案。在该案中律师 O'hagan 得知其律所 Dorsey & Whitney 为一家英国公司 Grand Metropolitan PLC（该公司是要约人）所经办的一起要约收购中，目标公司是 Pillsbury 公司。在获知消息后 O'hagan 很快买进了 Pillsbury 大量买入期权和普通股并由此获取巨额利益。在本案中 O'hagan 并未参与相关谈判工作，也不是 Grand Metropolitan PLC 的内部人，且律所 Dorsey & Whitney 作为泄密者既非有任何牟利动机也未违反其对客户 Grand Metropolitan PLC 的信赖义务，因此传统上的内幕交易欺诈认定理论都难以适用。为此美国最高法院最终采纳了早期在下级法院中已有所运用的盗用理论。该理论核心是任何非法盗用机密信息并将其用于证券交易的人都构成了 10b - 5 规则下"与证券买卖有关的欺诈"，而这里所谓的非法指的是该内幕交易人的此种行为违反了其对信息来源的义务。在本案中，虽然

---

① 杨亮. 内幕交易论［M］. 北京：北京大学出版社，2001. 145.

O'hagan 充其量只算是 Grand Metropolitan PLC 公司的外部人,但其为了谋取私利违反其对信息来源即所在律所 Dorsey & Whitney 的信赖义务而盗用内幕信息进行证券交易的行为已经构成了与证券买卖有关的欺诈①。之后 1999 年的 United States v. Cassesse 一案,最高法院进一步明确了盗用理论与传统理论的不同,但也强调了适用盗用理论的前提是内幕交易人必须和信息来源之间存在信赖义务关系,否则不能根据盗用理论构成规则 10b – 5 下的欺诈。至此,规则 10b – 5 下的内幕交易欺诈认定理论已经延伸到了任何通过违反诚信义务获取内幕消息并进行证券交易的外部人②,这当然也包括既非内部人也非内部人信息接收者的券商。

　　盗用理论对券商内幕交易认定的冲击是空前的,因为对券商而言,其雇员或关联人拥有客户内幕信息既是业务所需,也是常态。盗用理论将使得任何拥有内幕信息的雇员或者关联人的证券交易行为都有欺诈嫌疑,再加上证券交易法 20a 与 21A 对控制人责任的规定,使得券商自己也几乎在所有情况下都难以逃脱违反规则 10b – 5 的嫌疑,这无疑大大加重了券商证券交易执行的法律风险。内幕交易规制"盗用理论转向"也与早期古典特殊关系理论和信息泄露理论的审慎态度前后不一并形成强烈对比。为了给趋向严厉的内幕交易认定提供豁免窗口,SEC 的策略是在 10b5 – 1 规则中对"明知拥有"(in knowing possession of)和"使用"(use)内幕信息进行区分。如果是使用内幕信息,才构成在内幕信息基础上(on the basis of inside information)交易,从而构成规则 10b – 5 下的欺诈行为。但何谓"使用"? SEC 于 2000 年的 10b5 – 1 规则中采取了"知情"标准,即只要交易时意识到内幕信息,就构成交易中对内幕信息的"使用"并构成在内幕信息基础上的交易,而仅仅拥有内幕消息而未在交易时有所意识不能构成内幕信息基础上的交易即内幕交易。虽然采取了内幕交易认定的"知情"(aware)标准,但 SEC 为其提供了抗辩,即虽然交易者对内幕信息知情并进行了证券交易,但只要在之前已经:①订立了买卖证券的有约束力的合同;②指令他人为其账户买卖证券;③采用了证券交易的书面计划。交易者需要举证上述合同、指令和书面计划指明了:①日期、数量和交易价格;②采用了书面公式、算法或计算机程序来确定买卖证券的日期、数量和价格;③不允许交易者嗣后对何时、是否以及如何执行交易施加影响且如果其他人在本条的合同、指令和书面

---

① United States v. O'Hagan, 521 U. S. 642, 655 (1997).

② United States v. Cassese. 614 F. 2d 1292

计划下可以实施此等影响的话,其在行为当时必须未意识到存有内幕信息①。对于那些常常为客户提供综合性服务的券商而言,由于其参与了客户证券发行、投资顾问和证券交易的多个环节,因此在大多数情况下都拥有客户内幕消息。无论该内幕信息的来源是因为参与经营、业务联系或偶然得知,券商都可能为其雇员和关联人的内幕交易行为承担连带或按份责任。因此如果券商交易执行要得到规则 10b5 - 1 抗辩的庇护,就必须事先备有交易指令书面计划即 10b5 - 1 计划,并严格按照该计划行事,才能免于反欺诈规则 10b - 5 下的责任②。可以看出,10b5 - 1 计划对证券交易的事先规划虽然是为了利用规则 10b5 - 1 下的抗辩,但并不符合证券市场的即时性与波动性的本质特征,也往往意味着交易机会和交易利益的损失,所以并不具有太大的现实意义和可行性,只能适用于少数情况下的证券交易。既然根据规则 10b5 - 1 内幕交易发生是基于交易者在交易时对内幕信息的"知情",而试图证明交易时拥有内幕消息的券商"不知情"具有相当难度,那更为现实的做法是设立券商内控机制,尽量阻断券商交易行为与内幕信息之间的联系。因为券商作为整体虽说可"拥有"该内幕信息,但这不等于其具体从事交易部门就以之为根据,从而交易就不是基于(on the basis of)内幕信息进行的,而上述券商内控机制也就是俗称的中国墙机制。

（二）券商内幕交易的程序性规制——中国墙制度

券商内幕交易程序性预防规制包括多种形式,其可以是证券交易法 16(a)条对公司内部人报告其持有和交易发行人证券情况的规定,抑或是证券法律法规中无处不在的间接对内幕交易起约束作用的券商交易执行信息披露规定。但无论是内部人报告制度还是信息披露制度,其一方面并非特别适用于券商的制度设计,因此存在针对性不强的问题,另一方面,无论是内部报告还是信息披露都属于事后性质,即是在证券交易发生后进行的,因此对内幕交易的发生并不起到切实的预防作用,从而也不能避免内幕交易所导致的投资者损失。而对券商这样的机构来说,由于其在日常运作中极为容易接触内幕信息,因此可以说时时都存在内幕交易的可能,因此仅仅依靠时效性不强的报告与披露是难以应对的。美国证券法因此创造了券商内部信息隔离机制即中国墙作为券商内幕交易程序性规制的核心和券商内幕交易行为控制人责任的法定抗辩。

由于券商交易执行职能是依靠其雇员或关联人实现的,因此整体意义上而

①　SEC Rule 10b5 - 1(c)(1)(i) - (c)(1)(ii) [EB/OL]. http://www. law. uc. edu/CCL/34ActRls/rule10b5 - 1. html,2009 - 06 - 01.

②　SEC Rule 10b5 - 1, http://www. law. uc. edu/CCL/34ActRls/rule10b5 - 1. html,2009 - 06 - 01.

言券商在法律上一般处于控制人地位。"中国墙"的功能就是阻断控制人券商对内幕信息从"拥有"到"知情"的过程,从而不但券商交易部门无从获取内幕信息并杜绝其内幕交易行为,而且即使发生内幕交易券商也无需根据证券交易法 20(a)条的"控制人责任"条款就其雇员或关联人的行为承担连带责任①。证券交易法 20(a)条并未直接涉及中国墙机制,但其规定:"直接或间接控制本法或根据本法制定的任何规则或条例项下之责任人的每一个人,除非其善意行事且未直接或间接诱致构成违法的行为或构成违法行为的原因,否则也应与该受控制的责任人一起向受控制责任人的责任对方承担相同程度的连带责任"。可见,券商免于控制人责任的理由只是其"善意行事",至于对作为控制人的券商而言何为"善意行事"则在 SEC v. Geon Indus. ,Inc 一案中法院作出了解释。该案认为只要券商对其具体负责交易执行的注册代表行使了"足够监督"就构成证券交易法 20(a)条中的善意行事。而 1984 年《内幕交易制裁法》和 1988 年《内幕交易与证券欺诈执行法》对证券交易法在内幕交易方面的条款进行修订,就券商"监督"程序性机制的又有了更加明确的陈述。上述两项法案认为控制人要么在明知或因疏忽大意无视受控制人可能从事内幕交易行为发生之前"采取适当预防措施",要么"制定、维持或执行本法 15(f)条或《1940 年投资顾问法》第 204A 条项下要求的任何政策或程序",否则 SEC 有权寻求法院对该控制人的民事罚款。而该法增订的证券交易法 15(f)条规定了防止误用内幕信息的内容,其规定"每一注册经纪商、交易商应制定、维护与执行经考虑其业务性质后合理设计的书面政策和程序,以防止该等经纪商、交易商或与其关联的任何人违反本法或其项下的规则或条例而误用重大非公开信息,证券交易委员会在其认为对维护公共利益或保护投资者确属必要或适当时,应通过规则或条例,要求合理制定具体的政策和程序,以防止违反本法(或其项下的规则和条例)而误用内幕信息"。

可见,无论是上述预防措施还是防止误用内幕信息的书面政策和程序,都是券商"足够监督"的体现,是券商作为控制人善意行事的证据,也是设立中国墙的法律缘由。虽然 1988 年《内幕交易与证券欺诈执行法》所增订的证券交易法 15(f)条赋予了 SEC 制定防止内幕交易程序性规则的权力,并表述为"合理

---

① 即使不从控制人责任的角度,而从券商注册与监管的角度,证券交易法 15(b)(4)(E)也规定了券商对不法行为的监督义务及其具体责任内容,包括建立各种程序和使用该程序的制度,合理预期借此可在可行的范围内防止和检测不法行为人的违法行为或不法行为人合理履行了上述程序和制度下其应承担的责任和义务,没有合理理由认为其未遵守。

设计的书面政策和程序"即中国墙机制,但除了在若干立法中稍有提及外①,
SEC 至今未就此颁布任何规则或条例。原因正如 1990 年 SEC 市场监管部发布
的《券商隔离流动和防止重大非公开信息误用的政策与程序》报告中所说,券商
组织形态和业务需求的多样性,使得对中国墙监管最好是留交自律组织的审查
计划(Examination Program)进行,由 SEC 保留最终监管权并在其认为必要的时
候介入。报告认为中国墙具体设置取决于券商业务性质和规模大小,券商应以
稽核部门为中心来具体实施中国墙制度。报告列举了中国墙机制所至少应该
包含的要素:①稽核部门对券商不同部门如投资银行部门、研究部门、自营交易
部门和承销部门之间交流的实质性控制。以投资银行部门和自营交易部门之
间信息交流控制为例,稽核部门可通过将自营交易部门中因与投资银行部门发
生工作接触而知晓内幕消息的员工临时"越墙"(over the wall)调入投资银行部
门而解决信息流动控制的问题;可以根据内幕消息在部门间传播的严重程度决
定是否将有关证券置入限制和监视清单;当然此种控制还包括防火墙隔离的设
立,所谓防火墙指的是金融机构内部将内幕信息的拥有者和内幕信息可能的使
用者隔离开来的系统,最基本的当然是物理隔离,还包括访问限制、信息密级标
记、部门间人员交流的监控和记录、电话记录和电脑信息定期检查等。②通过
有效维持关于某些证券的监视清单、限制清单和谣言清单对雇员交易和自营交
易进行监督和限制。监视清单指的是券商对其拥有内幕信息的证券的秘密清
单,其用以监督和侦查券商内部发生的内幕交易行为;限制清单是券商对其拥
有内幕消息证券的公开清单,其用以限制乃至禁止券商雇员和全权账户的交
易;谣言清单则指券商与其现在或可能将来有业务往来的发行人的证券清单,
是上述两种清单补充。可以容易看出,公开清单如限制清单实际上等同于泄
密,因此作为秘密清单的监视清单应成为券商中国墙机制设计的一个选择。
③中国墙程序的规范化以及根据中国墙程序所进行的行为记录。这包括将中
国墙以书面形式规定在员工守则中,如何执行中国墙制度的书面档案,制作以
内幕交易及其后果为内容的备忘录来培训和教育员工。(4)当券商拥有内幕信
息时加大审查和限制自营交易的力度。报告将自营交易分为风险套利、做市和

---

① 1980 年 SEC 就要约收购中就所涉证券内幕交易欺诈发布禁止性规则 14e - 3,在其(b)款中为多
种服务金融机构在某种情况下的交易开辟了安全港,尤其只要该机构已经建立了该情况下合理的政策和
程序以保证该机构作出交易决策的个人并非在取自机构其他部门的内幕信息基础上进行交易。在采
纳该规则的意见中还比较详细地讨论了何者构成合理的政策和程序,认为就多样性的券商而言,上述合
理政策和程序须有内在的灵活性,包括但不限于对零售和自营证券买卖的限制和信息流动的限制,其还
简要地讨论了限制清单的使用和监管。

大宗交易等,并认为券商拥有内幕信息的情况下应该中止大宗交易①。

中国墙具体内容的规定除了体现在上述券商内部政策和程序上外,也零星体现在自律组织的有关规则中。此外,SEC 行政案件以及法院民事诉讼也对报告述及的中国墙内容持肯定态度。报告涉及的中国墙制度虽然不能从根本上避免内幕交易背后的利益冲突问题,但满足了相关联邦证券法及其项下 SEC 规则法定预防措施的要求,其既是一种规制券商内幕交易的程序性要求,也能成为豁免联邦证券法反欺诈条款责任的法定抗辩。

(三)证券分析的内幕交易规制——从实体到程序

券商内幕交易规制一个不可规避的问题是如何对待证券分析师,因为证券分析一方面与证券交易执行关系紧密,而另一方面是内幕消息传递的重要环节,因此对券商内幕交易规制而言具有典型意义,而对证券分析的规制也就是对证券分析师行为的规制。

证券分析师顾名思义就是提供证券研究报告的研究人员,萨班法、SEC 的分析师注册条例(Regulation Analyst Certification)和 SRO 自律规则都有涉及证券分析师的定义,除了名称略有差异外,其范围也各不相同。分析师注册条例中认为研究分析师是主要负责准备研究报告内容的任何自然人,而 SRO 规则中研究分析师和萨班法对证券分析师的定义在行文上几乎毫无差别,认为无论头衔如何,证券分析师是负责准备研究报告实质部分的注册券商(或成员券商)关联人或就研究报告向上述证券分析师直接或间接报告的券商关联人②。总而言之,依据上述,证券分析师就是负责准备研究报告主要部分或实质部分的人。同样根据奥克斯利法案、分析师注册条例和 SRO 相关自律规则,研究报告是包含有关单个公司或行业股权权益证券分析的书面或者电子通讯,其通常提供据以作出投资决策的合理充分信息。除了目标公司证券分析报告外,证券分析还包含对投资者的操作建议。证券分析师有不同的分类,其可以是为券商或投资顾问所雇佣,公开对外发布分析报告,也可以是单独为机构投资者提供服务,当然还可以是地位独立的基于合同关系提供分析报告的独立证券分析师。但在证券交易执行领域,证券分析师规制的主要关注对象是注册券商主要负责编制研究报告的关联人及在编制研究报告内容方面直接或间接向证券分析师报告

① Division of Market Regulation of SEC, Broker-Dealer Policies and procedures Designed to Segment the Flow and Prevent the Misuse of Material Nonpublic information, [EB/OL]. http://www.sec.gov/divisions/marketreg/brokerdealerpolicies.pdf

② NASD Conduct Rule 2711. [EB/OL]. http://finra.complinet.com/en/display/display_main.html? rbid = 2403&element_id = 3675, 2009 – 06 – 01

的任何关联人,不论其是否具有研究分析师头衔,也就是说此处关注的主要是为券商雇佣或与其关联的证券分析人员。

证券分析师主要职能就是充当其所分析的证券发行人与投资者之间的信息管道,收集和处理各个渠道的信息。这些信息可能来自于公开市场,也可能来自于发行人。在内幕信息方面,由于证券分析人员可以通过会晤、询问内部人等方式经常向发行人打探信息,且发行人也可在不违反其对股东诚信义务的前提下向分析师选择性披露信息,所以分析师常常被认为拥有大量内幕信息。传统上认为,证券分析师在市场上的角色仅仅是一个"守门人",是股东和发行人之间的一种双向和中立的信息管道,其分析报告被认为具有独立性,能够正确反映证券内在市场价值并促使证券市场价格有效反映其市场价值。美国最高法院认为:"研究分析师是保持健康(证券)市场的必需",SEC 也认为,证券市场价格机制有效性因为分析师对信息的追逐和分析大为提高,其工作对所有投资者都是有益的[1]。从证券分析师自身看,证券分析师既不拥有客户的证券和资金,也不为客户提供个性化投资意见,且其收入只是间接通过券商其他部门转移支付,证券分析师不对特定投资者负有信赖义务,也不太需要过度规制。所以与对其他市场主体的内幕交易规制相比,拥有大量内幕信息的证券分析师在历史上反而拥有特殊的豁免地位。在 2002 年以前,就证券分析师内幕交易及规则 10b – 5 对其适用的问题曾有争议。SEC 的信息对称理论认为在发行人选择性披露造成分析师信息优势情况下,如分析师及其客户利用信息优势进行交易就违反了规则 10b – 5。但法院对此信息对称理论持有异议,其认为首先分析师是市场必需的信息管道,这应成为监管机构更重要的考虑因素,而且规则 10b – 5 适用于内幕交易规制的前提是内幕交易人必须之前有对股东或信息来源的信赖义务,即使作为接受信息者之前也必须承继泄密者信赖义务,而承继的条件是泄密者的泄密动机必须是自身获利。如果仅仅因为信息不对称而对证券分析师加诸内幕交易相关责任将会抑制对证券市场必需的证券分析师"进取性研究(aggressive research)"[2]。最高法院就此问题最终接受了下级法院的意见,在 Chiarella 一案中其正式认可信赖义务理论而非信息对称理论,认为仅是信息优势不能导向内幕交易的披露或戒绝责任,从而证券分析师相关行为不受 10b – 5 规则内幕交易法理的规制。虽然规则 10b – 5 下证券分析师内幕交易规制还有许多有待澄清的问题,但由于法院系统特别是最高法院的上述表

[1]　DIRKS V. SEC, 463 U. S. 646 (1983)

[2]　FISCH, JILL E. ; SALE, HILLARY A. Securities Analyst as Agent:Rethinking the Regulation of Analysts,Iowa Law Review,2002,88. 1060.

态,1991 年之后 SEC 再未向法院提交相关案件,这标志着证券分析师内幕交易实体规制告一段落。

10b－5 规则在应对证券分析师内幕交易的乏善可陈并不意味证券分析师内幕交易规制豁免地位的理所当然。事实上,作为证券分析师规制历史的分水岭,2002 的美林案充分暴露了证券分析师卷入多重间接利益冲突,利用内幕信息从事投机乃至欺诈行为从而增加投资者代理成本的可能,传统上证券分析师的中立地位日益成为一种虚构。一般而言,证券分析只能忠实于其所服务的投资公众或客户的利益。而在三种情况下分析师却可能会陷入与投资者或客户的利益冲突:首先是分析师在其分析涉及的证券上拥有所有者权益;其次分析师的雇主在分析所涉证券上拥有利益;再次是发行人对分析师施加压力以使其忠实其利益①。一个典型的例子是券商在证券报告发布前的抢前交易(Trading Ahead of Research Report),这指的是券商在预期证券分析报告所带来波动的前提下,在某个证券分析报告发布之前有意建立或者调整其在该证券上的自有仓位以攫取该波动所带来的市场利益。根据 NASD 规则 2110 的解释,券商的此种行为明显违反了规则 2110 所提倡的高标准商业诚信和公正平等交易的原则。NASD 推荐成员券商发展并贯彻有效内部控制系统的政策和程序来隔离证券分析部门和交易部门以防止交易部门提前获知分析报告内容。如果券商不能设置上述"中国墙"措施则负有举证责任,证明分析报告发布前仓位变动并非是有意从事"抢前交易"②。由上可见,证券分析师内幕交易规制仍属必要,而在传统 10b－5 规则民事诉讼之外对其进行程序性规制也成为必然的出路。

应该说,对证券分析师内幕交易的程序性规制起步于 2000 年 SEC 所颁布的公平披露条例。SEC 明确表明该条例并非早期以规则 10b－5 规制内幕交易思路的延伸,违反公平披露条例也不引起规则 10b－5 下的欺诈责任。作为 SEC 行政法规,违反公平披露条例更多引起的是行政而非民事责任。公平披露条例的目的是为了解决利益冲突中的分析师豁免于内幕交易规制所带来的隐

①　详论之,这三种利益包括分析师及其雇主可能持有其分析所涉证券,从而呈现分析师所有者利益与投资者或客户的利益冲突,其次由于机构内证券分析部门不产生收入而要依靠其他部门维持财务,而内容肯定的分析报告无疑会增加所涉证券的交易量从而增加交易部门的佣金收入,同样证此种报告也会减少投资银行部门客户的上市阻力并增加其市场信誉,从而增加投资银行业务客源和收入。分析师雇主利益与投资者或客户利益处于冲突,最后分析师负面报告会遭受所涉发行人强烈抵制和批评。在分析师越来越依靠发行人作为信息来源的今天,这无疑将损害今后的访问权并最终损害自己前景。这里分析师规避风险和机会成本的利益与投资者或客户利益处于冲突状态。

②　参见 NASD IM－2110－3 券商,针对分析报告的抢前交易不包括因零售客户或其他券商的自主指令流而造成的仓位改变,也不适用于仅为内部交易而进行并不对外公布的的证券分析报告。

患。该条例的思路是改变作为内幕消息来源的证券发行人的信息披露方式,遏止发行人向包括证券分析师在内的主体进行选择性信息披露的做法。公平披露条例特别针对与证券注册公开发售有关的内幕信息披露,规定如果发行人相关人员明知或轻率忽视其所披露的信息属于内幕信息范畴却仍旧进行选择性披露则要承担相应的责任①。在公平披露条例之后,证券分析师内幕交易程序性规制终于在一系列前期准备之后正式将证券分析师作为直接规制对象②,其标志是2002年7月通过的萨班法第501节(也即此次修订后的1934年证券交易法第15D条)。萨班法对证券分析师的程序性规制主要包括披露和隔离两个方面,披露防止或减少了利益冲突可能,而隔离措施对分析师内幕交易杜绝有所裨益。披露类规则要求证券分析师或其关联券商在研究报告或类似性质的公开出版物中披露分析师在所涉证券发行人中的负债或权益投资、券商及其关联人是否从所涉证券发行人处获取报酬(在合适和必要的范围内,SEC确认的未来的投资银行业务相关内幕信息除外)、所涉证券发行人在报告公布之前一年与券商的业务关系及其性质、分析师报酬是否来源于券商投资银行收入以及其他SEC或SRO规定的披露。隔离类规则要求证券分析师在一定隔离措施保护下保证其研究的客观和独立性,隔离措施起码应包括三个方面:首先是证券分析师与投资银行部门的隔离,包括除法务与合规人员外,券商投资银行部门人员不得直接参与研究报告清查或审批,投资银行部门人员不得参与对分析师监督和报酬评估以及券商或投资银行部门人员不得因负面研究报告对分析师进行报复或威胁(但不妨碍券商执行内部规章);其次是证券分析活动与券商发行市场活动的隔离,这表现在一定时间内以承销商或者经纪商身份参与证券公开发售的券商不得散发与该证券或其发行人有关的报告;再次是针对证券分析活动的券商内部中国墙建设,即在券商内部建立隔离机制禁止那些因参与投资银行业务而在判断和监督上存有偏见的人参与对分析师的审查、施压和监督。

　　在通过萨班法前后,SEC和SRO也出于类似的动机和思路对证券分析师利益冲突提出了大量的程序性规制,并与萨班法相关规定进行了很好的衔接。这既包括上述SEC公平披露条例和分析师认证条例,还包括贯彻萨班法的SRO各项证券分析师规则。2003年美国全国和地方监管者协同纽约检察总长与十大券商达成的针对研究分析与投资银行业务利益冲突的全球研究分析师和解

---

　　① SEC. Regulation FD[EB/OL]. http://www. law. uc. edu/CCL/regFD/index. html, 2009 - 06 - 01.

　　② 早在1999年SEC就启动了对证券行业中分析师利益冲突披露做法的调查,并在2001年7月以投资者警惕的形式对其作出进一步提示,2002年4月SEC更是启动了对证券分析与投资银行业务利益冲突的调查。

协议(Global Research Analyst Settlement,GRAS)作为业内自愿执行的证券分析活动规制标准也与萨班法的思路一脉相承。由于本书篇幅所限,不可能对上述规则、协议和行业标准进行巨细靡遗的讨论,但总结起来仍然不外乎披露、隔离等两大方面。首先是披露,SRO 规则要求成员披露与报告所涉证券的发行人有关的利益冲突、客户关系、所得报酬、所有者权益以及目标价格与评级的情况,如在研究范围内剔除某家公司需向 SRO 提交研究终止通知和最后研究报告。SEC 分析师认证条例要求券商及其关联人披露其报酬多少是否直接或间接与研究报告中特殊的观点与推荐有关,同时证实研究报告是分析师个人观点的准确反映①。GRAS 还要求券商在报告首页披露额外的利益冲突以及其他独立研究的可得性,并在网站上以可下载的格式公开提供特定信息,使得外部人可以评估分析师的工作表现。其次是隔离,有关 SRO 规则不但规定研究部门须与非研究部门及研究所涉证券发行人隔离,而且其报酬也需专门机构进行年度审议并与投资银行业务脱钩。禁止分析师参与证券推销活动,禁止参与证券公开发售的分析师在管制期内发布分析报告或在公开场合露面,禁止研究部门在内部人锁定期结束后十五天内发布研究报告,禁止分析师进行与自己推荐相反的操作或在静止期②内交易其所跟踪公司发行的证券或接受未首次公开发售的证券。SRO 规则还要求成员制定书面监督程序以保证上述规则的实行。GRAS 则主要针对研究分析与投资银行业利益冲突规定了一系列隔离措施,包括两个部门间的防火墙设置,研究部门参与投资银行部门市场营销活动的禁止。禁止研究活动的起止、监督、预算、报酬、评估、法务与合规人员设置以及内容公正性受到投资银行部门及其利益的影响。SRO 或 GRAS 为执行证券分析师上述程序性规制都规定了监督机制,SRO 要求成员制定书面监督程序而 GRAS 的办法是设置独立监督员加以落实。

应该说,证券分析师的内幕交易程序性规制至今已经形成了一个比较完整的规则体系,其与历史上依赖反欺诈规则 10b - 5 对分析师内幕交易活动进行的实体规制相比,从义务内容到责任形式都有着本质不同,其对于防止证券分析师投机,降低券商代理成本,减少乃至杜绝券商交易执行中的间接利益冲突都是不可或缺的。

---

① 分析师认证条例还要求券商及其联系人对每个季度内分析师在公开场合(Public Appearance)类似认证行为保持记录,以备 SEC 检查,这可以认为是对监管机构的一种披露。SEC. Regulation AC[EB/OL]. SEC. Regulation AC[EB/OL]. http://www. law. uc. edu/CCL/regAC/index. html, 2009 - 06 - 01.

② CLIFFORD E. KIRSCH. Broker Dealer Regulation [M]. New York City: Practising Law Institute, 2004. 12 - 11 - 12 - 12.

第四章　券商交易推荐的注意义务规制

如果说券商交易执行是券商交易中介的基础职能,那么券商交易推荐就可以说是券商交易中介的增值部分。券商交易推荐指的是券商作为证券交易中介积极对投资者决策产生影响的行为。正是通过交易推荐,券商才能在不同的客户细分市场贯彻其市场营销策略并提供个性化与综合化的服务,并为其交易中介活动提供除传统交易佣金之外的大量附加收入。特别在实行浮动佣金制后,券商日益注重业务创新以提高自身竞争力,于是服务综合化的收费账户、全权委托账户、经纪与咨询融合的服务以及全新委托方式(如网上委托)和交易品种(如各种以证券为基础的创新投资工具)等层出不穷①。由此可见,当前就券商交易中介而言,其趋势已经从传统的被动执行客户委托转向对客户投资决策施加积极影响的市场营销行为,也就是说"交易推荐"而非"交易执行"越来越成为券商交易中介行为的常态。因此,如何规制券商交易推荐成为了券商交易中介行为规制的重要内容。

第一节　券商交易推荐规制导言

券商交易推荐(recommendation)一直缺乏一个权威定义,但"推荐"的含义却是确定交易推荐规制适用范围的一个重要前提,因此也必然成为本章叙述的逻辑起点。就"推荐"一词,NASD 曾在其会员通告中以间接方式界定如下:如果"成员券商及其关联人通过任何手段使其客户对特定证券产生注意"②,那么券商此种行为就构成推荐。但是 NASD 在随后的说明中却澄清其并不试图定义"推荐"一词,要确定"推荐"是否存在,必须考察券商具体交易中的一切相关

---

① 赖正球. 美国证券经纪业务拓展的历史经验及启示 [J].经济论坛,2006(9). 120 – 121.

② NASD Notice to Members 96 – 60, Sept. 1996, available in lexis,1996 NASD lexis,76. NASD 在对成员的此项通告中意图澄清自主交易(unsolicited transaction)的含义,并以此对适合性义务的适用范围作出界定,其认为券商如果只是单纯的接收指令而不作出自然不用承担适合性义务,但是发生"推荐"场合极为众多,以传统认为的自主或者非自主交易作为界定推荐存在的依据是不可靠的。

事实与情况。SEC 分值股票规则的建议意见中也就"推荐"可能的含义进行了阐述,目的是为了在不存在"推荐"的情况下排除分值股票规则的适用。SEC 认为"推荐"肯定不包括券商纯粹执行客户指令和进行一般性的广告,而其他情况下确定"推荐"的存在则要根据个案考虑诸多因素来确定,比如客户对券商的依赖程度、客户自身的投资经验和相关建议是否针对特殊客户群体等,不能一概而论①。

从以上可见,券商推荐至少应包括如下几个特点:①券商推荐指的是券商对客户施加积极与肯定的影响,无论是表现为券商取得客户信赖或者表现为券商赢取客户的注意,如果不存在券商积极肯定的对客户施加影响的情况,那就不存在券商推荐;②券商推荐的对象必须是特定目标客户,只有积极影响行为在指向上具有特定性才能构成推荐,所以那种针对不特定对象的券商一般性广告或邮件寄送都不能构成推荐行为;③券商推荐的内容必须是关于特定的证券并包含对其意见表达,券商推荐不能仅是对市场状况或投资策略的一般性建议,也不能使人无从判断其对特定证券的偏好,因为券商推荐作为"随附于"证券交易的活动,显然不能离开特定证券来进行;④券商推荐不同于证券分析或者投资顾问活动,以证券分析而言,其实际上是由自然人进行的以特定证券发行人或行业为对象的投资分析,是为投资者市场决策提供充足根据的一种较为独立的研究活动。证券分析不针对特定投资者提供分析,不与特定证券交易相联系,也可以不包括任何的意见表达,与此形成鲜明对照的是,券商推荐是由券商或其注册代表进行的以特定客户为对象,包括事实陈述与意见表达在内的随附于证券交易的活动。以投资顾问活动而言,其指的是注册投资顾问直接或通过出版物或书面间接对证券价值或投资与买卖的明智性提出建议的收费商业活动。与此不同,券商推荐并非经过专门注册的主体进行,而是由以证券交易中介为职能的券商进行,而且其也并非以提出建议为唯一形式,而是包括任何对客户投资决策产生积极影响的活动,另外,券商推荐并非是一种需要独立付酬的活动,而只是随附于券商特定证券交易的活动,是券商整体服务的一部分;⑤需要注意券商推荐与券商劝诱(Solicitation)之间的差别,"劝诱"与"推荐"既有联系也有区别。在韦伯大辞典中,劝诱指的是一种请求或催促的行为②。从词义可知,劝诱只是指向某种希望的特定结果,但并非自身一定包括具体的意

---

① LEWIS D. LOWENFELS ,ALAN R. BROMBERG. Suitability in Securities Transactions[J]. Business Lawyer, 1999,54(4). 1561.

② Philip Babcock Gove PhD, the Merriam Webster Editorial Staff. Webster's Third New International Dictionary of the English Language Unabridged. [M]. Springfield, MA ,Merriam-Webster,Inc. 2169.

见表达。而相对而言,推荐同样指向某种希望的特定结果,但却包含一种积极肯定的评价,所以推荐必然包括劝诱在内,而劝诱却未必一定是推荐。在证券领域,两者词义的上述差别也为 SEC 所肯定,其指出所谓"劝诱"可以仅包括券商对客户就特定证券买卖意向的询问,而不包括意见的表达,因此试探性"劝诱"明显不属于推荐范畴①。

综上,我们可以对券商推荐给出如下定义,所谓券商推荐,指的是作为券商交易中介的一部分,以特定客户为对象,以特定证券为内容,对客户的投资决策施加积极肯定影响的券商行为。除了极少数情况,券商在交易行为中都存在程度不一的推荐,类型从最普通的交易建议到事实上或法律上对客户账户的控制等(如某种条件下的全权委托账户)②无所不包。推荐成为券商客户关系的日常特征,如何对券商推荐行为进行规制也成为券商交易中介行为规制的重大课题。券商推荐同时也是券商客户信赖关系的直接体现和重要内容:与券商交易执行不同,券商交易推荐是券商客户之间地位不平等的反映,是客户对券商职业身份的一种接受与认可。因此,针对这种不平等,有关方面从维护投资者信任与券商职业声誉出发,在信赖关系的框架下单方面对券商课以较高义务是合理的,这集中体现在券商在证券推荐中的注意义务上。

一、券商交易推荐注意义务的法律特征与衡量标准

英美法所谓注意义务,被定义为一种为了避免造成损害而加以合理注意的法定责任。在侵权法中,行为人无需因疏忽而承担责任,除非其造成损害的行为肇因于违反了应对原告承担的注意义务。如果一个人能够合理地预见到其行为可能对其他人造成人身或者财产上的损害,那么,在多数情况下他应对可能受其影响的人负有注意义务。因此,医生对其病人负有注意义务,高速公路的驾车人应对其他人负有注意义务"③。注意义务可以是法定、约定,也可以来源于职业、习惯、常理和先行行为。就职业环境下的注意义务而言,其根本原因在于现代社会的广泛分工,使得对特定职业人群的信任与依赖成为常态。职业注意义务要求以职业水准的"合理注意"来避免造成对客户的损害。因此,作为证券市场专门主体,券商注意义务就是根据其职业技能和道德所要求的水准

① DENIS T. RICE,Recommendations by a Broker-dealer:the Requirement for a Reasonable Basis[J]. Mercer Law Review,1974,25.551－552.

② 全权委托账户是券商对客户账户控制的一种典型而常见的法律形式,但券商对客户账户的推荐可以不限于全权委托账户,还可以包括其他多种多样的法律上(de jure)或事实上(de facto)的控制。

③ 刘茂勇,高建学.英美法过失侵权中的"注意义务"[J].河北法学,2003,3:133.

"合理注意"其推荐对客户可能造成伤害并积极予以避免。注意义务与前述忠实义务不同之处在于：首先，两者的社会功能不同。忠实义务主要服务于券商交易执行，其作为券商在证券交易市场上的核心职能，解决的是券商如何中介证券交易的问题。其要求不管投资者的具体情况如何，券商具有不损害投资者利益并避免或尽力减少与其发生直接或间接利益冲突的义务。而注意义务主要服务于券商交易推荐，作为随附于交易执行的一项重要职能，券商注意义务超越了不损害和不冲突的消极层次，还要求券商根据客户具体情况积极行事，行使合理判断以保护客户的利益①。其次，两者调整对象不同。券商注意义务调整对象是交易推荐中的券商客户关系，其是以券商对客户事务的控制和裁量为特征的。正因为券商与客户之间这种明显不对等关系的存在，使得券商必须积极作为，防止其所合理预见的对于客户的损害，而不仅仅以消极避免损害客户利益为已足。而券商忠实义务调整对象是券商交易执行中的券商客户关系，其主要是券商对客户指令的执行。客户在证券交易决策上处于相对自主的地位，因此券商着眼点是避免自利行为以及与客户发生利益冲突。可见，虽然忠实义务与注意义务同属券商信赖义务的范畴，但两者调整对象的性质差异决定了其内容的不同。最后，两者责任形式不同。虽然券商违反忠实义务和注意义务都属于侵权行为范畴。但券商违反忠实义务的行为主要构成违约行为或故意侵权行为，而券商违反注意义务的行为则主要构成过失侵权行为②。这是因为，忠实义务作为一种消极和否定的义务，具有某种绝对性，其内容也具有明晰边界和确定性，因此一般情况下违反忠实义务的行为往往在主观上存在故意。而反之，注意义务作为一种积极和肯定的义务，根据具体情况的不同而具有某种相对性，因此其内容是边界开放的且依个案而定的，其对行为人主观要件的要求也比较高，只要未能尽到合理的注意，即使不存在故意，而只是"疏忽"或"轻率"也会构成对注意义务的违反。

　　既然注意义务的核心就是"合理注意"，而且如上所述注意义务是开放、不

---

①　美国著名法学家 John Norton Pomeroy 在其专著《衡平法学》一书中从信托人的角度阐述了忠实义务与注意义务的差别。与忠实义务仅仅注重于要求信托人具有不妨碍受托人利益以及避免利益冲突的消极的善意而言，注意义务是一种全面的、贯穿行为人行为全过程的义务，其完全与其是否善意无关，即使行为人没有不当企图或恶意也应为违反注意义务承担责任。JOHN NORTON POMEROY, A Treatise on Equity Jurisprudence[M]. San Francisco and New York: Bancroft-Whitney and Lawyers Co-operative Pub, 1941. 1066.

②　所谓的过失侵权又称未尽注意义务的侵权，指的是一种会给他人造成不合理损害危险的行为，过失侵权的诉由包括注意义务的存在、不遵守注意义务所要求的行为标准从而造成对注意义务的违反，此种违反注意义务的行为与损害结果之间具有足够的因果关系以及损害结果的实际存在。[美]爱德华·J. 科恩卡. 侵权法[M]. 北京：法律出版社，1999. 47 – 48.

确定和个性化的,那么法律有否可能制定某种较为一般和客观的"合理注意"标准呢? 因为毕竟法律的内容不可能是纯粹主观性的。答案是肯定的,注意义务之所以仍有可能发展出相对客观的衡量标准,是基于以下两点:首先任何肯定性义务的履行如需有可行性,则必须仅关注过程而非结果,因为法律只能及于人的行为过程,而对特定行为结果的保证则超越了法律的天然范围从而难以实行。比如任何规定券商交易推荐应达到某种投资收益的注意义务规范就既与法律的本性不符,也违反了资本市场风险承担的本质。因此应明确注意义务只是一种过程导向的行为标准。其次,虽然法律不能保证行为结果,但是法律可以要求行为符合一定社会目的。对符合某种社会目的行为方式的法律拟制也就是注意义务行为标准客观化的来源和基础。英美法系衡平法院对根据一定社会目的建构注意义务的衡量标准有着长期的理论和实践。其方法是在某种社会目的指导下,法院通过对争议案件事实的"事后重建"来判断当事人当时的行为是否达到该社会目的本应要求的行为标准,最终得出注意义务人行为是否满足注意义务的结论①。长期以来,英美法院对注意义务下"合理注意"的一般标准是所谓的理性人标准。理性人标准是法律所虚拟的,在处于相同情况下一个一般、正常的理性人可能达到的注意水准。法院认为如果负有注意义务的人不能达到一个理性人在其所处情况下所应达到的注意水准②,那么该人就违反了注意义务,并因此承担相应过失侵权责任。当然,理性人标准固然是法律问题,但在具体案件事实中判定行为人是否达到理性人标准却是个事实问题。英美法理性人标准不是一个僵死的教条,而是一个相当有弹性的概念,可以根据案件具体事实和公共政策需要灵活应用,从而适应无穷无尽的过失侵权行为类型并求得个案结果公平。在许多情况下有关方面通过对理性人标准在不同代表性情境下的类型化来解决理性人标准应用问题,而其中就包括对职业人注意标准的确定。所谓职业人注意标准指的是某种职业或者行业内的理性人标准,是该行业成员所通常拥有的技能和知识③或所谓"特殊职业的胜任之人的通常技巧"④,人们通常将其称为职业疏忽(professional negligence)标准(以下简称职业标准)。如果职业人履行其注意义务未能达到本专业的职业标准则需认定为

---

① 王俊. 违反注意义务判断标准的类型化分析[J].泰山学院学报,2006,7. 102.

② 理性人标准一般是应用于普通过失侵权领域,而在不同法律领域也存在着各自的理性人标准,比如在公司法领域,对公司董事在管理公司事务中履行勤勉义务进行判断的商业判断标准,在信托法领域,对受托人在执行信托事务中的是否尽到合理注意进行判断的谨慎人标准等。

③ [美]肯尼斯,等. 侵权法重述纲要[M].北京:法律出版社,2006. 43.

④ [德]克雷斯蒂安·冯·巴尔. 欧洲比较侵权法(下)[M].焦美华译,张新宝校. 北京:法律出版社,2001. 373.

存在可问责的疏忽,并承担过失侵权责任。可见,无论是注意义务还是作为其评判的其理性人标准都能灵活伸展适应不同情况,从而促使不同情形下的行为人避免造成可合理预见的损害。至于在避免可合理预见的损害外,行为人是否在有限范围内还有救助弱势相对人免于非其引起的危险的积极义务,则应根据习惯、公共感情和社会政策等诸种特别因素加以考虑①。

在券商交易推荐中,NASD 的公平交易原则是广为认可的用于衡量券商注意义务的理性人标准。公平交易原则要求券商在交易推荐过程中必须遵守 NASD 所认可的行业通常行为标准,其核心是不得不公平的利用客户对证券市场条件的无知牟利,并应在推荐中以职业注意水准行事。美国 NASD 的成员行为守则提及公平交易原则之处包括,券商行为必须"遵守高标准的商业诚信和公平正义的交易原则",券商"成员券商及注册代表和客户及他人之关系默示了根本性的公平交易责任,因此对成员销售方式的判断必须合乎 NASD 规则的道德标准,尤其是要求其公平的对待公众"②。至于公平交易原则是否进一步包含对客户自身的非理性投资行为如"金融自杀"的救助义务,则未有定论。

公平交易原则在券商交易推荐上具体表现为两项行为准则,即合理基础原则和客户适合性原则。前者指券商所推荐证券自身的合理性,而后者指自身合理证券对具体客户的是否适合。随着证券仲裁的发展,券商注意义务甚至从合理注意避免损害投资者延伸到积极救助的层面,但相关发展仍存有争议。券商推荐注意义务主要是通过侵权法尤其是反欺诈法的路径加以实施的,但本质上属于过失侵权领域的注意义务与普通法和联邦证券法在欺诈认定的基本法理上存在差距。出于社会公共政策和对证券事务实施特殊待遇的考虑,无论是司法、行政还是仲裁在对券商交易推荐适用反欺诈规制的时候,都视案件具体情况而试图放宽欺诈的认定标准,从而使得违反注意义务的券商推荐也能纳入反欺诈规制的轨道。此外近年来投资者转向证券仲裁也使得所能适用于券商推荐的规范的范围进一步拓宽,传统对券商推荐以反欺诈侵权规制为主的局面得以改变,法律、法规、自律规则和道德原则的综合运用日益成为券商推荐行为规制方式,出现了诸如"酒肆责任"(Dramshop Liability)这样新的券商注意义务,即一种对客户积极救助的义务。除了以侵权法或其他手段规制券商推荐外,行业组织还直接干预券商交易推荐行为,这主要表现为与证券交易推荐相关的证

---

① 杨垠红. 一般注意义务[J]. 厦门大学法律评论. 2005,(9):67.

② NASD. NASD Conduct Rule 2110, IM - 2310 - 2. http://finra. complinet. com/en/display/display_viewall. html? rbid = 2403&element_id = 3604&record_id = 4280, http://finra. complinet. com/en/display/display_main. html? rbid = 2403&element_id = 3640, [EB/OL]. 2009 - 06 - 01.

券类型、证券账户、销售手段和利益冲突等方面的类型化自律规则。

二、过失侵权与注意义务——历史背景及其法律经济学分析

在对券商推荐的注意义务展开法律论述之前,对其进行历史和经济层面的分析也是颇有裨益的。就美国法律领域注意义务和过失侵权出现来看,其有着深刻的历史背景。早期英国侵权法似乎倾向于一种严格责任的理念,即只要造成损害就要承担责任。而当时的过失(negligence)主要泛指行为人未能履行法定义务或故意侵权时的心理状态。真正现代过失侵权理论的出现是肇因于美国 19 世纪大工业时代中与机器及交通相关侵权事件的大量出现,这使得法律亟须在保护新兴经济和赔偿受害人之间,也就是效率和公平之间取得某种平衡。因此,法律开始以行为人过错(fault)大小来确定行为人责任。这一方面减轻了有关企业的法律成本,使其只在自身有过错的情形下才承担损害赔偿,促使其按照法定或行业标准展开运营。另一方面,在侵权行为人违反相关标准构成过错的时候,受害人则可以取得补偿,从而又维护了受害人的权益和社会公平①。

从制度经济学和交易成本的角度进一步分析上述注意义务和过失侵权兴起在经济学上的合理性可以为我们提供更深层的理解。上章论及,创设券商忠实义务是着眼于降低证券交易的执行成本和代理成本,从而节省证券交易成本并使证券市场对证券权利的资源配置导向一种更有效率的制度安排。由于交易成本是真实世界中无所不在的,科斯定理认为在必然产生交易成本的情况下,不同制度优劣区别只在于其能在多大程度上降低交易成本从而使得社会资源的分配最优化②。证券交易执行成本是券商客户支付的证券市场机制自身的交易成本,其主要是证券市场机制自身结构性因素所决定的。因此,降低执行成本的主要途径是在改进证券市场运作规则的基础上要求券商遵守最佳履行原则,为客户寻求最小执行成本的交易渠道。证券交易代理成本是证券交易过程中客户支付的因券商的投机行为而导致的各种形式监督、控制成本和剩余欺诈损失成本。只有在避免利益冲突原则指导下尽力减少券商与客户的直接或间接的利益冲突,才能最大程度地降低代理成本。无论是产生于横向契约安排

---

① 李响编著. 美国侵权法原理及案例研究[M]. 北京:中国政法大学出版社,2004. 175 – 176.

② 科斯定理认在交易成本为零的情况下,无论何种的权利初始配置都可以使得社会总福利达到最优,因此制度安排就显得无关紧要。而在交易成本不为零的情况下,不同的权利配置将会导致不同的资源配置效率和交易成本,并最终导致社会总福利的不同,因此法律或任何社会控制机制的任务就是寻求最低交易成本的制度安排。

中的执行成本还是产生于纵向契约安排中的代理成本,其共同点都是在契约架构里产生的交易成本,是可以预期和控制的。但不可预测性是证券市场的本质特征,尤其在券商交易推荐情形下,其是不可能对未来发生的情况以契约形式加以全盘掌控的。原因是此种情形下券商客户间可能发生的过高谈判成本实际上阻止了任何此类契约安排的达成①,从而无从对未来或然损害的社会成本加以控制。虽然对未来情况的预期和可能的社会成本控制超出私人契约协商能力范畴,但是作为一种塑造合理预期的社会控制系统,法律不能袖手旁观。只有法律明智的介入,将未来发生的社会成本尽力控制在一个可预期的范围内,才有可能尽力促使社会总福利的最大化。法律介入券商交易推荐的方式是对其加诸注意义务的要求,要求其合理注意交易推荐将来导致的或然损害,并采取积极行为防止,否则将课以过失侵权的责任。可见,原本要通过不可承受的极高谈判成本才能加以控制的未来社会成本在这里转化为一种因行为人合理预防措施所产生的可承受成本,在这里预防成本是交易成本的替代形式②。

当然,这里必须考虑两个问题,首先是法律应规定谁来支付预防成本。应该说,从社会福利最大化的角度并根据科斯第二定理,当有避损措施存在时,法律(或法院)必须对初始权利进行如此配置,使得预防成本较低的一方承担起组织该避损措施的责任③。在证券交易推荐的情况下,由于券商客户双方在知识、技能上的显著差距,明显应由券商支付预防成本来设置预防措施。因此,法律应对券商课以注意义务,促使其采取积极行动防止交易推荐可能导致的损害。第二个问题是,既然注意义务的法律表述的只是"合理注意",那么法律也就必须为上述合理性划下一个界限。美国法官勒尼德·汉德在美利坚合众国诉卡罗尔托英拖轮公司一案中将是否应该采取预防措施归纳成一个著名的汉德公

---

① 法律把人身权和财产权视为绝对权,从而成为侵权行为客体和侵权行为法的保护对象其原因是显而易见的,因为一个人不可能和除他之外的其他任何人就人身或财产损害等事先达成某种协议。道理在于:损害的发生具有或然性,人们无法预料损害什么时候发生。人们就潜在损害达成协议的成本将会非常庞大。李正生主编. 法律经济学. 成都:电子科技大学出版社,2007. 129.

② 罗伯特·D. 考特在《法和经济学》一书中认为,从交易成本角度来说,合同法关注的是那些能以相对低的交易成本达成私人协议的场合,而侵权法关注的则是那些因为负外部性而要付出相对高交易成本的场合。作为存在于私人协议外的损害,负外部性之所以带来较高的交易成本是因为当事人必须付出极高的谈判成本,从而当事人无法进行交易。侵权法的路径是将谈判的交易成本内部化为侵权人的损害赔偿。损害赔偿的存在促使侵权人采取避损措施,只要其成本低于上述损害赔偿。可见,通过侵权法的介入,原本极高的交易成本成本转化为可以合理预见的预防成本。[美]罗伯特·D. 考特,托马斯·S. 尤伦. 法和经济学[M]. 施少华,姜建强等译. 上海:上海财经大学出版社,2002. 245.

③ 宗源. 科斯定理精读[J]. 武汉:中南财经政法大学研究生学报,2008,(1):52.

式,即:B(预防成本)<P(可能因而减少损害的几率)×L(实际损害的额度)①。汉德公式明确表明预防成本 B 应以其阻止的损失 P×L 为界,只有在 B<P×L 的情况下,行为人才有采取预防措施的需要,这反映到法律层面意味着法律强制的对象应属于 B<P×L 范围。因此,法律一般会在预防措施成本 B 较低且其可能减少的损害 L 数值及其发生几率 P 较高的情形下认定行为人过失侵权。注意义务规制对象应是那些 P×L 较高的行为,注意义务的承担主体应是那些预防成本 B 较低的券商。对于证券交易推荐来说,券商在对投机倾向较高的客户推荐交易或者向客户推荐投机性较强的证券时,其 P×L 值无疑比较高,从而应该成为注意义务的规制对象。此外,虽然各个券商预防成本 B 不尽相同,但达到行业通常知识和技能标准的券商对于不当推荐的预防成本明显低于全社会意义上的一般理性人的预防成本。因此,券商交易推荐的注意义务承担主体应是那些预防成本 B 较低即达到职业标准的券商,只有符合职业标准的券商其预防成本才更有可能满足 B<P×L 的范围,从而应承担未采取预防措施而导致的过失责任。

可见,从法律经济学的角度分析,券商通过注意义务对其交易推荐行为承担过失责任是完全合理的,其不仅把不可能支付的极高交易成本转化为可控的预防成本,从而在未来遭受可能的负外部性即社会成本的情况下最大化社会福利,而且还把预防成本控制在合理的范围内,只有合理预防成本才可以成为过失责任的基础,而合理预防成本也就是注意义务中"合理注意"的边界,任何过高的预防成本必然要求券商承担不合理的注意义务,从而不能成为追究券商过失责任的理由。从汉德公式可知,券商注意义务必须是以职业通常标准衡量,并且以投机性证券和投机性客户为重点关注对象,这也就是券商推荐公平交易原则的经济学基础。具体说来,券商在行业标准指导下必须推荐具有合理基础的证券(对证券投机性的规制)以及只对适合的客户推荐(对客户投机性的规制)。

第二节　券商交易推荐的合理基础原则

上述对券商交易推荐不同理论的分析共同指向了券商交易推荐的基本原则即合理基础原则和适合性原则,因此本文的论述重点将转向对上述两项原则

---

① 汉德公式中 B 指的是当前采取措施防止未来损害 L 的成本,L 指的是未来发生的损害事故的成本,P 指的是未来发生损害事故的概率,汉德公式的意义在于从经济学的角度把原被告看成一个整体来评估法律的影响,只要被告采取预防措施履行注意义务的成本小于损害可能的损失,那么注意义务的履行就是经济上有效率的,反之则不应加诸注意义务,这种整体观上的经济分析避免了光从法律角度对被告进行单方面分析所带来的局限性,体现了法律经济学经济效率和实用主义的倾向。郑奇. 汉德公式关于法律经济问题探析[J].边缘法学论坛,2008,(2):32.

的阐述,其首先是合理基础原则。合理基础原则内容可简单概括为券商在进行证券交易推荐的时候,必须保证该推荐具有合理基础。与券商推荐的客户适合性原则一样,两者都是券商推荐时注意义务的内容。但不同的是,合理基础原则是面向证券而客户适合性原则是面向投资者,前者是后者的基础。券商推荐合理基础原则首倡者是 SEC,其最初的萌芽与 20 世纪 50 年代后期日益猖獗的"锅炉房"的销售行为有关①,主要涉及小证券公司群体。之后 SEC 将合理基础原则扩展到任何涉及投机性证券的大规模销售活动,并逐步得到法院的认可和正式表述。虽然合理基础原则来自于 SEC 的总结,并成为 SEC 行政监管中一贯的判断尺度,但其法源如券商职业诚信原则、公平交易原则与欺诈禁止原则都在 SRO 自律规则中有所体现②,可以说 SRO 自律规则也间接蕴含了合理基础原则的实质内容。

一、合理基础原则的概念与阐释

合理基础原则最早应用在 SEC 行政监管实践中,但其最重要和最全面的表述与分析却是在 1969 年美国第二巡回法院审理的 Hanly v. SEC 一案中。该案对 SEC 所坚持的合理基础原则给予了司法确认和严谨表述。在该案中,Hanly 在内的五名证券销售员向美国第二巡回法院提起诉讼,要求法院审查 SEC 对他们施以行业禁入处罚决定的合法性。SEC 的主要处罚理由是该五名销售员在向客户推荐一家名为 SONICS 公司股票的时候,不但对该公司未来业绩进行了无根据的虚假陈述,还隐瞒了相关重大负面信息,最终使客户遭受了重大损失。在审判中,第二巡回法院肯定 SEC 决定的同时,首次就合理基础原则进行了清晰说明,法院认为所谓合理基础原则就是要求:"券商必须在充足和合理的基础上推荐证券,他必须披露其所知道的以及那些可以合理确知的事实。券商在作出推荐时就默示了其推荐是根据先前的合理调查作出的。如果销售人员缺乏对某证券重大信息的了解,那么他就应该披露这一事实,并且应同时披露由此带来的风险"。这意味着券商"有责任进行调查……他必须分析销售材料而且不能盲目地接受内里的推荐,而且客户可能具有经验或知识的事实不能减损上

---

① 所谓的"锅炉房"销售指的是一些小型券商通过长途电话、内部销售刺激手段和高压销售策略向公众推销一家或少数几家新公司证券的行为,这里所涉及的证券一般是证券市场上由小公司新发行的投机性证券,人们一般将这种小型券商形象地称为"锅炉房"。

② 以 NASD 成员行为规则为例,其规定"成员在业务中必须遵守高标准的商业诚信和公平正义的交易原则"、"任何成员都不应通过操纵、欺诈或者其他欺骗的方法与技巧进行任何证券的交易或诱使买卖"、"所有成员及其注册代表与客户及他人关系默示了公平交易的根本责任,因此销售行为只能以与 NASD 规则道德标准相协调方式进行,特别要求须与公众公平交易"。

述标准"。该案中券商之所以要遵守此项义务,原因在于"证券交易商与证券买方间有特殊关系,其作为交易商的地位默示保证了其意见有充足基础"①。该案还对 SEC 发展合理基础原则的合法性进行了说明,指出本案既非普通投资者与券商之间的民事诉讼,也非涉及对券商的刑事责任追究,而是对 SEC 行政处罚决定的审查,原则上法院应尊重 SEC 在证券领域中的权威。况且普通法下的欺诈认定标准在 SEC 行政程序中无须机械照搬,因此 SEC 无须追究券商主观过错而只要确定券商推荐违反合理基础原则即可认定存在欺诈。对此本案引述 SEC v. Texas Gulf Sulphur Co. 一案论述予以说明,认为在 SEC"以预防性或衡平性救济为目的的行政程序中","普通法欺诈行为的认定标准已经得到更改,从而为投资大众提供更周全的保护,并使内幕人员的疏忽行为也成为非法","证券法在立法意图上不要求存在欺诈故意,所以证券法应被解释为普通法的扩展,以实现国会更广大的救济设计以及执行上的一致性"②。

　　Hanly v. SEC 案说明,合理基础原则源于券商基于特殊身份的默示保证,这与 SEC 较早前的招牌理论不谋而合,因此从这个意义上说,合理基础原则可以看成是招牌理论在券商推荐领域的运用。招牌理论的公平交易义务本质上是一种券商的信赖义务,其要求券商不得利用其对客户的信息优势为自身牟取不当利益,在券商拥有信息优势的情况下默示保证履行积极披露和避免误导的注意义务,达到双方交易关系的公平。在券商推荐领域,此种信赖关系的存在就要求券商利用其职业技能与诚信履行注意义务,其内容表现在对所推荐的证券做主动尽职调查,使推荐具有合理基础。此注意义务在券商推荐的情形下不可豁免,既不以其被动接受的销售材料中的信息为已足,同时也不能以客户具体情况如经验和知识为免责事由,券商在推荐中违反该注意义务将构成欺诈。

　　进一步探讨"合理基础"的内容即属于注意义务衡量标准的范畴。首先,本案笼统地认为合理基础指的是经券商合理调查所获取信息应是合理及充足的,所谓合理指的是其有责任知道或者可以通过合理努力确定的公开事实性信息③,所谓

----

①　Hanly v. SEC, 415 F. 2d 589, 595 – 96 (2d Cir. 1969).

②　SEC v. Texas Gulf Sulphur Co., 401 F. 2d 833 (2d Cir. 1968), cert. denied, 394 U. S. 976 (1969).

③　对于券商推荐的合理基础原则所要求的信息是否包括内幕信息,笔者认为答案是否定的,因为内幕消息一般指的是来源于证券发行人的重大未公开信息,而合理基础原则所要求的信息是来源于客户的。内幕信息一般来说对证券公开市场有着实质性的影响,而客户信息一般只是设计客户隐私保护的法律法规。此外,即使券商是在合理基础原则基础上为客户利益进行推荐,其反而需要排除内幕信息作为推荐参考依据,因为作为一种面向个体客户的行为,这无疑是对其他更广大客户的一种间接利益侵害,同时也违反了证券市场公平的原则。

充足指的是作为推荐基础的事实必须全面和均衡,既要披露正面的事实也要披露负面的事实,既要披露其知晓的事实,也要披露其不了解有关情况而可能带来的风险①。其次,上述"合理基础"作为券商交易推荐注意义务的内容决定了券商在推荐中构成侵权可以不限于"故意"的情况,还包括疏忽。这不同于普通法上欺诈主观要件一般以故意或轻率为限的做法,这说明 SEC 出于"预防性或衡平性救济"的司法政策目的和"投资大众提供更周全的保护"的社会政策目的,对券商推荐加诸了符合其职业性质的更高要求。再次,其实在证券欺诈民事诉讼中,美国法院无论是在普通法还是联邦证券法下都强调行为人主观"故意"存在的必要性②,而在券商推荐的情况下,虽然券商"故意"当然地构成欺诈,但是由于双方知识和技能上的差距,大多数情形下要严格举证故意的存在极度困难,因此承认券商在推荐中可以由于违反注意义务的"疏忽"而构成欺诈是一般投资者赢得对券商诉讼的关键。但即使如此,美国法院在此问题上也态度反复,这驱使从 20 世纪 90 年代初期开始,客户多倾向于向行业仲裁机构提交争端。相比于传统司法机制,证券行业仲裁就券商不合理推荐的问题可以更灵活地进行综合与衡平地思考,从而更好促进市场公平公正和投资者利益。

二、联邦证券法反欺诈框架下合理基础原则的理论与实践

早期普通法对如何规制券商推荐中的欺诈一直存在两个方面的困惑。首先是推荐的可诉性问题,普通法一般认为"推荐"是一种意见的表达而非事实的陈述,因此是否存在侵权法下的可诉性存有疑义。其次是欺诈认定必须以行为人的"故意"为主观要件,而券商与客户间明显的信息不对称关系不仅使得券商"故意"的情况难以举证,难以起到督促券商"合理注意"其推荐的作用,而这是一个"公平交易"的职业券商所应该做到的。因此在前联邦证券法时期,普通法未能就券商推荐的合理基础原则予以恰当的阐述和关注。20 世纪 30 年代联邦证券制定法的出台,是美国券商规制历史发展的分水岭。作为证券领域的主导性法律规范,联邦证券制定法"认定证券是复杂商品,认为国会确定公共利益需要的立法将会承认专业证券公司与投资者在交易力量方面的重大不平等……

---

① 相关案例甚至进一步要求券商对其在推荐中所披露的信息在形式上做到易于为投资者所理解,即在满足信息披露实质要求之外达到信息披露的形式要求,否则同样有可能被视为欺诈。CH. FED. SEC. L. REP. 94 747(N. D. III 1974)

② 上文述及在本案中法院认为 SEC 在裁决中无需寻求"欺诈故意"的存在,但是随后的 70 年代中期证券司法的实践发生了转向,主要以 10b－5 案例为代表,其中 1980 年的 Aaron 诉 SEC 案中,法院裁决认为即使是 10b－5 下 SEC 的衡平性或禁止性救济也能证明相关当事人故意的存在。Aaron v. SEC, 446 US 680, 690, 695 (1980).

美国证券交易委员会管理项下的制定法以及邮件欺诈法中的反欺诈条款不限于可能引起普通法欺诈责任的情况"①。正是基于这样的立法意图,SEC 认为任何明示自己为专家的人的意见表达如果包含了其将遵守适当标准的默示陈述,那么不遵守这些标准的意见表达就构成虚假陈述,这包括缺少基础依据的意见表达②。这表明至少在 SEC 的管辖范围内,"意见"在反欺诈条款下的可适用性问题不再成为障碍。而进一步在券商推荐领域突破普通法对欺诈行为人主观要件的要求,从而从反欺诈角度确立券商推荐的注意义务,使得券商可能因违反注意义务的"疏忽"而侵权③则是通过招牌理论的运用,这集中体现在更早于上文 1969 年 Hanly v. SEC 案的 1961 年 Kahn v. SEC 一案④中。

　　1961 年的 Kahn v. SEC 案起因于 SEC 对 Macrobbins 公司撤销券商资格的处罚。SEC 在处罚决定中指明其事实依据是包括 Arnold Leonard Kahn 在内的五名销售员的不当推荐行为,因为其在向客户推荐购买 Sports Arena 公司股票过程中对该公司在当年底之前的股价做了乐观的估计,而其时却没有任何相关的财务信息。Arnold Leonard Kahn 不服裁决,向美国第二巡回法院提出司法审查要求。法院审理的结果虽然是将该处罚决定发回 SEC 重审,但克拉克法官却在赞同意见中额外花费笔墨阐述 SEC 招牌理论与本案的相关性,指出"招牌理论本质在于说明特殊情况下,如果某人挂出招牌并向公众销售证券,其就默示保证了关于股票价格、公司潜在收入预计以及类似信息声明的合理性,此种默示保证的内容之一就是所有此类声明或至少那些高度乐观的声明都有足够的基础"。克拉克法官继续指明违反招牌理论中的默示保证在本案中就表现为对合理基础原则的违反,从而触犯了联邦证券反欺诈法⑤。Kahn v. SEC 案的意义在于以司法的方式确认 SEC 招牌理论包含了对券商推荐注意义务的要求,并认为券商违反了以合理基础原则为内容的注意义务就构成联邦证券法下的欺诈行为。在 Kahn v. SEC 案中,招牌理论认为正是由于券商在与客户交易中亮出了"招牌",即其职业身份,那么券商就默示保证了"不得利用客户对市场条件无

---

　　① [美]路易斯·罗斯,乔尔·赛里格曼. 美国证券监管法基础[M]. 张路等译. 北京:法律出版社,2007. 669.

　　② 同上,第 669 – 670 页

　　③ 在 Aeron v. SEC 案中,少数观点认为 SEC 不需要在其向法院提起的 10b – 5 诉讼中证明故意的存在。

　　④ 就合理基础原则而言,招牌理论用以约束不合理券商推荐的最早案例是 1952 年的,该案中 NASD 以公平交易规则为根据对某作出不合理推荐的成员券商作出纪律惩戒,SEC 在申诉过程中支持了 NASD 的决定,虽然这是 SEC 作出的以公平交易义务适用于券商推荐的最早案例,但对券商行为的性质未进行进一步分析。参见 SEC 行政案件 34 S. E. C. 208 (1952).

　　⑤ KAHN v. SEC 297 F. 2d 112,115(2d Cir. 1961).

知"的公平交易义务。而在这种"公平交易"中作为相对知晓市场条件的一方,券商能够合理地预见自身存在严重问题的证券对客户有可能造成的损害。因此,从公平角度出发,其应承担避免此种损害的注意义务。如果因为轻率或者疏忽未能履行此种注意义务,那么对由此造成的客户损失应该依照反欺诈条款承担赔偿责任。因此在该案中,注意义务的内容就体现为券商必须推荐具有"合理基础"的证券。

通过招牌理论,SEC 以券商职业身份为依据,以 SRO 自律规则的"公平交易"义务为基础,确认了券商在推荐中存在以合理基础为内容的注意义务。应该说,与英美法传统上法官通过个案判定注意义务存在不同,招牌理论帮助SEC 摆脱了个案分析方法的不确定性。这使得几乎任何券商,只要其经过注册及属于某个 SRO,都不可避免地承担与其职业标准相符合的推荐有"合理基础"证券的义务。招牌理论某种意义上突破了传统普通法对券商推荐如何构成欺诈的法理局限,成为投资者制约券商不合理推荐的一个重要渠道。但上述案件毕竟都是以 SEC 行政程序为基础的,其存在着参与主体狭隘、强制力度不足、救济方式有限的缺点,这限制了合理基础原则的效力。对于投资者而言,自然希望就合理基础原则的适用开辟其他路径。而基于联邦证券法反欺诈条款的民事诉讼是否能有突破传统普通法实践成为证券领域的焦点问题。如果客户希望就不合理推荐在联邦证券法下对券商直接提起民事诉讼而非借助 SEC,那么一般而言就必须通过默示民事诉讼的途径。在含有明示诉权的联邦证券法条款中基本不涉及可适用于券商推荐的情形①。所以投资者只能通过联邦证券法中有关禁止性条款的默示诉权行使对违反合理基础原则券商的求偿权。包含默示诉权并可适用于券商推荐行为的反欺诈条款包括证券交易法 17(a)、15(c)(1) 和 10(b) 及其下 10b‑5 规则等。虽然 SEC 常在有关券商推荐的案例中引用 17(a) 条作为依据,但是就其是否存在默示诉权从而启动私主体之间的民事诉讼而言法院一直存在分歧,反对的倾向十分强烈,绝大多数的裁决都是不承认本条存在私法诉权②。证券交易法的 15(c)(1) 条的默示诉权也因为几乎可以为 10b‑5 所涵盖而绝少被引用,而且法院同样也对 15(c)(1) 下是否存在默示诉权有分歧③。而证券交易法 10(b) 下的 10b‑5 则因其广泛的适用性和

---

① [美]Alan R. Palmiter. Securities Regulation-Examples&Explanation[M]. 徐颖,周浩,于猛注. 北京:中国方正出版社,2003. 319 – 320.

② 黄振中. 美国证券法上的民事责任与民事诉讼 [M]. 北京:法律出版社,2003. 170.

③ SCOTT, CHARITY. Broker-Dealer's Civil Liability to Investors for Fraud: An Implied Private Right of Action under Section 15(c)(1) of the Securities Exchange Act of 1934 [J]. Ind. L. J.,1987(2). 689.

其司法实践对其默示诉权的普遍承认而成为投资者向券商兴讼的主要法律依据。在 1975 年以前客户对券商提起的民事赔偿案件都可以成功援用 10b‑5 规则默示诉权。但随着最高法院在 1975 年 Blue Chip Stamps v. Manor Drug Stores 案中的裁决，其大大限制了 10b‑5 规则默示诉权的适用范围，不仅将适格原告限定在证券的买方或卖方，而且还确定了对 10b‑5 规则的狭义解释规则，并从公共政策立场宣布了对 10b‑5 规则下默示诉讼的排斥，认为其有一种独特的挑起缠讼的趋向。在随后 1976 年的 Ernst & Ernst v. Hochfelder 一案中，最高法院确认 10b‑5 诉讼必须以"故意"为主观要件①。那么，在涉及券商不合理推荐的案件中，如何证明券商存在"故意"则是一个困难的问题。如果以招牌理论的思路来看，要证明券商不合理推荐的故意就等于要证明券商故意违反默示保证的公平义务。但证明行为人故意违反一个默示而非明示的义务则存在逻辑上的悖论。从另一角度看，由于 10b‑5 规则下的"故意"一般被认为须可从相关事实中明显推出。要达到相应的"明显"，券商所推荐证券必须是"非常"不合理，"严重"偏离行业的通常标准，才能被认为是存在"故意"。而在券商推荐中，不但上述情况极少，而且处于信息弱势的投资者极少能就此充足举证并维护自身权益。另外，即使真能举证券商存在"故意"，这也已经超出了券商"疏忽"的范围，从而法院不需要考察券商是否违反注意义务中的合理基础原则就可以径直判定欺诈成立。由此可知，私主体之间就券商推荐违反合理基础原则的 10b‑5 诉讼在现行实践中很难获得突破，从而客户基于联邦证券法反欺诈条款以民事诉讼的途径向进行不合理推荐的券商索取赔偿并不具有可行性。实际上，在 20 世纪 90 年代后绝大多数投资者已经放弃了传统民事诉讼途径而转向证券仲裁。显而易见，专业、保密以及快速的仲裁比法院审判具有多方面的优势，而且仲裁裁决极少能被撤销及具有如司法判决般的执行力，所以促成了投资者对其的青睐。但是由于仲裁自身具有的商业性和缺少遵循先例的传统，使得券商推荐的合理基础原则在何种程度上可以利用仲裁机制得到法律上的确认和发展更显得扑朔迷离②。

　　最后需要说明，合理基础原则虽然是 SEC 所发展的券商推荐注意义务标准，但何谓"合理基础"则远非明确，其难以通过司法实践予以直接阐明而只能通过个案方式加以判别。因此，可行的方法是由券商监管部门依据经验法则以负面表列的方式对可能不具备"合理基础"的证券与交易进行类型化总结，从而

---

① ERNST & ERNST V. HOCHFELDER, 425 U. S. 185 (1976).

② STEINBERG, MARC I. A Decade after McMahon Securities Arbitration: Better for Investors than the Courts[J]. Brook. L. Rev. 1503,1996. 1527.

间接保证券商推荐证券的"合理基础",这也是下一节将要阐述的内容。

三、合理基础原则的类型化规则

以上对合理基础原则的法律与经济本质以及合理基础原则的欺诈侵权规制路径进行了详细分析。但对合理基础原则的进一步判断标准问题并未做深入的研究。与注意义务必须以理性人标准作为尺度一样,合理基础原则也必须以券商职业标准作为尺度。但何种职业标准可用以衡量"合理基础"则是个悬而未决的问题。自从合理基础原则确立以来,进一步为"合理基础"寻找类似于"理性人标准"那样的客观标准的努力一直在进行,但始终未有公认与权威的行业标准,这使得券商推荐的某种证券是否具有"合理基础"往往成为争端中的待决事实问题。为了避免"合理基础"行业标准的缺乏带来的不确定性,大多数尤其是大型券商都通过内部措施来监督和控制其销售人员对客户可能做出的推荐,从而避免陷入可能的与客户之间的争端,但上述内部措施更多是预防而非对合理基础的定义①。实际上,在券商或证券行业寻找"合理基础"客观性标准的过程中,更现实的方式是监管机构根据经验法则间接对不合理推荐可能涉及的证券类型、证券销售手段等进行规制,从而降低发生券商不合理推荐的可能性。其中不合理推荐涉及典型证券类型包括低价证券(即分值股票,在网上发行的情况下有时也称微盘股票)与信息不足证券,典型销售手段包括锅炉房操作和冷呼叫。

低价证券主要指分值股票(Penny Stock),其是券商不当推荐最经常借助的工具,也是不当证券销售手段如锅炉房经常操作的对象。分值股票是美国场外交易市场的重要组成部分,一般在所谓的场外交易公告板市场(OTCBB)或粉红单市场(Pinksheet Market)②上进行交易,是金钱从小投资者流向需要风险融资

---

① DENIS T. RICE, Recommendations by a Broker-dealer: the Requirement for a Reasonable Basis [J]. Mercer Law Review, 1974, 25. 551 – 552. no. 9.

② 柜台市场公告板系统(Over-The-Counter Bulletin Board, OTCBB)是一种柜台市场股权性证券的实时报价服务,在其上报价的股权性证券是未能在全国性证券交易所或者 NASDAQ 上市或交易的。OTCBB 也是由造市商报价驱动的市场,其上所交易的证券不但包括美国国内证券还包括国外证券和美国寄托凭证(American Depository Receipts, ADR)。从 1999 年开始,SEC 要求有证券在 OTCBB 交易的公司向 SEC 报告其财务信息,而退出 OTCBB 交易系统的证券一般会转入粉红单(Pink Sheet)市场交易。粉红单市场是柜台市场的最初级和最古老的报价形式并由全美行情署维护和管理,其与 OTCBB 以及 NAS-DAQ 从低到高构成一个完整的柜台市场体系,在粉红单市场交易证券的发行人既没有财务要求也没有信息披露义务。在粉红单市场进行交易的证券发行人一般起因是不符合或为了规避 NASDAQ 和 OTCBB 市场的上市要求才进入粉红单市场的,因此其是监管最少、投机性最强和价格较低的小公司云集的交易场所。David Logan Scott, Wall Street words [M]. Houghton Mifflin Harcourt, 2003. 263.

的合法年轻公司的管道。根据 1934 年证券交易法 3(a)(51)(A)和 SEC 规则
3a51 - 1 的定义,所谓的分值股票大致上包括价格在 5 美元以下且不是注册投
资公司发行的股票,不是期权清算公司发行的认购期权,不在全国性证券交易
所和纳斯达克市场上市的股票或其发行人有形净资产不足两百万美元(如发行
人持续经营至少三年)或五百万美元(如发行人持续经营少于三年或过去三年
收入平均至少六百万美元)的股票①。分值股票主要是那些由小公司在非主板
市场上发行的股票,大多是不符合主板上市条件、从主板退市或私募发行的股
票。在发行和交易监管上分值股票也享受诸多的豁免,这使得分值股票市场成
为管制较少的一种股票市场。虽然经过《1990 年分值股票改革法》和 OTC 公告
板资格条例的改革,分值股票在市场报价、交易信息和披露要求等方面的透明
度得到极大地提升,但是分值股票的低股价、低市场信息、低透明度和法律环境
宽松等与其本质密切相关的特点并未得到根本改变。因此分值股票具有极高
的投机性和风险性,并且其投资合理性对大多数客户而言也因为信息的相对缺
乏而难以证实。但对券商而言,分值股票的高度投机性和较高回报率却成为其
所热衷的推荐对象。尤其对于那些中小规模的券商而言,分值股票交易往往成
为其主要的业务领域。为了保护大多数投资者,使其免于在券商不当推荐下购
买那些对其不合理的分值股票,SEC 颁布了 15g - 9 规则对分值股票交易进行
规制。该规则内容包括券商在交易前必须取得将账户用于分值股票交易的许
可以及相关客户同意购买指明名称和数量的分值股票的书面协议。而取得将
账户用于分值股票交易许可的条件是:①券商向客户获取其财务状况、投资经
验和投资目标的信息且;②券商根据获取的客户信息及其知晓的其他信息能合
理确定分值股票交易对该客户合适,且该客户(或其在此交易中的独立顾问)有
足够金融知识和经验,可以合理预期其能评估分值股票交易中的风险且;③向
客户寄送书面声明,表明券商上述判断的理由,并以显著格式表明交易前券商
必须取得客户的书面的赞成交易的协议,还需以显著格式在客户签名线之前声
明券商需要提供书面声明,且如其不能准确反映客户的财务状况、投资经验和
投资目标,则客户不应签署并寄返该声明,该声明必须是手写并附日期②。
15g - 9 规则说明,券商只能向有一定经验的投资者推荐分值股票,在此基础上
还需根据既有信息确保分值股票与投资者情况的契合性,完全披露分值股票交

---

① 15U. S. C. §78c - (a)(51)(A)(1934),SEC. Rule 3a51 - 1〔EB/OL〕. http://www. law. uc. edu/
CCL/34ActRls/rule3a51 - 1. html,2009 - 06 - 01.

② SEC. Rule 15g - 9〔EB/OL〕. http://www. law. uc. edu/CCL/34ActRls/rule15g - 9. html,2009 -
06 - 01.

易信息并通过谨慎的书面协议形式保证投资者的最后决定权。在缺乏对分值股票的合理性客观标准的基础上,通过专业券商与有经验客户的双重投资判断以及客户对交易的完全控制,使得极容易出现"不合理"情形的分值股票通过券商推荐而"强加"给客户的可能性大大降低。同时书面形式和相关交易文件的要求也为监管机构规制券商推荐不合理分值股票的行为提供书面证据,提高了对券商"不合理"推荐的威慑。

除了低价的分值股票外,信息不足证券也是合理基础原则类型化规则的重要对象。SEC 就此问题颁布了规则 15c2 – 11 以禁止券商启动或者恢复对其自身或发行人信息不足证券的报价①。所谓证券信息不足的问题主要出现在部分发行分值股票的壳公司的股票交易上。所谓的壳公司指的是拥有 OTC 公告板市场交易资格但却没有实质性资产和业务的公司。壳公司及其发行的股票(一般是分值股票)虽然没有什么投资价值,但是其拥有的 OTC 公告板市场交易资格却为那些意图规避烦琐的证券发行规定而同时又能向公众投资者融资的中小公司提供了很有吸引力的平台。这些中小公司可以通过各种方式取得此类壳公司的实际控制权从而直接获取 OTC 公告板市场交易资格。而 SEC 颁布规则 15c2 – 11 的直接触因就是此类"借壳上市"活动的盛行,具体说是资产分拆(spin off)方式进行的借壳上市的盛行②。壳公司买主会尽快通过宣传活动拉抬股价以在高位卖出股票后达到大量融资目的。虽然借壳上市活动是美国证券法所许可的一种上市途径,但经过此种借壳融资,往往造成证券发行人信息不透明或不及时,并被有关人员利用以从事大量的欺诈和操纵活动。由于 OTC 公告板市场上的交易主要通过券商造市的方式进行,因此为了防止上述欺诈和操纵活动的蔓延,SEC 要求造市商应在了解壳公司真实财务和经营情况,取得充足与证券相关信息的基础上为其报价。具体来说,规则 15c2 – 11 规定只有处于下面几种情况之一时,造市券商才能进行上述信息不足证券的交易:①上述证券造市商报价提交或公布之前 90 天内相关证券注册声明生效且未受任何停止令制约,券商保有相关招股说明书的记录;②上述证券造市商报价提交或公布之前 40 天内相关证券在规则 A③ 下的通知生效且未受任何暂停令制约,券商

---

① SEC. Rule 15c2 – 11 [EB/OL]. http://www. law. uc. edu/CCL/34ActRls/rule15c2 – 11. html,2009 – 06 – 01.

② 所谓资产分拆指的是现存公众公司设立同样具有在 OTC 公告板市场上公开交易资格的全资子公司,并将母公司股权结构克隆给子公司,该子公司并没实质资产,存在主要目的就是为了等待适合的"壳"买家。

③ 规则 A 指的是证券私募发行条例。SEC Regulation A [EB/OL]. http://www. law. uc. edu/CCL/33ActRls/regA. html,2009 – 06 – 01.

保有相关发行说明书的记录;③发行人要根据证券交易法下13或15(d)条提交报告或发行证券交易法下12(g)(2)(B)或(G)的证券①,券商有合理理由相信发行人及时提供了相关报告或声明或者券商保有最新年度报告或之后相隔法定期间提交的报告的记录;④券商保有特定信息的记录,券商就该特定信息应向有兴趣就此证券与其交易者合理提供,券商并没有合理基础否定该特定信息的真实性和准确性,该特定信息也是来自于券商有合理基础认为是可靠的信息源。可见,只有证券本身或其发行人有可靠的法定披露信息,或者造市商有"合理基础"认为其可靠,该证券才能进入 OTC 公告板市场,更进一步的由券商向客户推荐。

上述的分值股票或信息不足证券在实践中一般都涉及通过不当手段向客户推荐,其中包括锅炉房、冷呼叫以及销售刺激等。所谓锅炉房操作,是对特定券商销售模式的形象化称呼,一般指小型证券公司利用长途电话和高压销售在市场上反复买卖一两家公司股票的行为,但不排除大型证券公司也偶尔有类似行为。究其实质,锅炉房操作是券商恶意炒作少数几家股票价格从中牟利的行为。监管机构除了从信赖义务及公平交易等法理角度阐述锅炉房操作下券商的注意义务外,还从锅炉房操作的常用手段如冷呼叫和销售刺激角度进行立法规制。冷呼叫指的是券商主动联系投资者索取业务,冷呼叫是一种高压销售手段,常常与夸张不实的证券推荐联系在一起。冷呼叫既是"锅炉房"案件的主要手段之一,也不限于锅炉房操作。而所谓的销售刺激指的是券商通过薪酬激励和销售业绩竞赛等内部措施激励雇员销售特定证券的做法。此种实践也往往导致高压销售的出现,干扰券商在证券推荐过程中的公平性与合理性。对于冷呼叫,NASD 成员行为规则在"电话营销"一章中做出了规定,要求除了既有客户,券商销售人员不得在规定时间之内打电话给客户,并且销售人员在通话中必须对本人和所属券商的身份、联系方式以及通话目的作出清楚的说明②。此外,联邦层面的1991年电话消费者保护法案(Telephone Consumer Protection Act

---

① 证券交易法13条是有关定期报告和其他报告制度的规定,其主要是证券交易阶段的持续性信息披露。适用的对象包括证券发行人及其注册信息更新、年度和季度报告,持股5%以上的大股东及其持股与买卖情况的报告和更新制度,发行人购买其所发行证券的信息披露制度,机构管理人及其行使投资决策权且市场价值达到一定数量标准的账户情况的披露,大额交易商及其交易活动报告等。证券交易法15d是对证券发行人补充与定期信息报备制度的规定。而所谓12(g)(2)(B)或(G)的证券指的是注册投资公司所发行的证券和保险公司发行的证券。15U. S. C. §78m(1934),15U. S. C. §78o-(d)(1934).

② NASD. NASD Conduct Rule 2211. http://finra. complinet. com/en/display/display_main. html? rbid = 2403&element_id = 3626, [EB/OL]. 2009-06-01.

of 1991, TCPA)也明确禁止主动电话营销并授权相关行政机构制定配套法规，这也间接地遏制了冷呼叫之类券商不当推荐手段①。就销售刺激手段，NASD出台了与销售人员报酬相关的规则建议以防止销售刺激在券商推荐中的负面影响，包括建议设立规则禁止对销售券商自有投资公司产品的人员给予更高的分红比率、禁止单一证券销售竞赛以及披露对跳槽销售人员的提早分红安排等，这已在上一章有所提及，此处不再赘述。通过上述对券商销售手段的直接规制，监管部门有力遏制了券商推荐中的不合理因素，促进了券商推荐行为的理性化。

第三节　券商交易推荐的客户适合性原则

与券商推荐合理基础原则类似，券商推荐客户适合性原则(suitability doctrine，以下简称适合性原则)是券商推荐证券时须遵守的面向客户的注意义务，它"表达了一种关于投资的朴实真理：投资决定只能在考虑投资者目标和需要的前提下做出"②。适合性原则是每个"身上流动着道德血液"的券商所必须遵循的，是券商注意义务的更高体现。与合理基础原则源于 SEC 监管实践不同，适合性原则明文规定在 SRO 行业自律规则中③。一般认为，SRO 适合性原则内在包含了"合理基础"要求。体现适合性原则最典型的是 NASD 公平执业规则2310 条，其规定成员必须在了解客户情况并尽职调查的基础上才能进行推荐。此外，NASD 还有很多其他涉及适合性的细化规则，涉及证券交易的方方面面和不同类型。随着证券市场发展和专业化加深，适合性原则作为券商推荐注意义务的内容愈显重要，其不仅成为 SRO 自律实践的依据，也愈益进入证券行政、司法和仲裁实践领域，成为券商注意义务的主要内容。此外，与合理基础原则相似，在实践中真正适用客户适合性原则时候，同样必须在个案基础上对券商推荐的"适合性"加以判定，而这也催生了有关方面通过类型化方法应用适合性原则的做法。有关方面的上述类型化努力既包括司法与行政领域对券商违反客户适合性原则种种典型行为的追究，也包括各典型情境下 SRO 对券商交易推荐涉及客户适合性的诸种禁止性规则。

适合性原则指的是券商为客户推荐证券过程中，要了解客户自身财税状

---

① 47 USC § 227 (b)(3),(c)(5)(1991)

② J. G. GILLIS AND EMILY C. HEWITT. Securities Law and Regulation [J]. Financial Analysts Journal, 1979, 39(5). 10.

③ 另外此种带有实质审查倾向的规则也见于州一级的证券立法。

况、投资目标、投资经验和一般性个人状况,并据此对其推荐合适的证券。与合理基础原则强调对证券自身的调查不同,适合性原则强调券商对客户情况的调查义务。此种调查义务范围应以收集的信息足以支持一个合理的判断为限。任何情况下券商都不能有意识的懈怠这种调查责任。只有在上述调查基础上,券商"合理注意"推荐行为可能对"个别"客户造成的损害,才能避免构成侵权。券商合适性原则之所以强调券商针对客户"个性化"情况的注意义务应该说与证券市场的性质密切相关。第二次世界大战后美国证券市场的一个显著特征就是证券产品和服务的种类不断丰富,差异化程度不断加深。此外,客户群体也开始分化,出现了投资旨趣各异、风险偏好多元的机构客户和个人投资者。而在现代通信和电脑技术发展的大背景下,证券市场上券商客户间个性化互动的可行性也大大增加。如果券商仅仅满足于一般化的推荐有"合理基础"证券产品已不能满足客户的个性化需求。因此,个性化的推荐已成为券商推荐的主流。而这反映在券商推荐注意义务上就是从基本的合理基础原则跃迁到更高层面的客户适合性原则。

但与合理基础原则有所不同的是,客户适合性原则首先存在于 SRO 行业规范体系内,并在行业自律领域有着丰富的规范与实践,但也遭遇了不小的执行困境。由此出发,有关方面特别是 SEC 与联邦法院在将道德性的客户适合性原则引入法律语境的过程中,试图通过重新阐述既有法律概念和司法路径,或是提出全新法律理论以达到将客户适合性原则法律化的目的,但上述种种举措在取得一定进展的同时同样面临着道德与法律之间种种磨合问题。因此,晚近的证券仲裁又重新在更广泛和灵活的基础上回归到客户适合性原则的道德规范性质,将其作为有约束力的证券仲裁机制的判决依据,还扩张了客户适合性原则的内涵,试探性引入"酒肆责任"的救助义务,使之成为适合性原则的最新发展。

一、自律领域中客户适合性原则的理论与实践

追本溯源,在美国券商规制体系中,适合性原则主要是以行业道德规范的形式出现的。因此,在规制券商不适合推荐行为时,作为一线监管机构的 SRO 无需对成员推荐行为从过失侵权的法律角度加以分析,只需要以其违反确定的自律规则为已足,这与过失侵权下的注意义务分析相比,表面上有着更高的确定性和专业性。由于 NASD 在券商行为监管上的广泛性和权威性,以下将以其为例对适合性原则的自律实践进行描述。

NASD 的公平执业规则(Rules of Fair Practice)2310 条是适合性原则的定义条款,其规定:"成员在向其客户推荐买卖和交换任何证券的时候,如果此客户

披露其别项证券的持仓、财务和需求等情况,则必须在考虑披露事实基础上有合理理由相信此项推介适合于该客户"……"在执行向非机构投资者推荐的交易之前,除了与投资限于货币市场共同基金的客户交易外,成员需要合理努力获取以下信息:①客户的财政状况;②客户的纳税情况;③客户的投资目标;④其他被该成员或登记代表在做推荐的时候使用的或被认为是合理的信息"①。除了上述定义条款外,NASD 还有很多其他的涉及适合性的规则,其不仅涉及可能影响证券推荐适合性的方方面面,而且还对不同证券交易类型有着不同的规定。就特定交易而言,NASD 对交易费用、券商尽职调查、交易自主性和券商培训和报酬体系等影响交易适合性的方面都做了详细的规定;而就不同交易类型而言,券商也有着不同的适合性原则,其包括证券衍生品交易、机构投资者交易、全权委托交易、可变年金和共同基金交易、在线交易、日交易、低价股交易、对冲基金交易、市政证券交易和非传统投资等。

由于与适合性有关的规则在数量上如此庞大,而且作为道德规范其在定义条款上却又相对模糊和主观(比如"成员……有合理理由相信"的措辞),使得投资者很容易利用有关适合性原则向 NASD 对会员提起申诉。据统计,至少有超过 95% 与券商错漏保单有关的理赔申请与适合性相关②。但恰恰是在适合性申诉上,NASD 的规则和实践存在众多难题:首先,适合性的定义规则自身模糊而富有争议。比如根据该规则,适合性适用于券商推荐的场合,但是对何为推荐,而在证券销售场合是否一律适用适合性原则等都语焉不详。其次,适合性原则在措辞上也没有说明券商在客观上无法进行获取客户信息时如何履行适合性责任;最后,"适合性"认定标准在性质上属于券商主观范畴,这就使得其公正性和可操作性大打折扣。有鉴于此,1963 年的证券市场特别研究报告在肯定适合性原则道德规范意义的同时,警告其可能由于自身的道德模糊性而被架空。该报告吁请 NASD 在澄清适合性原则方面作出更大的努力③。NASD 于是在随后的 1964 年发布了两份文件就适合性原则作出进一步的细化规定。一份是于 10 月份与 SEC 共同发布的《与客户公正交易指南》,另一份则是于当年 12 月发布的《与客户公正交易解释》,以作为适合性原则的补充性文件。在上述文件中,NASD 列举了某些特殊交易适用适合性原则的具体方法。在随后的数十

---

① NASD. NASD Conduct Rule 2310. http://finra. complinet. com/en/display/display_main. html? rbid = 2403&element_id = 3638,[EB/OL]. 2009 - 06 - 01.

② LOWENFELS, LEWIS D. , BROMBERG, ALAN R. , Suitability in Securities Transactions, Business Law. 1998, 54. 1557.

③ STUART D. ROOT. Suitability: The Sophisticated Investor-And Modern Portfolio Management[J]. Colum Bus L Rev,1991,(3):294 - 295.

年间,NASD 基本上仍是遵循这种审慎的个案处理办法来推进适合性原则的发展。此种方法最大局限在于其仍然避免对适合性原则自身即 2310 条的关键模糊点作出概括式定义。NASD 的这种审慎源于对适合性原则内容明晰后将转向法律化的深切担忧。但如果任由适合性原则以目前这种方式存在下去,也必将引发更多的关于其性质和内容的争议。另外,NASD 自律体系在执行机制上存在的重大问题也使得适合性原则难以在实践中得到贯彻:①虽然公众投资者基于适合性原则有着大量的投诉,但是 NASD 接受并调查的大多数适合性案件却都是由 NASD 执行机构主动发起,公众来源并不占显著位置。这表明作为行业自律监管者,NASD 在行使监管职权时基于自己的利益倾向具有高度的选择性,这大大削弱了适合性原则的威慑力①。②NASD 自身缺乏有效的执行手段,只能在其有限的自律惩戒措施中加以选择,既不能对申诉成功的投资者给予实质性补偿,也无法让投资者获得其他比如恢复原状的救济,因此在自律实践下适合性原则是一种缺少"牙齿"的规则。③虽然根据证券交易法 NASD 制定了正当申诉程序规则,但实际上投资者很少能将申诉进行到上诉阶段,从而减少了 SEC 对适合性原则的审查可能,这造成了 SEC 对 NASD 适合性原则自律实践的监督不足。NASD 作为行业组织的天然利益倾向性也给适合性原则的完善带来不小的障碍。在 NASD 上诉到 SEC 的适合性案件中,SEC 曾试图基于券商与客户的信赖关系来决定其适合性义务,并进一步提出券商在信赖关系中所承担的适合性义务内容必须包括对客户的主动尽职调查,但对适合性原则的这一有益扩展却没能在 NASD 层面得到继续。原因是 NASD 认为 SEC 的做法将混淆适合性原则的性质,从而将其法律化。NASD 还认为法律化的适合性原则相当于对券商交易条件和证券自身价值进行一种实质审查,从而违反了美国证券法回避对证券市场人为干预的基本精神,并会带来大量缠讼以湮没证券行业的生机。因此,本应在适合性原则发展上发挥领导作用的 NASD 因利益考量而止步不前。

作为券商合作性规制体系的第一道防线,自律组织在适合性问题上的无所作为使得投资者寄希望于行政和司法系统。适合性原则进入行政和司法领域有两个途径,一个是上述对适合性原则进行性质转变,将其直接明文规定在相关的法律和 SEC 行政法规中,从而在行政和司法实践中得到适用。这个途径曾在 SEC 的极个别规则中得到过尝试,但由于 SEC 最终将券商日常行为监管权

---

① STUART D. ROOT. Suitability: The Sophisticated Investor-And Modern Portfolio Management[J]. Colum Bus L Rev,1991,(3):296-298.

完全下放而未能实现①。另外一条途径是把适合性原则与既有的法律范畴加以结合,通过对原有法律原则或规范的重新解释把适合性原则纳入其轨道,从而使得适合性诉求能够在这些原则和规范的基础上加以审理和判决。就此而言,最主要的途径是通过欺诈侵权的途径,具体说来违反适合性原则往往是测试券商是否违反其注意义务从而构成欺诈侵权的试金石。

二、行政与司法领域中客户适合性原则的理论与实践

SEC 在证券领域的专业权威,对证券成文法和行政规则的优先解释权,以及对 SRO 自律规则与实践的法定监督权,使其在适合性原则法律化方面占据有利位置。所谓适合性原则法律化指的是将适合性原则这一源于自律规范的职业道德原则与既有的法律范畴相结合的过程。而在适合性原则法律化上最便利的途径就是文中数度提及的 SEC "招牌理论"。SRO 如 NASD 对 SEC 招牌理论在联邦证券法下所论及的券商默示保证的"公平交易义务"明确予以承认,其在适合性原则解释性材料中认为,如果券商的行为违反 SEC 确认的联邦证券法下的"公平交易"义务并因此被 SEC 认定为欺诈,那么该行为就等同于违反相应的自律组织规则②。但招牌理论的"公平交易"概念过于笼统,既可以指合理基础原则下的券商推荐注意义务,也可以指适合性原则下的券商推荐注意义务,并不能反映两者的差异。而适合性原则所要求的券商注意义务已不限于合理基础原则指明的券商对证券"合理基础"的注意,还应该进一步包括对客户"风险阈值"③的注意,从而合理避免任何超出客户风险阈值的交易推荐。因此,必须寻找在公平交易义务之外更能准确对应适合性原则内容的法律概念,而 SEC 在 Hughes v. SEC 案中所确认的券商职业诚信义务则成为一个合适的选择。

在 Hughes v. SEC 案中,美国第二巡回法庭发现在大量的交易中,自营商 Arleen Hughes 都具有双重身份,其既是自营经纪人又是投资顾问。但是 Arleen Hughes 在用自己的证券满足客户的交易指令时却没有向客户充分披露利益冲突的性质和程度,包括未告知客户向其所卖证券的成本及未告知同种股票的市场报价。也就是说,Arleen Hughes 没有尽到让客户充分、全面地了解利益冲突

---

① 由 SEC 直接监管的券商称为 SECO 券商,此类券商一般都是在柜台市场,但随着 1983 年证券法修正案的通过,所有柜台市场券商都要加入 NASD,上述 SECO 券商成为历史。BLACK BARBARA, Transforming Rhetoric into Reality: A Federal Remedy for Negligent Brokerage Advice [J]. THE TENNESSEE JOURNAL OF BUSINESS LAW, 2006, 8. 102.

② NASD. NASD Conduct Rule IM - 2310 - 2 (d) http://finra. complinet. com/en/display/display_main. html? rbid = 2403&element_id = 3640 [EB/OL]. 2009 - 06 - 01.

③ 此处所谓的风险阈值指的是客户所能承受的风险上限。

及市场情况的义务,使客户的信赖落空。法庭在判词中认为,本案特殊之处在于 Arleen Hughes 以双重身份行事,必然出现利益冲突。在此特殊情形下法律通常要介入,以职业诚信义务下的严格行为标准规定各种保护措施,这包括要求券商向客户完全披露其自身利益的性质和程度,其中至少应该包括券商在交易中的本人身份以及券商所出售证券的成本价以及同种股票的市场最佳价格。而 Hughes 做的仅仅是提供格式化的合同备忘录,这是不能满足其职业诚信义务的。本案中,Arleen Hughes 的投资顾问身份使其在自营买卖中处于被客户信任和依赖的地位,其对客户交易积极和肯定的影响在涉案的自营交易中构成了实质意义上的推荐①。因此,券商不能仅仅满足于 Charles Hughes 案中确定的自营商公平定价或披露的要求,而应进一步"以明显方式充分披露对交易产生任何负面影响的任何重大要素"即披露任何相关重大风险。这既包括 Arleen Hughes 与客户之间因顾问业务关系可能造成的利益冲突,还包括与交易有关的市场条件如价格等。在披露或戒绝的逻辑下,职业诚信义务使得券商一般会合理避免从事根据市场条件或券商个人情况有重大风险的活动。尤其在券商推荐的情形下,如果必须披露特定交易的所有重大不利信息,券商就会履行职业标准的注意义务,合理避免推荐根据市场条件不具"合理性"的证券以及对特定客户具有重大风险的证券,而这正属于适合性原则的要求。需要注意的是,与招牌理论下的公平交易义务相同,券商职业诚信义务也属于信赖义务范畴,更具体地说,两者都属于信赖义务中的注意义务,只是在程度上有所不同。前者只是强调券商要合理避免背离市场条件的不公平交易,而后者则强调券商应合理避免一切与交易有关的风险。但是与招牌理论不同的是,券商何时具有职业诚信义务并不确定。在本案中,券商同时兼有投资顾问和自营商的身份,这无疑表明客户对券商有着强烈的信任和依赖。因此,确定券商具有最高的注意义务即职业诚信义务并不突兀。另外,在券商对客户交易有自行决定权的情况下(如某些情形下的全权委托账户),同样也可以合理的确定券商的职业诚信义务,因为券商客户关系的信赖关系性质同样极为显著。但是在其他一些情况下,券商是否有此种最高注意义务,还是只需根据市场条件进行"公平交易"则需要个案考察,这与招牌理论在应用上的稳定性有着鲜明的对照。

　　SEC 先后应用招牌理论的公平交易义务与特殊情况理论的券商职业诚信义务对适合性原则的法理基础进行阐述。这固然有助于适合性原则的法律化,但 SEC 的行政程序与司法机制相比仍有很大的局限性:一方面,在主体资格上

---

① Arleen Hughes v. SEC, 85 U. S. App. D. C. 56, 174 F. 2d 969,

行政程序只能限于作为行政监管部门的 SEC 和作为行政相对人的证券市场主体,普通投资者不能像在司法程序中一样,直接向券商主张挽回损失;另一方面,在券商对投资者赔偿方式和赔偿标准上,SEC 只能在有限几种处罚方式之间以及一定界限的金额内选择,这与正常民事诉讼的救济手段和救济力度有较大差距。在此种情况下,适合性原则试图进入司法系统也成为一种必然的选择,最典型的同样是联邦证券法反欺诈 10b - 5 规则在此领域的适用。

与合理基础原则一样,适合性原则也是券商推荐注意义务的内容,因此在美国法院一般也是从欺诈侵权的角度对在证券推荐中违反适合性原则的券商进行规制。基于与合理基础原则相似的理由,10b - 5 规则下的默示诉讼成为投资者向券商提起适合性民事诉讼的主要方式。由于适合性原则具有明示的自律规则形式,所以投资者适合性民事诉讼首先要面对的问题是联邦证券法下如何认定违反 SRO 自律规则行为的性质。主流司法意见认为,券商违反 SRO 规则的行为除非严重到了构成欺诈的程度否则不能作为民事诉由,并且即使构成欺诈,违反 SRO 规则(如适合性原则)的事实本身也只能是认定欺诈的证据或者要件之一[1]。与违反合理基础原则的券商推荐 10b - 5 诉讼一样,规则 10b - 5 下的适合性诉讼也存在着证明券商存在欺诈"故意"与违反适合性原则仅是一种违反注意义务之"过失"的逻辑矛盾。美国法院就两种类型的违反适合性原则的券商推荐如何适用 10b - 5 规则给出了相应标准,一种券商不适合推荐是通过券商的虚假陈述和重大遗漏,而另一种券商不适合推荐则直接通过券商行为。

对于第一种形式的构成民事欺诈的券商不适合推荐,即券商是通过虚假陈述和重大遗漏进行欺诈的 10b - 5 案件,美国法院在 Banca Cremi S. A. v. Alex. Brown and Sons, Inc. 一案就其认定给出了以下标准:①被告购买的证券不适合购买者的需要;②被告知道或者能合理的相信证券不适合于购买者的需要;③被告为购买者仍然推荐或者买入了上述不适合的证券;④被告故意进行与证券适合性有关的实质性虚假陈述(或在对购买者有义务的情况下没有披露实质性的信息);⑤购买者合理依赖被告的欺诈行为并导致损害[2]。在上述五要件中,投资者只要通过交易记录和其他书面材料就能轻易证明其中的客观要件,如所购证券的不适合,券商推荐和客户购买行为,也能容易证明作为专业人士的券商对明显不适合的证券应有一种"知道或合理相信"。但标准中的主观要件部分即券商的故意与投资者的合理依赖则往往难以证明。从券商故意的角

---

① KARMEL, ROBERTA S. . Is the Shingle Theory Dead [J]. Wash. & Lee L. Rev. 1995, 52. 1288 - 1289.

② Banca Cremi. S. A. v. Alex. Brown & Sons, Inc. 132 F. 3d 1017, 1032 (4th Cir. 1997).

度来说,在绝大多数适合性之诉中,券商主观判断即使存在错误也不十分明显,再加上券商可能尽到一定的勤勉义务如获取客户信息和做过一定的证券调查,这使得客户难以证明券商主观上的故意,而最多只能证明其存在疏忽,而疏忽不能成为 10b-5 规则下成立欺诈的主观要件。而就合理依赖而言,客户自身的专业知识和投资经历,券商对其一定程度的信息披露都可以称为阻止其成立的理由。以上述 Banca Cremi S. A. v. Alex. Brown and Sons,Inc. 一案而论,该案中被告券商成功证明了作为具有风险管理知识和经验的成熟投资者,原告自己选择了所诉的不适合投资,根本不存在对被告的合理"依赖"问题。

　　而在第二种形式的构成民事欺诈的券商不适合推荐,即券商直接通过行为进行欺诈性不适合推荐是不适合推荐之反欺诈规制的重点。一般情况下,此种不适合推荐中券商都对客户账户行使法律上或者实际上的控制权,并在此前提下通过滥用或超越权限的方式从事对客户不适合的证券交易,且券商主观上属于故意欺诈。因为只有券商对客户账户行使某种形式的控制才有可能直接以行为进行欺诈,如果客户仍保留对账户及投资决策的控制权,那么显然券商只能通过上述第一种形式的虚假陈述才能达到欺诈目的。对于券商"控制"客户账户,所谓法律上的控制一般指的是客户在有限或临时的情况下正式授权券商对账户投资决策行使自由裁量,也就是有限情形下的全权委托①;而所谓事实上的控制则是由于客户缺乏足够投资、财务经验和素养,使其不能独立评估券商推荐并行使投资决策,从而习惯性遵从券商意见进行证券交易②,认定事实上的控制需要在个案中综合考虑多种因素,包括客户个人情况、客户与券商注册代表关系性质、客户对市场和账户的知识、客户与券商注册代表沟通频度、每次交

---

　　① SEC 在规则 15c1-7 中就全权委托账户的问题认为,1934 年证券交易法 15c 中所谓券商的"任何操纵、欺骗或其他欺诈手段或方式"的定义应包括任何经纪商、自营商和市政证券交易商的任何意图与或为任何客户账户(就此账户该经纪商、自营商和市政证券交易商或其代理人和雇员被授予了任何全权交易的权力)进行交易或买卖的行为,只要上述交易或买卖相对于该账户的财务资源和性质而言在规模和频率上属于过度。规则 15c1-7 同时也规定如果券商在全权委托账户中进行过度交易后立即对交易进行记录,该记录包括客户名称、证券的数量、名称与价格以及交易发生的时间与日期,则此等交易就不属于"任何操纵、欺骗或其他欺诈手段或方式"。全权交易账户内发生的过度交易根据联邦证券法反欺诈条款有可能构成民事上可诉的挤油交易(只要券商还具有欺诈故意),但无论如何为此种被认定为操纵、欺骗或其他欺诈手段或方式的行为已经是违反相关自律规则的券商不当行为。SEC Rule 15c1-7 [EB/OL]. http://www. law. uc. edu/CCL/34ActRls/rule15c1-7. html,2009-06-01.

　　② 全权委托账户(discretionary account)指的是客户将交易权限完全赋予券商的账户。券商与客户之间形成全权委托关系目前已被定性为投资顾问关系,券商必须进行投资顾问注册,而只有在临时和有限情形下的全权委托才免于投资顾问注册,因此本文中提及的全权委托概指此类有限情形下的全权委托。[美]路易斯·罗斯,乔尔·赛里格曼. 美国证券监管法基础[M]. 张路等译. 北京:法律出版社,2007. 655-656.

易客户真正授权情况、该账户交易是由客户还是券商注册代表发起以及客户是否拒绝过券商推荐等。在形成账户控制的前提下,该种不适合券商推荐在典型行为方式上包括券商未授权交易(unauthorized trading)和券商挤油交易(churning)等。未授权交易行为构成民事欺诈主要表现为违背账户限制条件和客户投资目标并在未经客户同意的情形下为其进行证券交易,只要法院能确认券商未授权交易具有某种故意欺诈的意图,那么未授权交易就构成了规则 10b – 5 下的欺诈。一般来说客户对券商的未授权交易有撤销权,券商必须承担告知客户其撤销权的义务,但券商也可以根据客户追认(ratification)、禁止反言(estoppel)、放弃(waiver)和懈怠(laches)作为对未授权交易指控的抗辩①。而挤油交易则是一种更为重要的券商不适合推荐行为。挤油交易本质上也是具有民事可诉性的欺诈行为,是一种券商在其所控制的客户账户中故意从事过度交易以更多赚取佣金的行为。虽然同是不适合推荐行为且欺诈构成标准相似,但在具体内容上两者最大的不同点在于各自行为特征。挤油交易是以券商在客户账户中的过度交易为行为特征的,交易是否授权是一个简单明了的事实问题,而交易是否过度则是一个需要行使主观判断的问题②。交易过度与否是相对于客户性质和投资目标而言的,这也是将挤油交易归类为券商不适合推荐行为的原因。法院,包括 SEC,都对规则10b – 5 下挤油交易中"过度"的认定提出了自己的方法,这包括转手率(Turnover ratio)、佣金资本比率(Commission to equity ratio)、短期证券交易模式(The pattern of in-and-out trading)和保本费用因素(break-even cost factor)等③,但是哪

①   客户对券商交易行为的追认发生在客户收到券商的书面交易确认或账户声明却没有及时表示异议的情形下,禁止反言则发生在客户通过行为、陈述、承认或其他方式诱使券商从事交易,放弃是客户一种有意或主动放弃已知权利的行为,而懈怠指的是客户未能在合理与正当的时间段内对券商不当行为提起控诉。上述四者都是券商在发生未授权交易行为后可以主张的对客户指控的抗辩。

②   这里需要注意将违反 SRO 规则的券商过度交易行为与挤油交易加以区分,两者区分的关键是券商主观上是否是故意,就是说只要券商在行为特征上表现为过度交易就足以构成对 SRO 规则的违反,而构成挤油交易不但要在客观方面具有过度交易的行为特征,还需要在主观上具有欺诈客户的故意。因此可以说过度交易包含了挤油交易,挤油交易是联邦证券法下的以过度交易为特征的欺诈行为。

③   转手率指的是一定时期内特定客户账户的购买支出总成本与其净值之间的比率,SEC 曾采纳的判定过度交易的转手率为6,当然判定具体账户是否达到过度交易的转手率标准随账户性质而不同,投机性更强的账户转手率应更高而投资策略较为保守的账户转手率相应较低。参见 In re Rizek,1999 Wl 600427,In re Pinchas,1999 WL 680044,Newburger Locb&Co. V. Gross 563 F. 2d 1057(1977), In re roche 52 SEC. 600,602 – 603(1996)佣金资本比率指的是一定时期内特定账户的券商佣金与账户平均股权资本之间的比率,超过一定比率就构成过度交易,参见 In re Rizek,1999 WL 600427(1999),保本费用因素指的是年度特定账户的回报率足以覆盖相关券商交易费用和其他支出,保本费用比率指的是足以支付交易费用的客户平均净资产回报率,SEC 的经验数值是 20%,即在该比率在 20% 以上该账户就构成过度交易,参见 In re Barbato 53 SEC 1259. 1273(1999),In re Pinchas,1999 WL 680044。

一种方法都只具有参考意义。无论是未授权交易还是挤油交易,券商主观要件及欺诈故意的认定都是此种直接以行为进行不适合推荐在联邦证券法规则10b–5下成立欺诈的必要条件,同时也是区分违反规则10b–5欺诈和违反自律规则的不道德行为的关键。在 O'Connor v. R. F. Lafferty&Co. 一案中,法院就券商直接通过行为进行不适合证券交易构成欺诈提出了如下标准:①经纪商推荐(在全权账户下则是购买了)以投资者目标而言是不合适的证券;②经纪商推荐或者购买证券存在意图欺诈或者轻率地忽视投资者的利益;③经纪商控制了投资者账户①。将此欺诈构成标准和上述基于不真实陈述和遗漏重要事实的欺诈构成标准进行比较,可以发现除了由于前者以券商控制账户为前提,因此无需证明投资者的合理依赖外,同样都要对券商的主观动机即故意(直接故意或轻率)进行举证,而这恰恰是投资者所难以突破的。适合性诉讼投资者对券商欺诈主观要件的举证困难造成了投资者难以单独将违反适合性义务作为欺诈的主要诉由,而是与其他诉由相并列并处于次要位置,违反适合性原则之诉在10b–5诉讼中日益边缘化,但是满足“控制”要件和具有上述典型行为特征的券商行为完全可以构成 SRO 规则下的不道德行为,从而成为券商不适合推荐类型化自律规则的重要组成部分。

10b–5规则下的适合性民事诉讼困境的深层原因在于:一方面,10b–5规则和适合性原则在券商注意标准上存在差异。适合性原则作为道德规范针对的是具有专业知识和技能的注册职业券商,因此会要求券商达到职业注意标准,而10b–5规则在注意标准上仅以不欺诈为已足,甚至无需达到一般注意标准,两者南辕北辙,难以协调。另一方面,倾向于个性化的道德标准与倾向于一般化的法律标准很难完全调和,从而适合性作为道德标准所具有的弹性与侵权法下欺诈概念的刚性存在着冲突,这突出反映在上述主观要件认定的困难上。可见,适合性原则的法律化必须考虑券商职业的特殊性,不能简单套用适用一般主体的法律规则,而且要认识到道德规范不能完全转化为法律标准,始终总会存在这样或者那样的漏洞和模糊。适合性原则在行政和司法体系中的种种困难反映了证券规制体系中自律与他律、法律与道德的艰难磨合。晚近以来,各方试图通过引入证券仲裁机制重启适合性原则的法律化进程,其中以存有争议的“酒肆责任”为特色的仲裁实践为典型代表。

三、晚近证券仲裁领域中客户适合性原则的理论与实践

所谓证券仲裁指的是证券纠纷各方当事人通过仲裁协议的方式自愿将其

---

① O'Connor v. R. F. Lafferty & Co., 965 F. 2d 893, 901 (10th Cir. 1992).

争议提交给协议所确定中立的第三方仲裁机构予以裁决的一种争议解决方式。证券仲裁纠纷原先是美国证券行业自律组织解决内部成员纠纷的一种带有自律色彩的争端解决机制。直到 1987 年,联邦最高法院就证券仲裁的态度一直较为保守,将发起证券仲裁的主体资格限于证券行业自律组织成员,即使投资者与券商之间有订立事前证券仲裁协议,也不能进行仲裁。联邦最高法院的态度在当时情况下具有合理性,原因在于仲裁权威性和裁决效力并未得到切实保障、联邦证券法中的一些政策性规定可能不具有可仲裁性、仲裁协议双方不对等的谈判能力对仲裁协议公平性有负面影响等。但随着证券行业对仲裁规则的统一和完善,联邦仲裁法的实施以及日益增多的证券纠纷对多元争端解决方式的需求,发展证券仲裁越来越具有紧迫性和现实性。在此背景下,联邦最高法院通过 McMahon v. Shearson/American Express, Inc. 案和 Rodriguez de Quijas v. Shearson/American Express, Inc. 案确立了证券仲裁在证券纠纷解决中的地位,明确了除非合同无效,否则联邦法院应保护证券纠纷当事人仲裁协议的效力,还肯定了证券仲裁具有的强制性和权威性①。由于联邦最高法院的上述支持,证券仲裁协议越来越成为券商与客户之间的必备条款,SEC 甚至要求自律组织在章程中强制规定成员接受投资者仲裁申请的义务,这对证券仲裁的发展有着极大地推动作用。

从 20 世纪 90 年代初以来,美国包括违反适合性原则案件在内的几乎所有券商客户争议都是以仲裁方式解决。就适合性案件而言仲裁方式具有独特的优势。首先是仲裁员自由裁量空间的制度保障以及仲裁员知识专长的充分发挥,在证券仲裁中除非当事人另有协议,仲裁员常常可以自由在具体的法律规则、抽象的法律原则甚至道德规范之间进行全部或者部分的取舍。只有在当事人向法院证明仲裁员在相关规范适用中存在错误,司法才可以对仲裁员的这种"自由裁量"进行干预。例如,在规则 10b - 5 适合性诉讼下困扰原告主观要件如"故意"的举证在仲裁中就不能成为一个障碍。仲裁员作为专业人士可以运用自身丰富的证券专业知识和经验进行个案判别,从而有利于适合性纠纷的正确解决。其次,仲裁的裁判依据较为广泛,既能基于信赖义务、疏忽等法律范畴,也可直接以 SRO 适合性原则为依据,甚至可以以更抽象的公平原则为依据。从而在违反适合性原则的案件中,仲裁可以将道德机制引入法律过程,将衡平因素导入案件判决,扩大了适合性之诉的规范基础并使判决结果合理几率增加,也符合适合性原则作为道德规范的本质,在个性化的适合性原则与非个性

---

① McMahon v. Shearson/American Express, Inc. ,482 US 220,227 - 38 (1987) and Rodriguez de. Quijas v. Shearson/American Express, Inc. ,490 U. S. 477,. 486 (1989).

化的争端解决机制之间取得更好的平衡。再次，与证券纠纷的自律、行政和司法机制相比，仲裁的救济形式较为多元，裁决在效力上较为确定。以救济形式而论，其包括金钱和非金钱的损害赔偿，甚至包括惩罚性的高额损害赔偿。仲裁救济的多元性大大增强了其在现实中的吸引力，而惩罚性赔偿的出现使得投资者的权益得到相对更为有力的保障，也成为券商积极履行适合性义务的压力。此外仲裁裁决本身也较少受到司法挑战，根据美国联邦仲裁法以及相关的各州法律，仲裁裁决具有终局的效力，除非是特殊情况，否则法院不会干预仲裁裁决。仲裁当事人可以对既存仲裁裁决申请司法确认，从而获得类似于法院判决的效力。仲裁裁决的这种确定性赋予了作为道德规范的适合性原则以强有力的法律保障。

可见，证券仲裁有利于促使券商对适合性原则的最大程度的遵循，这一优势集中体现在其根据适合性原则所进一步确立的券商"酒肆（dram shop）责任"中。所谓的"酒肆责任"是一种比喻的说法，最早来源于英国的一项法律，规定酒馆对在其内醉酒的客人负有中断提供酒类的义务①。而券商的"酒肆责任"则指的是在券商客户账户关系存续期间，券商对客户除推荐适合的证券外，还对客户自主交易（unsolicited trade）中的不适合投资负有警告和拒绝的义务。此种警告和拒绝是适合性义务的特殊形式，并且也是持续而不可推卸的。所谓持续，指的是在券商在与客户关系存续期间都对其不适合投资负有该项义务。所谓不可推卸指的是券商不能随意以投资者的情况或者过错为抗辩来免除自己的上述义务。酒肆责任是券商适合性义务的最大化形式：首先，酒肆责任理论绕过对个案的考察，假设券商客户账户关系的存在本身就是券商对客户存在积极影响即"推荐"的证明，由此券商需要根据适合性原则对客户在关系存续期间的一切行为负责；其次，上述酒肆责任不以券商客户之间的在具体交易上的代理关系和信赖关系为前提，而仅以券商客户之间存在账户关系为已足，这超越了传统代理和信赖理论所能解释的范围；再次，酒肆责任在保护力度上远大于传统的适合性义务，表现在券商警告和拒绝客户带有"自杀性"的不适合投资的消极义务。值得指出的是，酒肆责任某种意义上实际等同于对证券交易的实质性审查，虽然这是作为道德规范的适合性原则价值判断倾向使然，但与联邦证券法确立的信息披露导向相抵触。因此有论者认为需要对酒肆责任进行限定，在保留与信息披露原则相一致的警告义务外，只能在极为特殊的情况下才能要求券商履行拒绝义务，因为酒肆责任某种意义上已经相当于一种积极救助义

---

① GERALD D. ROBIN, Alcohol Service Liability: What the Courts are saying[J], Cornell Hotel and Restaurant Administration Quarterly, 1991, 31(4). 101 – 106.

务,而这对券商而言是难以履行的。

在酒肆责任的相关案例中,仲裁员充分发挥仲裁机制的优点,从最大程度保护普通投资者立场出发,灵活选取判决依据,从不同角度对券商的"酒肆责任"予以支持,成为适合性原则与仲裁机制结合的典范。在 Peterzell v. Charles Schwab & Co. 一案中,原告人 Peterzell 在被告 Charles Schwab 公司开立证券期权账户,在遭受交易损失后 Peterzel 基于适合性原则提起仲裁,要求 Charles Schwab 公司赔偿损失,理由是 Charles Schwab 公司不适合的引导原告进行与其投资目标不相符合的证券期权交易。经调查,在本案中,在账户开立之初,原告曾向被告虚假陈述,声称其富有证券期权投资经验。另外原告在投资策略错误、投资损失持续扩大的情况下仍轻率继续投资。与此形成对照,被告在一开始就告知原告,其在证券期权方面不能提供专业指导,并就相关证券期权向原告提供了书面说明。此外,在原告交易过程中也不能证明被告有任何类似于推荐的行为。因此,就本案而言,自主交易的投资者并未与券商之间形成代理或者信赖的关系,也不存在券商欺诈的可能,而且原告对于不适合投资在主观上也有明显过错。但仲裁意见认为,根据适合性原则,券商有义务持续的监控原告投资的适合性,在整个关系存续期间,原告在任何时候跨越了适合性的界限,被告都有义务有所行动以履行酒肆责任,而不能以客户的过错以及其他具体情况免责,本案最终裁决券商应承担赔偿投资者的部分损失的民事责任①。在 Peterzell v. Dean Witter Reynolds, Inc. 一案中,仲裁员裁决被告 Dean Witter Reynolds 公司需赔偿原告 Peterzell 绝大部分的损失,原因是被告未能预先阻止原告 Peterzell 的不适合投资,使得原告大量净资产处于危险中并遭受大量损失,被告未能警告和阻止原告的上述自主交易构成了对酒肆责任的违反②。在 Aaron V. PaineWebber, Inc. 一案中,原告是富有经验和知识的商人和股票及期权投资者,有大量时间浸淫于证券市场并在几家经纪商处开立账户。此外,原告还完全控制账户,并对期权运行机制及其风险有着充分把握。即使如此,根据加州证券法下的适合性原则和监管规则并借助普通法中的"信赖与合同义务"概念,仲裁员认为被告同样负有酒肆责任,在其未"采取合理步骤以限制或避免客户的风险与可能的损失"造成的后果情况下,需要赔偿 5 万美元来弥补原告损失③。在 Cass v. Shearson Lehman Hutton 一案中,NASD 的仲裁员直接从纽约证券交易所 NYSE 道德性的自律规则 405 条导出了被告的民事法律责任,认为被

---

① Peterzell v. Charles Schwab & Co., No. 88 – 02868, 1991 WL 202358 ＊2 (N. A. S. D. 1991).

② Peterzell v. Dean Witter Reynolds, Inc., AAA Case No. 32 – 136 – 0416 – 10. (Nov. 9, 1990).

③ Aaron V. PaineWebber, Inc. AAA Case No. 72 – 136 – 1146 – 87. (June 28, 1989).

告未能对原告的财务情况及其投资适合性进行尽职调查并阻止其灾难性的交易策略,从而违反了交易所的适合性原则即 405 条下的酒肆责任,应对被告进行部分赔偿①。上述案例中可以看出,证券仲裁通过酒肆责任对券商适合性义务进行了最大程度的扩张,这从某种意义上有利于投资者最大程度的挽回损失并建立对证券交易市场的信心。

四、客户适合性原则的类型化自律规则

与合理基础规则类似,适合性原则作为券商推荐注意义务内容其自身缺乏明晰衡量标准。从适合性原则定义的字面上看,"适合性"比"合理基础"具有更强的主观标准的色彩,因为适合性指的是券商是否合理相信其推荐在当时对特定客户适合。适合性判断标准的此种主观色彩往往给券商客户双方都带来负面影响,一方面不仅券商就其推荐的适合性容易受到客户非难,而另一方面客户方也难以举证券商在推荐中违反了适合性原则,这充分的反映在上述适合性原则的自律、行政与司法实践中。

学界曾经从不同角度试图给出"适合性"的客观标准,如 BH Wallace 认为可以通过风险评估的办法对券商推荐的内在风险予以量化得出推荐风险商数(Risk Quotient,RQ),在此基础上将其与先前客观厘定的风险阈值即客户适宜风险水平(Customer Appropriate Risk Level,CARL)进行比较,从而得出适合或者不适合的结论②,又如 Seth C. Anderson 和 Donald Arthur Winslow,其从不同投资产品风险回报率历史数据出发计算其风险特征,并因此衡量特定产品对投资者给定投资目标的适合性。但是无论是何种方法,都存在着这样或者那样的不足③。首先,晚近以来投资者往往更多采取投资组合(Investment Portfolio)的方法来分散其投资风险,因此从单个投资项目的角度衡量券商推荐的适合性往往会与投资者普遍采用的多元化投资策略相冲突,而在投资组合理论视角下其简单地将投资者目标区分为保守或积极也难以起到对推荐的指导作用。其次,随着证券市场日益复杂化,投资产品推陈出新的速度加快,在很多情况下并没有可靠的数据作为风险计算的基础,而且客户情况千差万别,难以通过简单的计算对其风险阈值加以量化。再次,虽然可以对不同种类证券的风险状况进行量

---

① Cass v. Shearson Lehman Hutton, NASD Arbitration No. 91 – 01484, 1994 WL 1248585.

② BLAIR H. WALLACE, A Proposal To Refine The Suitability Standard By Quantifying Recommendation Risk And Client Appropriate Risk Levels[J]. Brooklyn Journal of Corporate, Financial and Commercial Law, 2006(fall). 263 – 265.

③ SETH C. ANDERSON, DONALD ARTHUR WINSLOW. Defining Suitability [J]. Kentucky Law Journal, 1992,81:109 – 112.

化评估,但是风险状况并非是特定推荐具有"合理基础"的唯一原因,因此也不应该是推荐具有"适合性"的全部基础,"适合性"或"合理基础"客观标准的确定,从法律角度看归根到底是一个事实问题,因此应在个案基础上并参照行业标准才能得到完美的解决。因此,如同监管机构贯彻合理基础原则的类型化立法,更为现实的做法是监管机构从保护投资者角度出发,按照券商交易权限、投资者类型、投资者风险偏好、投资者交易方式的不同对券商推荐行为进行直接类型化规制,从而间接地保证券商向不同类型投资者推荐证券时都能达到适合性原则的要求。这其中涉及的典型类别包括机构投资者、拥有日交易账户投资者、拥有投资顾问的投资者以及在线投资者等。对券商适合性义务进行直接类型化规制主要是由 SRO 进行的,这也充分体现了 SRO 作为券商行为一线监管机构的地位,而其中也主要以 NASD 为代表。以下从 NASD 规则的角度描述券商对不同类型投资者所负有的适合性义务。

券商对客户账户交易权限类别的最重要划分就是将其分为全权委托账户与非全权委托账户。所谓的全权委托账户指的是这样的账户,在该种账户中通过事先书面许可,客户将证券交易权限完全赋予券商及其关联人。全权委托账户并非对券商权限绝对没有限制,客户可以在书面许可中有所保留。而如上述,全权委托账户是一种券商对客户账户的正式和法律的控制,是以直接以行为方式进行欺诈的券商不当推荐比如挤油交易、未授权交易或过度交易的一种重要前提。因此理所当然地,如何对全权委托账户进行规制将成为 NASD 自律规则的重点,因而 NASD 自律规则中对全权委托账户有着详细的规定。NASD 成员行为守则 2510(a)明确禁止成员在全权委托账户中为或与客户进行规模和频率上相对于其财务资源和账户性质而言属于过度的证券交易。2510(b)则要求券商及其关联人必须就全权委托权限取得事先书面许可,并且该账户已经为成员券商及其指定的适格人员书面证实。2510(c)则要求成员券商及其指定的适格人员及时地书面批准任何一次的全权交易,并且能相当频繁的审查所有的全权委托账户,以侦测和防止就客户账户的财务资源和性质而言属于过度的证券交易。2510(d)规定上述规则不能适用的例外情形,这包括客户已指定某数量特定证券买卖而券商裁量权仅及于交易时间与价格以及与货币市场基金有关的交易。可见,在全权委托账户中任何属于过度交易或未授权交易的行为都构成了对自律规则的违反而不论券商是否存在主观过错①。当然,根据 NASD 规则解释 IM – 2310 – 2,非全权委托的普通账户中违背客户投资目标和财务状

---

① NASD. NASD Conduct Rule 2510. http://finra. complinet. com/en/display/display_main. html? rbid =2403&element_id =3667,[EB/OL]. 2009 – 06 – 01.

况的未授权交易和过度交易一样可以构成违背 NASD 公平交易规则和联邦证券法有关反欺诈条款的欺诈性推荐行为①。正如前述,这一般发生在券商对客户账户有实际控制权的情形下,须在个案基础上加以分析认定。

而从投资者类别来看,一般认为机构投资者所受不当推荐损害较小,但 NASD 同样对机构投资者提供了保护。NASD 定义的所谓机构投资者指的是有一千万美元证券仓位的非自然人实体。传统观点认为机构投资者属于成熟投资者②的范畴,因此可以独立进行风险评估与投资判断而不依赖于券商推荐而进行证券交易,因此券商对与机构投资者的交易可以不负适合性义务。但 20 世纪 90 年代以来,随着复杂投资产品的出现,机构投资者是否继续不受券商适合性义务的保护渐渐引发争议。为此 NASD 发布了自律规则解释 IM – 2310 – 3 规定券商对机构投资者的适合性义务。该解释认为,券商对机构投资者的适合性义务是在向其推荐证券交易的时候,必须确定该机构投资者评估投资风险的能力以及其对券商推荐能够进行何种程度上的独立判断。如果券商一旦认定机构投资者不具有风险评估和独立判断券商推荐的能力,那么券商在 NASD 成员行为规则 2310 下的适合性义务则不能减损,而如果一旦确定机构投资者具有上述能力,那么券商的适合性义务就可以不再履行。在对机构投资者的评估与判断能力进行确定时,考虑的相关因素包括:机构投资者的咨询和顾问情况、机构投资者一般性的金融市场经验水平、机构投资者对所推荐特定证券经济特征的理解能力以及独立评估市场行情如何影响该证券的能力、所涉证券的复杂性、该机构投资者和券商之间书面或口头对券商服务的理解、机构投资者对券商推荐是否有固定接受模式以及机构投资者从其他市场专业人士或券商处得到的信息与建议。此外,对于那些有投资顾问的投资者,券商对其承担适合性

---

①　前面已经提及的 SEC 规则 15c1 – 7 将全权委托账户中过度交易行为包括在规则 15c 定义的欺诈行为范畴内,尽管规则 15c1 – 7 仅适用于经纪商或交易商已被授予自由裁量的全权委托情形。此外 SEC 还一再认为,"无论何时,只要因客户愿意遵从经纪商或交易商的建议而且经纪商或交易商拥有确定交易数量和频率的地位且其以过度交易的方式滥用了客户的信任",那么此种客户账户的挤油交易就也可能违反规则 15c1 – 2、1933 年证券法 17(a)(3)条和 10b – 5(3)规则中的相同款项。这表明在全权委托情形外,只要券商实际控制了客户账户(表现在客户遵从券商建议从而券商拥有确定交易频率和数量的权力),也一样可以属于欺诈行为的范畴。[美]路易斯·罗斯,乔尔·赛里格曼. 美国证券监管法基础[M]. 张路等译. 北京:法律出版社,2007. 664.

②　证券法或证券交易法本身并未定义何为成熟投资者(Sophisticated Investor),成熟投资者也未有任何广为认可的含义。但可参考的是 1933 年证券法下豁免证券发行登记的 SEC 条例 D(Regulation D),其使用认证投资者(accredited investors)一词描述实质上的成熟投资者,将其定义为净资产 100 万美元或年收入 20 万美元(或与配偶一共 30 万美元)的投资者。DANIEL R. SOLIN. Does Your Broker Owe You Money?[M]. New York:Penguin Group.,2006. 117.

义务的方式类似于对机构投资者的方式。

从交易风险偏好角度来看,比较典型的一种投资者类型是从事日交易(Daytrading)的投资者。日交易是一种风险极高的短线证券交易方式,寻求进行日交易的投资者一般都有对高风险的偏好,但这不能使得券商免除对日交易投资者的适合性义务。根据 NASD 定义,日交易是一种在日常基础上的对同一证券在同一日内反复执行买卖指令的证券交易策略。NASD 成员行为规则 2360 和 2361 适用于积极从事日交易的成员券商,要求该类券商在日交易账户开户前向非机构投资者提供日交易风险披露声明,并执行对日交易账户的批准程序。在履行批准手续之前,该券商必须履行合理勤勉义务获取该投资者基本情况从而确认该投资者是否适宜从事日交易活动①。之所以要求券商对日交易者进行事前审查和信息披露,完全在于日交易方式的巨大投机性和风险性,尤其对于热衷于超短线日交易的普通投资者,其高风险偏好使其极其容易受到券商的影响,并且往往作出超出其财务状况的非理性决策,因此日交易也应该是券商不当推荐规制的一部分。

从交易方式的角度来看,投资者通过互联网方式进行证券交易成为近年来的热点。由于其表面上脱离券商的"去中介化"特征,投资者往往更容易暴露在较大的投资风险之下。为此,NASD 对网上交易中券商是否及如何承担适合性义务也做出了规定,认为即使网上交易具有"去中介化"特点,也不能排除提供网上交易服务的券商对交易影响的存在。而如果该影响是一种向特定客户就特定证券积极施加的影响,那么券商就应该根据 NASD 成员行为规则 2310 承担对网上交易的投资者承担适合性义务。一般而言 NASD 认为,如果券商通过网络方式特别向某个投资者建议其采取行动或从事交易,或券商就特定证券与客户进行个性化沟通,那么该行为就符合推荐的本质特征。NASD 还通过一系列文件列举了网上交易中构成以及不构成推荐的具体情形②以作为指导。先是不构成推荐的情形:首先是某些网站,其含有客户可获取或要求的研究报告、新闻摘要和图表,NASD 认为其不构成推荐;其次还包括那些为客户提供数据分类服务的网站,该数据涵盖了范围广泛的股票、共同基金、公司基本资料和行业状况,该网站的数据不能偏向那些成员券商为之做市或给出"买入"推荐的证券,

---

① NASD. NASD Conduct Rule 2360 and 2361. http://finra. complinet. com/en/display/display_main. html? rbid = 2403&element_id = 3651, http://finra. complinet. com/en/display/display_main. html? rbid = 2403&element_id = 3652,[EB/OL]. 2009 - 06 - 01.

② NASD. Notice to Members 01 - 23:Suitability Rule and On line Communications. [EB/OL]. http://www. finra. org/web/groups/industry/@ ip/@ reg/@ notice/documents/notices/p003887. pdf,2009 - 06 - 01.

而且客户必须以独立的方式使用上述数据分类服务,上述网站也不构成推荐;最后是需要客户订购的电子邮件提醒服务,提醒客户与其投资组合或观察名单内某证券有关的新闻,此种提醒也不构成推荐。再是 NASD 列举了在线交易中构成推荐的情形:首先是针对特定目标客户或客户群的电子通讯,鼓励该客户或客户群购买某证券;其次是认为客户应该当购买某个特定行业股票或催促客户从推荐"买入"清单中购买一只或多只股票的电子邮件;允许客户输入投资目标和个人信息的投资组合分析工具,该工具能够发送或列出符合客户投资需要的证券列表;使用数据挖掘技术分析客户的财务与在线活动并据此发送或推送(sending or pushing)具体的客户证券买卖的投资建议①。在上述构成推荐的在线交易情形中,券商必须以客户适合性原则指导其与客户之间的在线交互活动。

除了从经验类型、风险偏好和交易方式角度对投资者进行类型化划分并在此基础上规定券商适合性义务外,NASD 及其他 SRO 还从交易内容角度划分了投资者,规定了券商对于从事不同证券产品交易的投资者所负有的适合性义务,这包括对冲基金、市政证券、可变年金、可变寿险以及共同基金交易等。总体而言,券商适合性原则的类型化自律规则进一步明确了不同情形下适合性原则的适用,覆盖了券商日常交易的方方面面,是券商注意义务所包含的行业标准的直接证明,有助于适合性原则可能的法律实践。但值得注意的是,上述规则依然并未对适合性原则作出直接的定义,因此只能成为特定情形下确定以适合性为内容的券商注意义务的参照标准。

以上就美国券商适合性原则的来源及其在不同领域实现机制进行了系统性的梳理和阶段性的分析,但需要注意的是,适合性原则的不同实现机制并非是互相替代的,相反它们是相辅相成互相补充的。作为道德规范,适合性原则在法律领域的进化轨迹不仅反映了美国合作性证券规制体系中自律与他律的良性互动,也反映了日趋日益复杂化和专业化的美国证券市场体系对法律与道德紧密结合的需求。由于与行业趋势的契合,长远上看适合性原则必将得到更大提升,因此如何进一步厘清适合性的含义及其标准并减少其随意性,如何恰当的寻找适合性的法律依据以促进其发展,必将成为适合性原则进一步发展的关键所在。

---

① SEC. Special Study:On-line Brokerage:Keep apace of Cyberspace [EB/OL]. http://www.sec.gov/pdf/cybrtrnd. Pdf,2009 – 06 – 01.

第五章　美国券商交易中介行为规制对我国的启发与借鉴

前述章节从信息披露和信赖义务两大方面对美国券商交易中介行为规制体系进行了全面阐述。虽然对我国证券公司的行为规制有着相当的启示和借鉴意义,但毕竟中美之间存在着法律传统、社会结构以及经济发展程度的诸多差别,我们并不能盲目照搬照抄美国法中的经验,而应立足于中国证券市场的本土资源对美国券商交易中介行为规制从理念层面到具体制度进行分析鉴别,消化吸收。本章首先对美国法意义上的券商在中国法语境中的对应概念进行了条分缕析的探索。在此基础上,借鉴美国证券领域相关规制内容,笔者对我国如何在既存证券领域规则体系中构筑合理的券商交易中介行为规制体系,特别是券商信息披露和诚信原则的适用和贯彻的问题提出了自己的看法。

第一节　我国券商交易中介行为规制的历史与现状

我国法中并无券商一词,只有证券公司的称谓。证券公司的定义规定于我国证券法第六章。根据该章,证券公司指的是"按照《中华人民共和国公司法》和本法规定设立的经营证券业务的有限责任公司或者股份有限公司","经国务院证券监督管理机构批准,证券公司可以经营下列部分业务:(一)证券经纪;(二)证券投资咨询;(三)与证券交易、证券投资活动有关的财务顾问;(四)证券承销与保荐;(五)证券自营;(六)证券资产管理;(七)其他证券业务"[①]。由上可知,我国证券法上的证券公司一词与美国法上的券商具有很大差别,两者的定义方式存在根本的不同。首先,美国法上的券商是从功能特征即交易中介的角度对券商加以定义,而在我国"证券公司"一词更多的是从经营范围即涉足证券经营的角度加以定义。其次,我国法中的证券公司只包括法人形式的有限责任公司或股份有限公司,而不包括合伙、自然人等其他主体,因此在组织形式

---

① 《中华人民共和国证券法》第一百二十三、第一百二十四条。

上与美国法上的券商相比局限较大。再次,我国法中的证券公司在业务范围上大大广于美国证券法中的券商。其可包括证券经纪、证券投资咨询、与证券交易和证券投资活动有关的财务顾问、证券承销与保荐、证券自营、证券资产管理和其他证券业务。而在美国证券法中,券商仅意味着从事经纪和自营业务的证券市场商事主体。再其次,如果排除券商一词在美国法中的严格限定性,在美国证券商业领域,券商一词指的是一切具有注册证券交易资格的金融机构,甚至包括银行与保险公司的附属机构。而这在范围上又明显的大于我国法律意义上的证券公司。综上,在法律意义上中国的证券公司除了不能采取自然人与合伙等形式外,其经营范围较之美国法宽泛;而在一般商业意义上则中国券商的含义远远窄于美国的券商一词。

除券商之外,我国法中另一个容易引起混淆的概念是证券经纪人,这是因为证券经纪人一词在美国证券领域中是泛指一切参与券商经纪业务的人,但在我国法律中证券经纪人却有着自己的远为狭隘的专属含义。根据我国《证券公司监督管理条例》的规定,所谓证券经纪人是证券公司为进行经纪业务而在公司以外通过委托合同签订的,代理其进行客户招揽、客户服务等活动的具有证券从业资格的自然人。证券经纪人获取证券公司颁发的证券经纪人证书,且只能在该证书授权范围内以出示证书的方式行为,证券经纪人授权范围内的行为受证券公司监督而其授权范围外的行为必须自负其责。根据上述条款可见,我国法律意义上的证券经纪人并非真正从事证券交易中介的主体,而只是为证券公司的经纪业务提供辅助服务并与其有独立合同关系的关联人。此种证券经纪人最多类似于美国证券领域中与券商有合同关系的独立承包人,而我国证券经纪人在业务范围上较之还更狭隘,其只提供与证券经纪业务有关的辅助性的客户招揽和客户服务。可见究其实质,证券经纪人并不属于券商范畴,而只是券商通过合同设立的代理人。并且,证券经纪人不参与券商的核心业务[1],诸如客户招揽和服务的业务只是传统证券经纪业务的外延。

此外,我国券商自营业务也与相应的美国交易商职能存在差别。后者着眼点是在证券市场上提供专门交易中介从而维持市场流通,而在我国,类似的通过自营交易形式履行交易中介的情形几乎不存在。我国证券公司自营业务在

---

[1] 当然在我国证券市场实践中,证券经纪人的含义存在混乱,其可以包括券商内部具体操作经纪业务,受其雇佣与其成立劳动关系的自然人即内部经纪人,也可以包括与券商成立代理关系的为法律上的证券经纪人制度所认可的自然人型证券经纪人,甚至还可以包括与券商成立居间关系,以个人名义将客户介绍给证券公司开设经纪账户并从佣金中提成的自然人型证券经纪人。应该说,我国的证券经纪人主要指的是上述第二种即与证券公司存在代理关系的自然人型证券经纪人。

本质上仅是市场上的普通投资活动,其不具有证券交易中介的功能。我国缺乏交易商的现实主要源于我国证券市场的结构。这是因为我国证券市场在格局上比较单一,其主要以沪深证券交易所为主,而如美国柜台交易市场那样的场外市场仅仅在极其有限范围内存在并且形式极为原始,至于 ATS 和 ECN 等私人证券电子交易系统更付阙如。因此,券商从事自营业务只能在集中竞价交易的交易所市场上进行。而交易所集中竞价交易模式是以时间价格优先机制为基础的自动交易,其本质上排除了如美国证券交易所专家交易商主持人工交易并发现证券价格的可能。这使得一般意义上的自营商在交易所市场上丧失了转化为交易商的可能。因此从事自营业务的券商在我国证券市场上只是作为一个普通投资主体为自己账户进行证券买卖并从买卖价差中赚取利润。正是由于失去交易中介功能的券商证券自营业务本质上不具有与一般证券交易相区别的特殊性,因此我国证券法在立法过程中曾经就自营商是否有存在价值有过争论。一种意见认为,证券公司不能从事证券自营业务,因为证券公司既从事自营业务又从事代理业务(即经纪业务)很容易导致为了自己的利益而忽视甚至损害客户的利益,另一种意见认为,证券公司可以从事自营业务,但应该严加管理。最后当时的证券法采取了折中做法,在区分综合类和经济类券商的基础上,允许综合类券商兼有自营职能①。2005 年通过的新证券法取消了上述综合类与经纪类的划分,对于券商经营业务范围持更加多元和开放的态度,只是规定券商经营何种业务交由证券监督管理部门批准。但就券商自营业务来说,新证券法、国务院《证券监督管理条例》和中国证监会的《证券经营机构证券自营业务管理办法》、《证券公司证券自营业务指引》仍旧采取严格限制的态度,从准入资格、账户设置、投资决策、财务风险控制、禁止性行为规范、业务操作规范、风险隔离监控以及信息报告等方面制定了强制性或指导性规范。在上述规范中,有关方面仅仅是将券商自营作为一种风险较大的普通证券投资业务,将自营业务严格限定为一种券商以自有资金和实名账户为本机构进行证券买卖的行为,同时自营业务不得委托他人,因为委托他人进行证券交易就有可能使得自营业务脱离法律法规监督范围从而发生滥用账户的危险。实际上在我国,自营业务对券商交易中介功能的影响仅仅表现在如下两方面:一是由于具备证券自营资格的券商一般都兼有证券经纪资格,而且准入门槛更高,因此自营商相对于一般市场主体具有知识、技能和信息上的优势,从而更加容易进行几类法律所严格禁止的市场操纵行为;二是由于自营业务往往与经纪业务处于同一

---

① 徐明,李明良. 证券市场组织与行为的法律规范 [M]. 北京:商务印书馆,2002.231.

组织架构下,从而更加容易发生与经纪业务之间的混同,包括为法规所明令禁止的经纪与自营业务的混合操作以及为他人或以他人名义进行自营交易。最后需要指出的是,我国相关的市场交易规则也反映了我国券商自营业务并不具有任何交易中介性质。如我国深圳证券交易所规定对同一证券,自营商的申报价格与经纪商的委托申报价格同时发生且价格相同,经纪商代客户买卖应优先成交。这表明自营业务在我国仅仅是一种普通的证券交易活动并不具有中介性质,因此当其与证券交易中介活动即证券经纪活动相冲突的时候,公众投资者的利益应该优先于券商自身的利益①。而在美国法中,交易商如专家交易商或做市商履行证券交易中介职能时其报价则不存在与公众投资者报价之间的优先排序问题。总言之,我国法中的证券自营商并未上升为美国法意义上的交易商,虽然美国法意义上的交易商也是广义自营商的一部分。由上可见,就本书题旨而言,对券商交易中介行为的研究在我国法语境下主要等同于对证券公司经纪行为的研究,而不涉及证券自营业务。

以上就券商一词在中美法律语境下的含义进行了对比研究,论证了美国法严格意义上的从事交易中介行为的券商在中国法上的仅仅只能对应为证券经纪商即从事证券经纪业务的证券公司。应该说,就中国市场而言经纪业务是券商最重要的利润来源,券商严重地依赖于其经纪业务的收入。在 2007 年,券商证券经纪业务的佣金占到了券商总收入的 65%②。而与此不同的是,同年美国券商收入结构在经纪、自营、投资银行、承销、保证金利息和基金管理收入各方面显得较为均衡③。我国券商的此种收入结构自然地对券商生存和盈利前景提出了重大考验,因为根据我国证券市场的竞争结构,券商经纪业务是处于高度竞争而集中度不强的区位④,这就使得券商经纪业务差异化竞争和相应业务转型成为一种必需。而经纪业务差异化竞争的实质就是客户市场的细分以及个性化服务的加强,还包括券商对客户市场的主动开发。集中到一点,就是在对客户进行个性化分类的基础上主动对客户投资决策施加影响,这无疑促成了券商经纪业务从交易执行到交易推荐的转型。这里的券商交易执行在我国是证券经纪业务中客户委托的执行,而券商交易推荐则是证券经纪业务中券商面向客户推荐证券的行为。如果说我国法中客户委托执行在概念上易于理解,那么

---

① 在美国纽约证券交易所中对于不充当证券交易商的普通自营商而言也有类似的规则,徐明,李明良. 证券市场组织与行为的法律规范 [M]. 北京:商务印书馆,2002. 233.
② 中国证券业协会编. 中国证券业发展报告(2008)[M]. 北京:中国财政经济出版社,2000. 137.
③ 同上,第 414 - 416 页。
④ 黄楷胤,侯婉如. 中国证券业市场结构、市场绩效的实证研究 [J]. 财经论坛 2009(3):358.

面向客户推荐证券的概念则较为新鲜。而要弄清证券经纪业务中面向客户的推荐,则必须将其与证券法规定的其他类似券商业务如证券投资咨询和财务顾问加以比较。

所谓证券投资咨询,在我国法中指的是证券投资咨询业务的从业者为证券投资者或其客户提供对证券投资有关活动的分析、预测或者建议,并收取一定报酬的经营性业务,我国法中的证券投资咨询几乎就相当于美国证券法中的投资顾问。我国证券投资咨询不仅可以由市场上独立和专门的机构即证券投资咨询机构从事,还可以成为证券公司的法定业务之一。那么证券投资咨询作为一种专门和营利的智力支持活动,其与券商在证券经纪过程中推荐的差别在我国法中如何界定,其是否也类似于美国法中券商推荐与投资顾问之间的差别呢?中国证监会在 2008 年 12 月实施的《证券公司业务范围审批暂行规定》中对此作了规定:"证券公司对其证券经纪业务客户提供证券投资咨询服务,不就该项服务与客户单独签订合同、单独收取费用,且收取的证券经纪业务佣金不超过规定上限的,无须取得证券投资咨询业务资格,但应当比照执行证券投资咨询业务的规则"。可见,与美国法就投资顾问注册豁免的规定相同,只要是附随于证券经纪的证券投资咨询活动即无需单独注册①。此外值得注意的概念还有财务顾问,我国证券法中在证券公司业务范围中也提及了财务顾问一词,但并未对其含义进行界定,那么财务顾问和券商推荐是否存在区别呢?首先应该说,财务顾问是一个容易与证券投资咨询相混淆的名词,两者都是独立并需注册的券商业务。财务顾问业务的注册资本明显要高于证券投资咨询,两者在内容上也存在一定的交叉。如 2002 年中国证监会制定的《证券公司管理办法》第五条规定就证明了这点,该条规定:综合类证券公司除可以从事证券经纪外,还可以从事证券投资咨询(包含财务顾问)。由上可见,财务顾问是属于广义上证券投资咨询范畴的券商业务,其准入门槛要高于一般的证券投资咨询业务。财务顾问的名词也出现在美国证券领域中,其与投资顾问(即中国法中的证券投资咨询)的区别与中国法的规定有所不同。在美国证券领域,财务顾问一般同时有两个在很多情形下可以互换的名词,即财务顾问(financial consultant)或者财务规划师(financial planner),但是两者都不是法定名称。财务顾问或财务规划师是否属于投资顾问范畴要取决于具体的事实和情形。如果其活动符合投

---

① 美国法中投资顾问的定义是为取得报酬而直接或通过出版物或著述就证券的价值或就投资于、购买或出售证券的明智性向他人提供咨询;或指为取得报酬并作为其经常性业务的一部分而出具或发布有关证券的分析或报告的任何人。比较中国法中的证券投资咨询与美国法中的投资顾问,两者实质上是同一的。

资顾问的定义,除非能依赖投资顾问法 202(a)(11)的例外情形,否则财务规划师就应作为投资顾问对待并注册。可见与中国法中财务顾问与证券投资咨询的区分相类似,美国法中的投资顾问与证券领域一般意义上的财务顾问和财务规划师既有交叉,也有不同。但是与中国法当中财务顾问和证券投资咨询是可分别独立注册的法定业务不一样,美国法中并无财务顾问这一注册类别,财务顾问和财务规划师在某些情况下只能按照投资顾问注册。可见,无论是在美国法还是中国法,券商证券经纪中的推荐与财务顾问之间的差别都类似于其与证券投资咨询的差别。

我国法中最后一个需要提及的与证券推荐有近似性的概念是证券分析。证券分析很明显并非是经纪业务中券商证券推荐的一部分,因为前者是针对不特定的投资者而后者是针对特定投资者。证券分析是一种对证券交易发生及过程有重大导向作用的信息中介活动,而且证券分析师常常为券商所雇用并掌握大量内幕信息。在美国证券法中,券商内幕交易常常就是通过证券分析人员进行的,这间接损害了券商客户的利益。是以,规制证券分析行为往往成为券商内幕交易行为规制的一部分,并融合进券商忠实义务的法律框架。相较于美国证券市场,证券分析对我国证券市场上的投资者有着更为重大的影响,这不仅仅是由于证券分析本质上不可或缺的信息中介作用,还由于我国投资者仍处于散户投资者向机构投资者过渡的局面,投资者整体素质较低,其对证券分析的依赖远高于发达国家投资者。而由于不以营利为目的,证券分析师收入一般来源于其他部门的转移支付,此种现实增加了包括券商在内的有关各方利用其巨大影响达到牟取私利,损害投资者目的的可能性。以券商而言,以证券分析的形式推高某只股票交易额,向投资者推荐其自有持仓股票,炒作和操纵市场以提高内幕交易所利润等行为都常常发生。以著名的银广夏事件而论,因为"股评"(证券分析的俗称)而上套的股民竟占股民总数的 29%,证券分析无疑为在该事件中获取不当利益的各方提供了极为重要"帮助"①。证券分析师规制在我国法律法规中目前仍大体上属于空白,甚至其定义也属于混乱不清。前已述及,在美国,各类规范都把证券分析师或研究分析师定义为负责研究报告主要或实质部分的人,而在我国法律中,则不存在证券分析师或研究分析师的法定名称,当然更没有对证券分析师的定义。在法律中涉及类似证券分析师主体的只有 1998 年证券法中所谓的"证券咨询机构专门从业人员"的称谓,而此后证券法提及的只有性质完全不同的证券投资咨询机构及其从业人员。应该

---

① 中国股市黑洞 [EB/OL]. http://www.shszx.gov.cn/epublish/gb/paper144/1/class014400003/hwz644224.htm,2009-06-01.

说,1998 年所出台的旧版证券法中的"证券咨询机构专门从业人员"含义极为笼统,不但未能区分营利性和非营利性,也未能区分所谓"证券咨询"所涉是特定还是非特定的投资者。而以营利性为基础面向特定投资者的证券咨询就近似于后来的证券投资咨询,非以营利性为基础并面向不特定投资者的就近似于证券分析师。目前对证券分析师定义的规定在我国仅见于 2005 年 9 月中国证券业协会发布的《中国证券业协会证券分析师职业道德守则》这一行业道德规范,该守则认为"证券分析师是取得中国证券业协会颁发的证券投资咨询执业资格、并在中国证监会批准的证券投资咨询机构(以下称执业机构)从事证券投资咨询业务的人员,取得证券投资咨询从业资格及协助执业人员执行业务的人员参照本守则执行"①。从上述定义可以看出,应该作为一种向不特定投资者发布研究报告且不以营利性为前提的证券分析活动在我国并未与性质迥异的以特定客户为对象且以营利为目的的证券投资咨询有正确的区分,而且上述定义仅见于中国证券业协会自律规则,其约束力也大打折扣。此外该守则规定的内容过于抽象,实际上不能对我国证券市场上的证券分析起到真正的规制作用,因此可以说我国的证券分析师规制尚未真正建立。除了上述规范制定上的困境,我国证券市场中的证券分析实践也存在诸多问题。其实在我国,证券分析广为人知的名称是股评,发布股评的股评人可以属于证券公司也可以属于专门的证券投资咨询机构。而股评虽然属于证券分析的范畴,却与真正的证券分析还存在差距,股评和股评人也并未形成职业群体和相应的法律规范。综上可见,无论是从理论抑或实践上看,证券分析和证券分析师在我国都处于萌芽状态,其概念与规范的创建仍然任重道远。

以上通过将经纪商推荐与证券投资咨询、财务顾问以及证券分析进行对比,明确了当前我国法中经纪商推荐的特质。借鉴本书第四章对券商交易推荐的定义,这里可以把证券经纪业务中的推荐定义为证券经纪过程中作为其组成部分而存在的,券商就特定证券交易向其客户主动施加积极肯定影响的行为。那么在我国经业务中的推荐表现为何种形式呢?概言之,经纪业务中的券商推荐在我国表现为招揽、建议与服务,其是券商经纪业务市场营销的主要内容,也是经纪业务转型的方向。传统上,我国的券商经纪业务并非是以客户为中心的市场营销,而是以客户委托执行为重点的,不但营利模式单一而且服务也趋于同质化并导致券商经纪业务恶性竞争。晚近以来,国内其他类型金融机构以及国外券商在证券交易中介领域的攻城略地也使传统形态经纪业务的竞争态势

---

① 中国证券业协会证券分析师职业道德守则［EB/OL］. http://www. sac. net. cn/newcn/home/info_detail. jsp? info_id =91127292232100&info_type = CMS. STD&cate_id = 1185433606100 ,2009 - 06 - 01.

越发激烈。此外,我国券商传统经纪业务盈利状况也未能摆脱证券市场剧烈波动的消极影响。2002 年,中国证券市场实行了类似于 1975 年美国浮动佣金制的改革,这也使得券商实际佣金收入日益下滑,制度大环境的改变进一步加重了券商传统经纪服务的危机,传统经纪业务板块券商无力摆脱"创收乏力"和"靠天吃饭"的局面日益凸显①。在此情形下,券商经纪服务谋求对传统单纯执行客户委托模式的突破,其调整的核心或者说方向是从以代理交易为中心的通道服务向以营销、咨询为中心的投资理财服务转型。

在此期间,市场上纷纷涌现出了诸如大鹏证券的大鹏 FC 模式(FC 是 financial consultant,即理财顾问的简称)、招商证券和国信证券的银证通模式、泰阳证券(天同证券、华泰证券)模式和富友模式在内的种种全新的证券经纪业务模式。所谓的大鹏 FC 模式是以理财顾问为中心的经纪服务,其主要突出理财顾问的市场营销功能,核心是在理财观念指导下根据客户状况对客户证券交易提供咨询建议以及其他全方位的服务。所谓银证通模式是利用商业银行网点挖掘经纪业务客户并提供佣金折扣,在此基础上通过经纪人机制向客户主动营销经纪服务产品。所谓泰阳证券模式则是强调通过网络证券委托系统和客户关系管理系统为经纪客户提供个性化、专业化和全方位的服务,这实际上是通过在线方式实现的券商推荐。所谓的富友模式是通过推行全员经纪人制度和成本核算,让每个从事经纪业务的雇员直接面对市场营销的压力,从而力争经纪业务从简单销售到客户服务的转型②。上述券商经纪业务的转型提示我们,未来中国券商在经纪业务上愈来愈把重心从一般的客户委托执行到对客户个性化的服务与建议上。可以说中国券商已经从着重证券交易执行时代进入着重证券交易推荐的时代。因此,如何对此种新兴实践加以规制成为中国法中券商规制的一个重要问题。

本节对中国法语境中的券商概念进行了分析,并揭示了我国法中只有证券经纪业务才属于真正意义上的证券交易中介,在此基础上笔者进一步对经纪业务中券商推荐行为在我国的存在形式及其与投资咨询、财务顾问与证券分析的区别加以辨明,最后对我国证券经纪业务中推荐以及经纪业务转型进行了简要介绍。借鉴美国法的经验,在中国法中对于证券经纪及与之相关的推荐行为同样可通过外在于券商客户经纪关系的市场化信息披露规制和内在于券商客户经纪关系的衡平化的信赖义务加以规制。但与美国法相比,中国法在此领域中的规范建设仍处于草创阶段,这也是本章余下部分的论述对象。

① 葛红玲. 刍议我国证券公司面临的压力与盈利模式创新 [J]. 现代财经,2009 (2). 14 - 15.
② 潘明伟. 证券公司经纪业务转型探索的评析 [J]. 浙江金融,2004,(12):46 - 47.

第二节　我国券商交易中介行为信息披露规制的构建与评析

　　券商信息披露制度在中国属于新兴事物,但在近年来已经受到证券监管部门和社会各界的普遍关注①,其成为热门议题的背景原因是券商综合治理的展开和分类监管制度的确立。所谓券商综合治理是始于 2003 年,并历时三年在中国证监会主持下进行的全行业整顿工作。应该说综合治理是一项计划经济色彩浓厚的工作,但就在中国证券市场转型期却起到了意想不到的作用。至2007 年 8 月底,券商综合治理顺利收官并实现主要治理目标,证券公司长期累积的风险和遗留问题得到化解②。综合治理是和意图发挥长效机制的制度建设同时推进的,这集中表现在有关方面对券商分类监管的规定上。2005 年新证券法规定,证券监督管理机构对证券公司的设立按照审慎监管的原则进行审批,对证券公司的业务展开分类监管。在此之前中国证监会已经展开了券商分类监管工作,把券商按照风险承受能力和控制能力的不同分为创新试点类、规范发展类、存在风险类和风险处置类,并对其实施不同的监管方法,而某些具体评审标准则协同中国证券业协会共同制定。券商综合治理与分类监管凸显了券商信息披露的重要性,因为信息披露无疑是短期综合治理与长期分类监管得以展开的基础。因此,中国证监会对券商信息披露制度的建设有着明确的目标和要求。其在 2005 年颁布的证券公司综合治理工作方案中就证券公司信息披露问题提出,于 2007 年底前证券公司应全面实施公开披露制度,报送的信息要真实、准确、完整。虽然券商信息披露作为中国证券市场制度建设的一项基本目标只是在上述工作方案中得到了正式和初次的明确表述。但实际上与券商信息披露制度有关的建设早在各个不同领域由不同的监管机构和相关组织零散展开,这其中主要包括中国人民银行、中国证监会和中国证券业协会等机构。

　　从历史上看,中国构筑券商信息披露制度是从同业拆借市场监管起步的,当时主要立法主体是中国人民银行。中国人民银行于 1999 年 8 月制定并颁布的《证券公司进入银行间同业市场管理规定》首次要求作为银行间同业拆借市场一员的证券公司向市场披露包括公司基本情况、财务情况、股东情况和投资

---

① 张炜. 券商信息披露制度亟待构建 [N]. 上海证券报 2004 – 11 – 23.

② 中国证券监督管理委员会. 中国资本市场发展报告 [M]. 北京:中国金融出版社,2008. 62.

参股情况的消息①,这也是我国对券商信息披露要求的序幕,是证券公司信息从封闭到开放的里程碑。随后在 2003 年,中国人民银行进一步发布《关于统一同业拆借市场中证券公司信息披露规范的通知》和《全国银行间同业拆借中心证券公司信息披露操作规则》两份文件,对上述进入同业拆借市场证券公司的信息披露方式和内容进行规定②。2004 年,为了解决券商在股市低迷情况下的资金薄弱的问题,并提升其抗风险能力,中国人民银行于当年的 11 月制定并发布了《证券公司短期融资券管理办法》及其配套的《证券公司短期融资券信息披露操作规程》③,对证券公司在银行间同业市场发行短期融资券情况下所应进行的信息披露进行详细规定。从以上可以看出,券商信息披露制度在我国最早是从银行间同业市场起步的,券商作为银行间同业市场主体进行短期资金融通时,有必要就自己的相关情况进行披露,从而提高自身透明度并保证资金融通行为的安全。但证券公司在银行间同业市场进行信息披露的局限首先在于披露受众范围有限,只是局限于进入银行同业市场的金融机构;其次是披露义务主体范围有限,仅是具有同业拆借资格的证券公司;再次是披露内容有限,仅限于与资金融通行为有密切关系的财务报表和股权变更信息等,券商信息披露上述种种局限也是仅从短期资金融通角度规范券商行为的必然结果。

随着 1999 年我国金融业分业监管的架构的确立,中国证监会作为证券公司专门监管机构,开始从券商自身规范发展的角度出发全面建设证券公司信息披露制度。证券法第一百四十八条明确规定“证券公司应当按照规定向国务院证券监督管理机构报送业务、财务等经营管理信息和资料。国务院证券监督管理机构有权要求证券公司及其股东、实际控制人在指定的期限内提供有关信息、资料。证券公司及其股东、实际控制人向国务院证券监督管理机构报送或者提供的信息、资料,必须真实、准确、完整”。可见在当前时期,中国证监会已经成为法定的券商信息披露对象。在 1999 年 11 月,中国证监会发布《证券公司年度报告内容与格式准则》。在该份文件中,就披露义务主体而言,中国证监

① 证券公司进入银行间同业市场管理规定[EB/OL]. http://old. csrc. gov. cn/n575458/n776436/n804950/n827698/1987498. html,2009 – 06 – 01.

② 中国人民银行关于统一同业拆借市场中证券公司信息披露规范的通知[EB/OL]. http://www. law – lib. com/law/law_view. asp? id = 120673,2009 – 06 – 01. 全国银行间同业拆借中心. 证券公司信息披露操作规则[EB/OL]. http://www. chinamoney. cn/content/chaijie/fagui/200308/211114FO041719. htm,2009 – 06 – 01.

③ 证券公司短期融资券管理办法[EB/OL]. http://news. xinhuanet. com/fortune/2004 – 10/19/content_2108009. htm,2009 – 06 – 01. 证券公司短期融资券信息披露操作规程[EB/OL]. [EB/OL]. http://news. xinhuanet. com/fortune/2004 – 10/19/content_2108009. htm,2009 – 06 – 01,2009 – 06 – 01.

会要求所有经营证券业务的有限责任公司和股份有限公司,必须向中国证监会及其派出机构、沪深证券交易所、中国证券登记结算公司和中国证券业协会等机构披露年度报告,并且要求证券公司在保持披露政策和披露内容一贯性的基础上进行持续披露。就责任承担而言,其规定公司董事会和董事以及为年度报告出具独立审计意见的注册会计师应为披露内容承担责任。就披露受众而言,除了向上述机构进行信息披露外,该份文件还鼓励除已有信息公开披露要求上市证券公司外的一般证券公司向社会公众披露年度报告摘要。就披露的内容来看,该份文件要求年度报告必须包含公司概况、会计数据和业务数据摘要、股本(资本)变动情况及股东情况、董事、监事及高级管理人员、管理层报告、公司内部会议情况、诉讼与仲裁事项、公司形式变化情况、单项业务资格、表外业务、被处罚或公开谴责、解聘任会计师事务所、财务报告和若干年度报告嗣后重要事项。财务报告必须由独立注册会计师审计并全文发布,包含对内控制度和违法违规事项影响等方面的估量,可见该份文件所规定的信息披露内容详尽,包含了证券公司财务、经营和治理的全方位信息①。对于那些公开发行并上市的券商,证监会在 2000 年先后发布了《公开发行证券的公司信息披露编报规则第五号—证券公司招股说明书内容与格式特别规定》以及《公开发行证券的公司信息披露编报规则第六号—证券公司财务报表附注特别规定》等两份文件。这两份文件对作为上市公司的证券公司的信息披露作了全面的规定。另外在 2003 年和 2004 年中国证监会还对发行债券以及经营客户资产管理业务的证券公司的信息披露作了规定。前者主要体现在《证券公司债券管理暂行办法》和《关于发布 < 证券公司债券管理暂行办法 > 五个配套文件的通知》中②,后者主要体现在《证券公司客户资产管理业务试行办法》中③。就证券公司发行债券的信息披露而言,中国证监会要求证券公司应该按照上述规定制作募集说明书和其他信息披露文件,并保证所披露的重大信息的真实、准确、完整和及时。就证券公司客户资产管理信息披露而言,要求证券公司应该如实披露自身资质,管理能力和业绩,并向客户充分揭示资产管理业务的市场风险、法律风险和其

---

① 证券公司年度报告内容与格式准则(2008 年修订).[EB/OL]. http://www. csrc. gov. cn/n575458/n575667/n4231514/n4231533/n4696680/9310925. html,2009 – 06 – 01.

② 证券公司债券管理暂行办法[EB/OL]. http://www. cnr. cn/caijing/cjpdzcfg/200506/t20050618_504070255. html, 2009 – 06 – 01. 关于发布 < 证券公司债券管理暂行办法 > 五个配套文件的通知[EB/OL]. http://old. csrc. gov. cn/n575458/n776436/n805055/n3315159/n3315271/n3389004/3396071. html, 2009 – 06 – 01.

③ 证券公司客户资产管理业务试行办法 [EB/OL]. http://news. xinhuanet. com/fortune/2004 – 02/02/content_1294258. htm,2009 – 06 – 01.

他投资风险。在 2006 年,中国证监会就建立证券公司信息公示制度下发了《关于证券公司信息公示有关事项的通知》①,规定证券公司应通过自身、中国证券业协会和沪深交易所以及登记结算机构的公共信息平台向公众披露公司概况,经营性分支机构、产品、人员信息,风险提示信息如风险处置状况和有利于投资者查询、监督的其他信息。上述信息必须在中国证券业协会提供的网络平台上填报与更新,并且由证监会派出机构核对。上述做法和美国券商强制性信息披露的某些具体做法开始有类似之处。中国证监会上述券商信息披露制度特点在于:首先就信息披露的内容而言,与早期央行券商信息披露制度相比更加全面,其包含了券商比较全面的信息;其次就信息披露受众而言,除了向中国证监会、中国证券业协会和证券登记结算机构披露外,首次鼓励非上市类证券公司向监管机构和行业协会之外的普通公众披露信息;再次就信息披露义务主体而言,囊括了组建为有限责任公司和股份有限公司的所有证券经营主体。可见中国证监会主导下的证券信息披露制度无论在广度还是深度上都有很大提高。此外,中国证券业协会也是建设中国券商信息披露制度的参与者。不过,由于中国证券自律组织对证券行政监管机构依附较大的国情,其只能发挥有限的辅助作用,其对信息披露制度的相关规定可以被看成是证监会券商信息披露制度在自律领域的延伸。这体现在中国证券业协会发布的《中国证券业协会创新试点类(规范类)证券公司信息披露指引(试行)》(以下简称为指引)上②。《指引》主要适用于经协会评审认定为创新类和规范类的证券公司。由于上述两类券商属于行业内较具实力的少部分券商,因此《指引》的适用范围有限。加之中国证券协会的独立性较差及执行手段缺乏,其只能对违反《指引》行为采取记入诚信信息系统和报送证监会调查等手段,大大降低了《指引》效力。因此《指引》充其量只能作为中国券商信息披露制度的参考性文件。

　　尽管近年来我国券商信息披露制度建设已经取得了长足的进展,但是与美国这样的成熟证券市场的券商信息披露规制相比还存在重大的一般性和特殊性缺陷。所谓一般性缺陷指的是我国券商信息披露规制存在的立法权威性不足、券商关联人信息披露内容受限和体系完整性缺失等问题。首先就立法权威性不足而言,我国目前券商信息披露规制的立法主体已经从中国人民银行过渡

---

① 关于证券公司信息公示有关事项的通知 [EB/OL]. http://www. gov. cn/zwgk/2006 – 08/01/content_351306. htm,2009 – 06 – 01.

② 中国证券业协会创新试点类(规范类)证券公司信息披露指引(试行) [EB/OL]. http://www. sac. net. cn/newcn/home/info_detail. jsp? info_id = 91156321246100&info_type = CMS. STD&cate_id = 81183691545100,2009 – 06 – 01.

到中国证监会,中国证监会成为当前券商信息披露的最重要的立法主体,同时中国证监会部门规章也成为券商信息披露的最主要的法律依据。与之形成对照的是,美国在 1934 年证券交易法就有关于券商信息披露的明确规定,包括券商注册的信息披露规定如证券交易法第 15a 条和第 15b 条,包含了对 SEC 在此领域的授权立法规定。证券交易法还就特殊领域券商信息披露如证券交易法 15g 对分值股票交易信息披露进行了规定。而如果券商同时是上市公司,其还要受到发行信息披露和持续性信息披露义务的约束。对照美国法可见,我国券商信息披露规制在证券基本法律层面明显缺位,而这对于券商信息披露规制的整体效力层级和体系完整是很大的掣肘。因此,提升我国券商信息披露规制水平首先要改革其规制体系,重点放在提升其立法层次上。这就要求在我国证券法中对券商注册阶段信息披露和特殊证券交易类型中信息披露问题加以专门规定。同时,由于我国证券监管是以集中监管为特色,从而在相当长历史时期内中国证监会将不可避免地会在券商信息披露规制构建中发挥主导作用。因此,应在证券法中通过授权性规定明确中国证监会在券商信息披露问题上的专属职责。至于券商关联人信息披露内容受限则是显而易见的,在美国证券领域不但券商作为一个整体负有信息披露的义务,而且参与券商日常业务经营的关联人如注册代表和注册主管等也必须向 SRO 注册并披露基本信息,同时还负有在情况变动时进行信息更新的义务。而中国证监会 2002 年颁布的《证券业从业人员资格管理办法》对所有从事证券业务的机构从业人员规定了初步资格认定和监督管理办法,但是该办法并非专门针对证券公司,因此内容较为空泛,并且在信息披露具体内容规定和持续更新义务方面尚付阙如[①]。所谓券商信息披露规制体系的完整性缺失指的是,在我国中国证券业协会和两个证券交易所未能发挥一线日常监管和事前监管自律组织的应有作用。券商信息披露不仅关乎券商注册阶段初始信息,还关乎券商经营乃至退出阶段的持续信息披露。而非强制性券商主动信息披露行为的规制也只能由自律组织进行,因此我国券商信息披露完全依赖于中国证监会集中监管的局面是不合理的,中国证券业协会及两个交易所必须发挥其相应作用。上述券商信息披露规制的立法权威性不足、关联人信息披露内容受限和体系完整性缺失仍属于券商信息披露规制的一

---

① 需要指出的是,对于不属于券商内部编制的证券经纪人,中国证监会在 2009 年 4 月颁布了《证券经纪人管理暂行规定》对其信息披露问题进行了详尽规定。但如上所述,证券经纪人并非实质性参与证券经纪业务的。因此就本文而言其信息披露的意义并不显著。证券业从业人员资格管理办法[EB/OL]. http://news. xinhuanet. com/zhengfu/2002 - 12/23/content_667753. htm,2009 - 06 - 01. 证券经纪人管理暂行规定[EB/OL]. http://paper. cs. com. cn/html/2009 - 03/17/content_19952811. htm, 2009 - 06 - 01.

般性问题。

　　我国券商信息披露制度的特殊性缺陷指的是我国券商信息披露制度的建构未能符合券商交易中介本质,其内容主要偏向券商财务、经营和治理信息的披露,却忽略了更为重要的对交易中介行为的信息披露。特别就证券经纪而言,其交易过程信息披露规制在中国仍处于空白状态。根据前述美国证券领域相应规定,与证券交易过程有关信息披露应包括与账户性质有关的信息如特殊账户类型的风险状况、账户特殊运行和管理安排以及与券商对账户客户信息使用状况,与证券交易内容有关的信息如所交易证券的信息、委托执行过程的情况以及与券商报酬有关的安排等。就我国证券经纪业务而言,随着证券经纪业务转型和金融服务综合化程度的加深,新型的经纪账户将会不断涌现,如在线经纪账户、理财账户、银证合作账户等。对于普通投资者而言亟须对此类特殊账户的性质与风险有比较全面的了解,因此与新型经纪账户有关的信息披露越来越成为一个必不可少的制度设计。证券交易过程透明化在我国显得更为必要。这是因为交易手段多元化,客户服务的个性化和智能化使得券商在经纪服务上越来越具有主动性,从而客观上加大了其从自身利益出发支配经纪业务过程并忽视客户利益的可能性。因此,建立证券经纪业务执行过程信息披露制度,赋予客户和有关监管机构对证券经纪交易执行的更大制约是一种必然要求。有鉴于美国证券领域制度实践,我国证券经纪信息披露规制至少应包括如下两个方面:一方面是关于经纪账户性质的信息披露问题。笔者认为经纪账户性质披露主要是针对创新类的证券经纪服务。但我国目前正处于证券经纪服务转型的关键期,经纪业务创新花样繁多而且亟须鼓励,过于繁冗和严厉信息披露规制将会阻吓投资者信心并增加券商的监管成本。因此,对于账户性质披露应采取自律规则方式,由中国证券业协会及沪深交易所制定相关规则,而由中国证监会在自律规则较为成熟的基础上有选择性地以部门规章的形式将其上升为强制性规范,如果该新型账户涉及多种金融服务还可以报请国务院联合各金融监管机构就此制定相应行政法规。而经纪业务执行过程的信息披露则与上述完全不同,这是因为券商在证券经纪业务中越来越占据主动地位,加之其本来具有的知识、技能优势,使得法律必须对之加诸更严格和有效的规制才能最大程度维护投资者利益及维护证券市场公平。因此,就证券经纪执行过程的信息披露规制而言,其必须是以强制性法律法规为主,而以自律性规则为辅。这意味着中国证监会作为券商监管的核心机构必须承担起建构此种规制的责任。具体来说,就是证监会必须根据证券法和有关行政法规制定相应规章,对券商在证券经纪业务执行中的有关证券信息,时间、地点、价格、数量等执行过程中的具体参数以及券商相应的报酬或其他类似安排的披露进行规定。而经纪业务执行过程中某些事前的、动态的和一线监管的问题的信息披露则可授权中国证券业协会或沪深交易所制定相关自律规则加以规制。

我国对于券商主动信息披露的规制也完全处于空白状态。如前所述,在美国证券法中,券商主动信息披露指的是券商通过广告、营销资料、通信、机构销售材料、公开露面、独立准备的翻印材料和研究报告等形式进行自愿信息披露的行为,其主要包括两个方面,一是交易目标证券与交易相关服务的描述性信息,二是对目标证券价值的评估与预测的信息。在美国,券商主动信息披露往往是其市场营销策略的一部分,并主要通过各种大众和电子传媒主动"推向"投资者。由于主动信息披露中的信息内容一般是券商对市场公开信息的整理、消化、吸收和分析,因此其往往会对市场行情和投资者决策产生重大影响。应该说,券商雇佣的证券分析人员所发布的证券分析报告就是一种典型的主动信息披露。由于券商主动信息披露个性化和专业化的特性,使其难以通过强制性规范加以简单划一的规制,因此在这个问题上起主要作用的是 SRO 的自律规则。在我国,随着券商经纪服务的转型与市场营销意识的提升,券商通过各种渠道与媒介向市场发布经其加工与整理的信息的活动必将成为一个焦点问题,通过此类活动券商可以明显提高其所经营的证券产品与服务的品牌知名度,向市场告知新产品和新渠道,从而创造差异化的证券经纪服务和证券经纪市场。比如世纪证券公司在 2003 年主办的"世纪之路,百年财富"的全国巡回路演就以塑造公司新锐形象、推介公司专业化服务、提高市场认知度和开拓市场为目的。公司在活动中注重和媒体交流,通过媒体宣传实现了活动整体效应的放大,从而在国内证券界产生了较大的影响。另外,国泰君安证券曾面向大中客户首先在国内推出了一种叫做"组合宝"的程序化交易手段,帮助投资者实现证券投资组合管理。投资者可以通过"组合行情展示系统"和"组合交易系统",对事先设定的投资组合进行一揽子交易下单。国泰君安在一些主要机场利用广告牌对"组合宝"产品进行宣传①,此种针对公司某一产品的促销大大提升了公司的差异化形象。此外,最为突出的券商主动信息披露则是上文所述的券商发布证券分析报告或称股评的行为。对于上述种种的券商主动信息披露行为,虽然在我国仍缺乏相应的法律理论和实践,但基于我国证券市场的具体情况,应该明确如下几点。首先,券商主动信息披露行为是基于公开信息进行的信息整理、分析和传播专门行为,如果从一般性法律与行政层面则比较难以对其工作成果加以评判,所以自律监管因为其专门性、灵活性和非强制性的特点应成为券商

---

① 全景网络证券时报. 从买股票到买组合——国泰君安证券催生组合投资时代 [EB/OL]. http://finance. sina. com. cn/roll/20031014/0208474319. shtml,2009 – 06 – 01.

主动信息披露规制的首选。其次,券商主动信息披露行为一般而言是一种面向不特定公众的行为,从法律上说只能属于侵权法的调整范畴。这里的矛盾在于如果券商主动信息披露行为造成一定的侵权损害结果,是否仅在自律责任的范畴内寻求其救济,还是可以寻求进一步的法律救济呢? 在这里应考虑我国证券领域的两个实际情况,一个是我国处于券商经纪业务转型的关键期,从政策上说应对包括证券分析在内的券商主动信息披露行为采取一定的扶持。而另一方面众所周知的是,在我国集中式监管的体制下,以中国证券业协会和两个交易所为代表的自律组织其救济手段极其有限,将救济局限于自律范畴无疑将难以形成真正的约束。综合以上两点可以看出,在设计针对券商主动信息披露的有关救济体系时虽然应该以自律责任为主,但也可以考虑对券商主动信息披露中的以故意或重大过失为主观过错表现形式的侵权行为采取自律救济之外如民事侵权救济的手段。再次,关于券商在主动信息披露中承担义务的内容,对照美国证券法以及 SRO 规则在此问题上的规定可以看出,进行主动信息披露券商的义务包括如下几个方面:一是形式上的要求,即券商主动信息披露行为必须遵守一定的程序规则,包括企业内主管人员批准、主动信息披露行为的记录和向 SRO 提交有关文件以备审查;二是内容上的要求,主要是要遵守公平交易和诚信原则,这包括信息的全面均衡、利益冲突的披露和排除任何虚假或误导性陈述。主动披露信息特别禁止包含对业绩的具体预测、重现过往业绩的保证以及不适格的专家证词和具有偏向性的比较等。此外,如果券商主动信息披露涉及特殊证券领域,那么券商相应义务在内容上也会有所不同。在我国,券商主动信息披露的规制目前仍主要来自于中国证监会指导性文件,在《关于规范面向公众开展的证券投资咨询业务行为若干问题的通知》中对于证券投资咨询行业的日常监管方式一方面是要求证券投资咨询机构或其执业人员在预测证券品种走势或对投资证券可行性提出建议时,自行披露相关的信息,遵循执业回避原则。另一方面要求投资咨询机构就对外提供具体证券投资建议的情况向注册地中国证监会派出机构提供书面备案材料①。上述文件明显着重于强调投资咨询机构本身的自律,而非来自证监会的他律,而且在内容上仍较为简单和原始。笔者建议应将此问题的规则制定权移转至中国证券业协会与沪深两个证券交易所,从而以行业自律代替上述文件中的券商自律,以较为客观的行业标准代替相对主观的券商个体标准,从而成为券商主动信息披露中券商注意义务的衡量标准,并在个案判定时也能以更加客观化的方式对券商主动信息披

---

① 　王晓,梁红凤,李红艳.股评人的法律责任[J].法律与生活,2003(10).36.

露的义务履行加以评判。此外,在中国证监会的相关行政规章或国务院有关行政法规中,应对因故意或重大过失违反券商主动信息披露的上述义务,并造成严重后果的行为给予行政或民事救济,从而才能在我国当前信息严重不对称的证券市场条件下,对券商主动信息披露中的严重不当起到吓阻的作用并维护广大投资者的根本利益。

此处需要特别注意的是,在我国券商主动信息披露往往是通过证券经纪人进行的,因为其往往可以向客户传递由证券公司统一提供的研究报告、与证券投资有关信息、证券类金融产品宣传推介材料以及其他有关信息①。因此,在2009年4月中国证监会出台的《中国证券经纪人管理暂行规定》中,证监会特别要求证券经纪人遵守法律、行政法规、监管机构和行政管理部门规定、自律规则以及职业道德,自觉接受所服务的证券公司的管理,履行委托合同约定的义务,向客户充分提示证券投资的风险。特别是禁止提供、传播虚假或者误导客户的信息以及通过互联网络、新闻媒体从事客户招揽和客户服务等活动。而《中国证券业协会证券经纪人执业规范(试行)》也对证券经纪人提出公平对待客户以及客户利益优先的要求,特别是证券经纪人应如实向客户传递所服务证券公司统一提供的研究报告及与证券投资有关的信息、证券类金融产品推介材料及有关信息,不夸大、歪曲、隐瞒、遗漏有关内容②。当然,上述对证券经纪人主动信息披露的规定也同样具有一般意义上我国券商主动信息披露规制的缺陷,此不赘述。

本节对我国券商信息披露规制的历史发展与现状进行了介绍,并进一步对我国券商信息披露制度的一般性缺陷和特殊性缺陷进行了简单的评析,前者包括券商信息披露立法层次不足、完整性缺失以及券商关联人信息披露内容受限,而后者包括证券经纪业务过程信息披露与券商主动信息披露规制两个方面的内容。笔者试图对照美国券商信息披露规制中的相关内容对我国相关规范的构建提出建议,以最终建立起符合中国国情的券商信息披露规制体系。

第三节 诚信原则与我国券商的证券
经纪行为——理论与实践

上文述及,信息披露是对券商交易中介行为的一种市场化的外在规制,而

---

① 《证券经纪人管理暂行规定》[EB/OL]. http://paper.cs.com.cn/html/2009 – 03/17/content_19952811.htm,2009 – 06 – 01.

② 《中国证券业协会证券经纪人执业规范(试行)》[EB/OL]. http://law.lawtime.cn/d671726676820.html,2009 – 06 – 01.

信赖义务才是内在于券商客户关系的规制。在美国证券领域,券商交易中介行为内在规制正是沿着信赖义务的路径进行构建的,其中包括忠实义务和注意义务。前者是一种在行为方式上呈现为消极的义务,内容是避免与客户发生利益冲突,并最终最大程度的维护客户利益,而后者在行为方式上呈现为一种积极的义务,内容是对委托事务尽到一定的以合理注意为基础的管理义务。信赖义务源于信赖关系,是英美法系一种衡平法上的义务,其根本理念在于以双方当事人乃至全社会的利益为本位来调整私人法律关系,从而在实践中追求较为公平的结果。在英美法中,信赖关系和信赖义务是法院在个案处理基础上抽象而成的一种法律创制,其可见于各个私法领域。信赖关系是一种一方信赖他方并将自己的权利托付给他方从而在双方间产生的法律关系,被托付的信赖义务人必须完全为委托人的利益服务。虽然信赖义务在极为多样的法律领域如合同法、公司法、代理法和信托法中可以表现为种种具有确定性的规范。但正如前文指出,信赖义务是法律义务的同时也是一种道德义务,从而也具有天然模糊性。因此作为一种法律与道德的混合体,作为一种英美法中的特殊法律建构,如何将信赖义务移植到大陆法系的语境中是一个不小的难题。笔者认为,虽然大陆法系中并没有信赖义务的概念,但制度功能上庶几对应于信赖义务的法律概念则有诚信原则。

一、我国法中主客观合一——诚信原则的重构及其理论应用前景

经纪商客户关系在英美法中属于代理范畴,而在我国普遍认为证券经纪业务中券商客户关系在法律上属于行纪合同的范畴。当然行纪关系在英美法系中属于代理范畴中的隐名代理,因此从根本上说两大法系对经纪商客户关系实质的认识是相差无几的。基于代理关系而抽象出的信赖义务是英美法通过衡平机制对经纪商客户关系的原则性规定,而行纪关系作为我国合同法上一种明文规定的法律关系,其规制双方当事人行为的首要法理原则就是明定于我国合同法的诚实信用原则,以下简称为诚信原则。

起源于罗马法的诚信原则是大陆法系中一个内涵极为抽象,外延极为广大,但地位又极其崇高的原则,是大陆法系私法中的"帝王规则"和"首位条项"①。但正由于诚信原则的宏观性,使其具体含义历来聚讼纷纭又无法定于一尊,但有几点是没有疑义的。首先,正如信赖义务是法律和道德的混合体,诚信原则也不能排除其道德性质。因为从历史上看,诚实信用一直是商业活动的基

---

① 王利明. 民法总则研究 [M]. 北京:中国人民大学出版社,2003. 121.

本道德。我国民法通则第四条规定民事活动应遵守诚信原则,同时第七条也规定民事活动必须尊重社会公德,这意味着一直作为商业道德存在的诚信原则与法律的兼容性①。诚信原则作为道德与法律的混合体,是道德规范法律化的重要例证。诚信原则既可以在道德领域发挥规范作用,也可以通过法律确认发挥强制性效力②,因此诚信原则与信赖义务原则一样,属于法律化的道德或道德化的法律。其次,诚信原则本源于罗马债法,主要指的是契约双方对契约的信守,但在现代大陆民法中,诚信原则的衡平取向与英美法系中的衡平理念渐趋一致,表现为从私人本位倾向平衡各方利益③的社会本位,从意思自治为基础倾向于保护当事人信赖为基础,从义务履行的主观判定倾向采纳客观判定标准。正如中国台湾学者蔡章麟所指出的:"今日私法学已由意思趋向于信赖,已由内心趋向于外形,已由主观趋向于客观,已有表意人本位趋向于相对人或第三人本位,已由权力滥用自由之思想倾向于权利滥用禁止之思想,已由个人本位倾向于社会本位或团体本位。在此趋势之下,诚信原则在私法上竟然得到大肆活动的舞台,固属理之当然"④。由上可见,大陆法系下的诚信原则与英美法系下的信赖义务在理念上已逐渐融合。再次,从法制演进和法律适用上看,诚信原则不仅是对大陆法系传统"成文主义"的必要补充,也是对私法自治原则的一种完善。根据大陆学者王利明的总结,诚信原则在促进法律的演进上起码起到如下几大功能即:确定行为规则的功能、填补法律和合同漏洞的功能、衡平的功能、解释的功能以及降低交易费用和增进效率的功能⑤。可见,诚信原则大大增强了大陆法系中法院通过司法对法定与意定的各种法律关系进行衡平的功能。从这点上看,大陆法系中的诚信原则与英美法系中信赖义务理论在运行机制和适用方式上是一致的。最后需要强调的是,上述比较绝不能简单得出大陆法系

---

① 所谓社会公德也就是大陆法系所惯称的公序良俗,德国学者 Hamburger 认为诚信原则系法律固有之构成部分,违反公序良俗者必定也违反诚信原则。杨小强,梁展欣编著. 合同法实例说[M].长沙.湖南人民出版社,2001.31.

② 将诚实信用本质视为道德而非法律的学说认为诚信原则实质是一种交易道德,或曰道德理想,或曰法律伦理,其义概同。邓伯格,恩德曼,马尼克和胡伯尔等学者皆持此说,但笔者认为将诚信原则仅仅归于道德范畴未免偏执,在当今法治社会下难以发挥实际功用,因此必须从其与法律相结合的角度出发方可圆满解决,因此本书持诚信原则为道德与法律规则混合体说,其盖与信赖义务相类。徐学鹿. 什么是现代商法:创新中国市场经济商法理论与实践的思索 [M].北京:中国法制出版社,2003.84.

③ 关于诚信原则是各方利益平衡器也同样为各方学者所主张,包括施奈德,艾格尔和史尚宽等,其认为诚信原则协调的利益包括双方当事人,甚至还包括双方当事人之外的社会利益,徐学鹿. 什么是现代商法:创新中国市场经济商法理论与实践的思索 [M].北京:中国法制出版社,2003.84 - 85.

④ 蔡章麟. 私法上诚信原则及其运用 [A].郑玉波主编. 民法总则论文选辑 [C].台北:五南图书出版公司 1984.889.

⑤ 王利明. 民法总则研究 [M].北京:中国人民大学出版社,2003.124 - 127.

中诚信原则与英美法系中的信赖义务原则相同的结论。两者仅仅是在规则性质、创制理念和运作机制上存在共同之处，而并非在概念上能够相互替代。实际上两者存在理所当然的区分，前者是一种抽象法理原则，后者是一种是以义务为表现形式的法律构造，前者适用于几乎一切的私法领域和法律关系类型，而后者主要适用于当事双方地位不对等的法律关系，前者是对法律关系当事人的利益一视同仁予以保护，而后者强调信赖义务人必须将委托人的利益置于自身利益之上。而且英美法系中也固有着诚信原则（principle of good faith）的概念，其虽然与大陆法系中的诚信原则的地位与覆盖面有着很大差别①，但其本身的存在起码说明了，信赖义务并非完全是大陆法系诚信原则在英美法系的对应物，大陆法系的诚信原则其内涵和外延都远大于英美法系中的信赖义务，其地位也远比信赖义务为高。但本文所强调的是，在大陆法系有关法律领域内特别是商法领域内，诚信原则可以发挥类似于信赖义务在英美法系下的制度功能。

既然本书论述英美法中的信赖义务理论与诚信原则间关系的目的在于考察美国券商交易中介信赖义务的社会功能是否可在大陆法系中为诚信原则所涵盖，那么考察大陆法系中诚信原则适用于券商交易中介行为的法理逻辑实属必要。前文述及，信赖义务规制与诚信原则是两种性质、目的和方式上极为类似的制度安排。那么现在必须解决的问题就是当诚信原则适用于各种商事法律关系时，其具体内容是否与英美法系商事领域的信赖义务在实质上等同？尤其就本书主旨即券商交易中介行为规制而言，其纯属商法之证券法领域。应该说，在大陆法系的商法领域中，诚信原则广泛存在，这包括公司法、破产法、保险法、证券法和票据法，只是其在各个领域中具体内容有所不同②。而在我国证券法领域特别是证券交易领域，就诚信原则具体内容为何的问题，国内学者多采取列举式表述而未正面概括定义。如学者黄妍认为券商诚信原则规制的表现即不得挪用客户的交易资金、不得将客户的证券用于质押或出售给他人、不得以欺骗手段误导或引诱客户进行证券交易、不得将自营业务和经纪业务混合操

---

① 就英语世界即普通法系中的诚信原则，大陆著名民法学者徐国栋指出，古典英美法是拒不采用大陆法系一般性的诚信原则的，虽然随着法系之间的交流，诚信原则被引入英美法系，但其始终未曾完全替代发挥英美法中既存的类似于大陆法系一般诚信原则并作为本土资源的制度，诚信原则在英美法系中与大陆法系的大异其趣表现在其既不明显赋予法官自由裁量权，也在多数场合被限缩为仅仅适用于合同履行和争议解决过程中的一个原则，在美国尤其如此。此外在美国诚信原则还被商事化，与公平交易联系在一起。徐国栋.英语世界中的诚信原则[J].环球法律评论,2004（秋）:375.

② 上述脚注述及，诚信原则在美国商事领域与公平交易相联系，而公平交易义务恰恰是 NASD 自律规则中对券商交易行为规范的原则性要求，因此可以说普通法的诚信原则在美国证券商领域与信赖义务几乎是等价的。

作以损害广大股民利益等①。学者刘新虹就券商证券交易中介过程中违反诚信原则的行为也做了列举,这包括内幕交易、操纵市场、虚假陈述、欺诈客户等证券欺诈行为②。以上列举式的定义的缺陷是显而易见的:一是其法理阐述的缺失使其不能作进一步的扩张从而适应情况不断变化的证券领域,二是在列举在立法技术上存在明显的零散性和随意性。这与美国法就券商交易中介行为的信赖义务概括式表述(高度商业诚信原则、最佳执行原则、公平交易原则、合理基础原则和客户适合性原则等)和系统化规制体系形成了鲜明对比。那么从与信赖义务高度兼容的诚信原则中是否有可能导出券商证券交易中介领域的类似于信赖义务的法理呢? 笔者认为答案是肯定的,其关键是对诚信原则做更进一步的精细切分。

此处可借助的是对诚信原则的主观诚信与客观诚信的划分,此种划分是盛行于两个法系的一种学理主张。所谓客观诚信指的是当事人以其行为忠实履行其义务,不侵犯他人利益。体现客观诚信行为的衡量标准是客观、清晰以及可界定的,因此容易转化为刚性法律规则。而主观诚信指当事人主观上确信自己未侵害他人权利的心理状态,当事人形成这种确信是合理的并尽到了注意义务,也未发生故意和过失。主观诚信是主观、模糊且难以界定的,主观诚信虽然在某种程度上可以转化为法律规则,但是就其本质而言无疑需要道德规范的辅助,因此较难完全法律化。客观诚信虽然客观、清晰及可界定,但其将诚信原则过于绝对化,只能适用于界定和遵守消极义务的场合。而在界定和遵守积极义务的场合,如果完全按照结果是否损害他人利益判断诚信,则会完全取消行为人积极性,使其背上极重心理负担而难以放开手脚。因此,对于需要当事方履行积极义务的场合,主观诚信的方式是关注当事人的主观确信即善意,并在其满足一定标准后免除其承担责任的后顾之忧,这是促使其行使积极义务的必备条件。因此,诚信原则的这两个层面即客观诚信和主观诚信都是不可或缺的。可以清楚地发现,诚信原则的上述两分构造恰是对应了信赖义务的两部分内容即忠实义务与注意义务。在大陆法系中,一般只将客观诚信称为诚实信用,而主观诚信的名称却是"善意"。我国著名民法学者徐国栋指出,大陆法系在后罗马法时代由于法学研究的精细化而人为地将客观与主观诚信割裂分离,但是两者所共有的思想基础即社会契约论却提示了两者联结的可能性。因为无论是主观诚信还是客观诚信都是对社会契约的信守,这一契约的目的是保护自己的

---

① 黄妍. 论诚信原则在商法中的体现[J]. 法制与社会,2008(11):268.
② 刘新虹. 试论证券市场监管与诚信原则[J]. 法制与社会,2008(6):158.

财产权利,而内容是承担相互承认他人所有权的义务。① 只有立足于此种社会本位的社会契约才能使全社会的所有权集合焕发出最大功用。由此,徐国栋教授极力主张在我国将来的民法典中重新引入主客观合一的诚信原则。将主客观诚信合一的思想基础即社会契约理论引入信赖义务的剖析可以看出,由于分工条件下所有权与使用权大量分离已成为现代社会常态,为了适应此种变化,社会契约要求在上述权能分离的条件下受托人在行使他人所有权时应对其予以承认和尊重。因为从社会本位观察,只有如此才能发挥不同权能的最大功用从而实现社会福利的最大化。可见,诚信原则和信赖义务原则在思想基础上是共通的,都是对权利或权利项下权能的尊重。而如果按照徐国栋教授的主张,将主客观诚信统一的诚信原则注入我国民商事法律领域,则在相关主体行为规制上将会取得类似于信赖义务在英美法系中的效果。

那么在我国民法现行架构下是否有引入主客观合一的诚信原则的可行性呢? 应该说,就诚信原则的客观方面即客观诚信,也就是当事人以行为忠实履行其义务的诚信原则,本身就是我国大多数学者对诚信原则的理解,只是此种意义上的客观诚信明显是一般民法意义上的客观诚信,而在商事领域客观诚信应当有所区别。因为与一般民事法律关系相比,商事法律关系有如下特点:一方面是在现实中,商事主体与一般公众之间存在明显的知识、技能和实力的差距,因此法律必须经常性的根据公平正义的法律理念对商事主体的义务进行法定或约定范围之外的调整;另一方面,与一般民事主体相比,商事主体承担更多维护社会利益的责任,包括降低交易费用、保证交易安全、促进交易确实、平衡交易利益和提高交易效率等。② 这意味着商事主体承担着远远大于一般民事主体的义务,其目的是维持其与一般社会公众之间的交易公平。有鉴于此,并参考诚信原则在美国法中的商事化经验,笔者认为应在我国证券法条款中对证券商事主体在遵守诚实信用原则上的特殊性有所体现,其可以规定:“证券发行、交易活动的当事人具有平等的法律地位,应当遵守自愿、有偿、诚实信用的原则。而本法中规定的从事证券经营或证券服务的专门机构,其与投资者之间开展的涉及证券发行或交易的活动应在公平交易基础上贯彻上述原则,从而维护投资者的利益与证券市场的公平”。上述适用于证券领域商事主体的公平交易义务,有利于有关方面根据实质正义与社会正义理念在个案基础上对商主体与一般民事主体之间的证券交易法律关系进行调整。另外公平交易义务也使得证券领域商主体在依据客观诚信履行证券交易中的忠实义务时,必须将关系中

① 徐国栋. 客观诚信与主观诚信的对立统一问题 [J]. 中国社会科学,2001(6):198.
② 徐学鹿,梁鹏. 商法中之诚实信用原则研究[J]. 法学评论,2002(3):39 – 41.

较为弱势的投资者利益置于比自身利益更为重要的位置,从而方能达致双方交易关系公平,并从整体上维护包括证券领域商主体与投资者利益在内的社会利益的最大化。由此可见,公平交易基础上大陆法系的客观诚信等同于英美法系信赖义务之忠实义务,是券商诚信原则的首要特征。

实际上,对于我国法中缺失的主观诚信规范,其同样也必须遵循公平交易原则。这主要表现在证券领域商主体在证券交易中必须承担职业水准的注意义务,而不同于过失侵权范畴内普通民事主体所承担的一般注意义务。因为根据公平交易的理念,证券领域商主体要承担高于一般民事主体的注意义务方能合乎证券专门机构事实上的强势地位。而要详细对证券领域商主体的主观诚信加以分析,也必须沿着注意义务、过失侵权和职业标准的链条。所谓主观诚信是当事人确信其已尽合理注意不侵害他人权利且不存在故意或过失,一般谓之当事人存在"善意"。那么"善意"或主观诚信是否在我国法中有所体现呢?要回答主观诚信在我国法中的相关问题,就要分析注意义务在我国法中的现存状况,因为主观诚信或诚信原则的主观方面在现代民法中其实就等同于当事人注意义务。换句话说,"善意"是否存在取决于当事人是否履行合理的注意义务。这不仅在大陆法系中是如此,即使在英美法系中也是如此。这是因为,无论是大陆法系中的一般注意义务还是英美法系中的注意义务,其含义都是当事人对有关情势的合理注意,这几乎就是主观诚信或善意的另一种表述形式。大陆法系还是英美法系里的注意义务可以体现在各个法律领域中——如合同领域的缔约过失责任制度,但一般而言注意义务主要适用于侵权行为领域中的过失侵权认定①。注意义务之用于侵权行为是由于其内蕴的价值倾向,其体现着私主体对社会目标和社会价值的寻求。客观诚信即行为忠实却难以完全满足社会契约所必然要求的对他人或社会利益兼顾的需要,无论此种忠实是来源于信赖义务理论还是诚信原则。而只有以合理注意为内容的注意义务也即主观诚信之伸张,予他人及全社会利益以照顾,才能实现社会资源公平分配的实质正义。注意义务的上述价值倾向蕴含对更高社会目标的追求,使其成为对私法自治的反动。而以行为为表征的客观诚信即忠实义务仅仅是作用于有限主体之间的相对关系,而无法脱离私主体间具有相对性的范围而从社会本位进行考量。与此对照,注意义务可以跳脱相对性窠臼而对更广泛的利益加以关注。因此之故,注意义务可以对法无明文或未约定的各种情况从社会本位出发予以补救,也可以对侵害财产和人身等绝对权侵权行为加以规制,从而成为履行社会

---

① 一般情况下过失如疏忽不构成侵权。但存在注意义务时则疏忽也可构成侵权,因此注意义务本来就是用于认定过失侵权,如果是故意侵权是无需以注意义务为前提的。

契约的最佳法律建构。正如台湾民法学家郑玉波先生所指出,侵权行为是直接违反社会契约的行为,而违约行为只是违背个人契约①。至于注意义务与"过失"而非"故意"侵权结合的原因,是由于注意义务作为一种主观诚信关注的是主观上的一种确信,而过失侵权正是以主观过错为要件的法律建构,因此在两大法系中两者都自然而然地出现合流的趋势。如果说在英美法系中注意义务与过失侵权相结合,并发展出注意义务的客观衡量标准即理性人标准,并将其推展至执业环境下的职业人标准,那么大陆法系中的一般注意义务也无独有偶,走上了与过失侵权相结合的道路。因为,虽然主观诚信强调主观范畴的确信,但是其这种确信是否合理仍无法完全以个人内心状态为准。因此大陆法系在十九世纪下半叶陆续发展出了客观过错理论,在此理论下建立起了源于罗马法的"良家父"(又称"善良管理人")客观判断标准。至于职业与营业环境下过失侵权及其注意义务,则一直就是大陆法系一般注意义务的关注对象。以德国法为例,一般注意义务的司法实践就是从交通安全注意义务开始的,继而到特殊职业或者营业活动注意义务,再后来通过类型化的方法延伸到各种各样的过失侵权行为②。综上可见,只有在我国法中积极引入大陆法系中过失侵权下一般注意义务的概念,才能建立主客观合一的诚信原则并作为信赖义务在英美法中的功能替代物。但是如何建设性地引入过失侵权下的一般注意义务是一个不容回避的问题。我国学者杨垠红认为将一般注意义务概念引入中国法并与我国已有的一般侵权及贯穿于我国民法的诚信原则相一致的同时,应吸收英美法系中关于注意义务的系统和可操作的判断标准以增强注意义务与过失侵权结合的客观可行性。她还指出英美法系注意义务体系下的积极救助义务是否在特殊情况下可以引入我国的过失侵权体系也值得思考③。我国学者金凌在比较大陆法系过失侵权领域中一般注意义务之"良家父"标准与英美法系过失侵权注意义务的"理性人"时也同样指出,英美法系的理性人标准已经体系化和具体化,而大陆法系的"良家父"标准则失之于简单、粗略、缺乏具体性和在实践中难以操作④。可见,通过建立过失侵权规制体系及一般性注意义务,并在司法实践中参考英美注意义务的理性人标准,是我国建立主客观合一诚信原则体的必由之路,也是规制包括券商交易中介在内的各项职业或营业活动的法律前提。

　　由上可见,过失侵权与注意义务的结合在职业或者营业活动是最为突出

---

① 郑玉波主编. 民法债编论文选辑[M]. 台北:五南图书出版公司,1984. 642.
② 杨垠红. 一般注意义务[J] 厦门大学法学评论,2005(9):43 – 51.
③ 杨垠红. 一般注意义务[J] 厦门大学法学评论,2005(9):73 – 74..
④ 金凌. 略论注意义务对我国侵权行为法的启示[J]. 法学评论,2009(2):129.

的,其反映了私人生活的公共化和侵权法对合同法的扩张。职业或营业活动是现代分工的结果。社会大分工的广泛开展彻底改变了社会运行的基础,使得古典世界中存在于地位对等双方当事人之间的合同关系几乎完全被现代社会中地位不对等的委托代理关系取代。虽然此种职业分工基础上的委托代理关系既可以是合同关系也可以是侵权法律关系,从而委托代理关系中的代理人即很多情况下所谓的专家所承担的责任可能是合同责任也可能是侵权责任,但是两大法系的司法实践都倾向于将其归类为侵权责任。其原因正如我国学者蒋云蔚所言,现代分工下无处不在的专家服务合同已经丧失了古典世界中合同的平等性和封闭性。专家服务合同愈益徒具形式而不具备意思自治的本质,因此亟须侵权法所代表的公共政策介入,而其集中体现为注意义务的勃兴。因为两大法系侵权法实践证明了只有注意义务才能极大地推动公共政策对社会生活的干预①,从而达到上述隐含于侵权法中的政策目的。既然职业活动中相关人员的主观诚信是依靠注意义务体现并最终以过失侵权框架加以规制,那么其与一般情形下注意义务有何不同呢? 前文述及,就引入主观诚信的问题,我国法应在引入大陆法系过失侵权及其一般性注意义务基础上进一步应用英美法系的理性人标准作为具体判断标准。就职业活动而言其适用一般注意义务自不待言,但关键在于注意义务的判断标准。从本书角度看,也就是如何把职业活动中的英美理性人标准引入我国法。职业活动中的注意义务其从源头上看源于大众对职业本身的信赖。而现代社会纵横交错的职业网络是我们社会制度的基础,保护对职业的信赖也就是保护对我们基本社会制度的信赖,法律的职责就是体现和确认这种信赖。因此职业活动中的注意义务判断标准应与标志该职业系统可信度的职业标准相挂钩,只要达到职业平均的和被认可的水准,那么相关主体就达到了职业注意义务,从而免于过失侵权的指控,这也是英美法系长期的司法实践。当然职业标准并非法律本身,因此在我国这样的成文法传统国家,在过失侵权的注意义务司法实践中如何对待职业标准是一个立法与司法层面都需要考虑的问题。

二、诚信原则适用于我国券商交易中介行为规制的分析与建议

在上一节中,通过与英美法系中的信赖义务相比较我们已经对于大陆法系中诚信原则的大致特点有了一定认识。概括来说,诚信原则是同时存在于道德与法律领域并整合两者功能的社会规范,虽然源于罗马法之债法并主要存在于

---

① 蒋云蔚. 从合同到侵权:专家民事责任的性质 [J]. 甘肃政法学院学报,2008(7):50 - 53.

契约领域,但是在现代民法中其已经成为指导各个领域的"帝王条款",并且其价值取向已经转向为社会本位。此外,两大法系中,其规则演进和实际运行都依赖司法实践,诚信原则在大陆法系中也同样由法院进行发挥以补足法律、契约的漏洞,裁判衡平,释法,还可以从当事人守法角度转化为其行为规则。另外,诚信原则非仅及于当事人外在行为层面,也可及于当事人主观层面,此即所谓主客观合一的诚信。客观诚信就是传统诚信原则的内容,其遍及于民商法律各领域,指的是一种含有道德内容的行为义务,主要是当事人在行为上除保护自己利益外不能损害他人利益[①],违反客观诚信的成立无需考察主观心理状态,无论其是故意或是过失。而主观诚信则是一种主观确信,只要当事人确信自己行为未损害他人利益就达到主观诚信要求(这说明当事人心理状态绝非故意),只是此种确信必须以注意义务履行为条件,因为只有满足注意义务才能证明此种主观确信在形成时不存在主观上的过失。主观诚信一般用于过失侵权领域,以注意义务履行为前提。当然就注意义务而言,其衡量标准是主观诚信核心问题。

根据以上论述可知,就券商交易中介行为而言,诚信原则的规制至少应包括如下特点。首先,诚信原则不仅要求券商在充当交易中介时遵守一定法律规范,还要求其遵守一定的道德规范。因为正如本章前述诚信原则本来就来源并一直存在于商业道德领域,其是法律与道德混合体。其次,诚信原则要求相关法律法规规制券商交易中介行为时应从社会本位出发,其不仅要关注具有相对性的有限的交易各方之间利益平衡,还要顾及交易各方之外更广泛的社会利益的平衡。这明显包括对证券交易市场本身秩序以及广大非当事方交易者利益的关注。由于证券市场的高度复杂性、专业性和联动性,相关规范只有从社会本位出发才能真正达到诚实信用原则所期望的效果。再次,诚信原则并非纸面上的法理原则,更是存在于社会实践中"活法"。与美国券商交易中介行为规制中的信赖义务理论是通过司法实践不断发展而来相类似,诚信原则同样也必须指导与券商交易中介有关的司法实践。实际上诚信原则的抽象性与模糊性正是为了其灵活性预留空间,而这种灵活性主要依靠司法能动性得以实现。这提示我们,诚信原则在券商交易中介行为规制上的生命力存在于法律实践中。但需额外指出,对于许多国家证券领域来说,行政监管部门都处于监管核心,就券商行为规制而言其实际上发挥比司法系统更为重要。因此,一般意义上诚信原则所要求的司法能动性在证券领域应表现为行政监管部门与司法部门的双重

---

① 徐国栋. 诚实信用原则研究 [M]. 北京:中国人民大学出版社,2002. 41.

能动性。行政监管部门主要在法律解释、规则补充、行政裁判上向证券市场主体提供守法指导,而司法部门主要在裁判衡平、契约填补和法律解释上发挥作用。当然作为一种道德化的法律原则或说法律化的道德原则,诚信原则对券商自律道德实践也产生了相应指导。因此,贯穿于券商规制的行政、司法和道德实践的诚信原则就成为了三者有机联系的重要纽带。再其次,诚信原则之主客观合一对于券商交易中介行为规制也有重大指导意义。客观诚信要求券商不仅在交易中介过程中信守承诺,不得侵犯投资者利益,无论出于何种主观状态,只要在行为上越过了投资者利益的红线则就需承担相应的违约或者侵权责任。由于证券投资者寻求交易中介的目的是获取经济利益,因此对于券商而言,客观诚信就要求他们忠实地履行客户委托或维持市场流通从而实现客户利益。不仅如此,由于商主体与民事主体相比具有明显的信息优势,因此其在履行客观诚信原则的时候,除了本着诚实善意的内心状态并不得有欺诈、胁迫和滥用权利外,还需对法律或约定未规定的必要义务加以履行,这也称为扩张商主体之义务①。在券商交易中介行为中,客观诚信指导下的扩张商主体义务要求其除了忠实履行客户委托或维持市场流通外,还要采取必要措施以使得履行上述义务成为可能,这主要指采取预防措施避免与客户的利益冲突从而大大降低乃至避免券商侵犯客户利益的可能性。仅有客观诚信仍不足以规制券商交易中介行为,因为券商交易中介越来越不仅仅是一种被动的行为。作为委托代理结构中强势一方,券商对交易过程的主导日益明显。在此情形下适合于积极义务的主观诚信找到了用武之地。主观诚信要求券商在交易中介过程中合理确信其积极作为并未侵犯到客户权益,并且其"合理确信"来源于券商交易中介的行业标准,只要符合行业标准就能证明"合理确信",从而免于过失侵权的指控。也就是说,除了被动执行客户委托需要履行客观诚信所要求的忠实义务外,券商如果在交易中介过程中积极影响客户,包括有提供服务、建议和帮助等会赢取投资者信赖并影响其投资决策的行为则须符合主观诚信的要求,即以行业标准为衡量尺度的注意义务。

由于我国采取的是民商合一的立法体例,因此在民法通则或将来民法典中的诚实信用原则应该来说同样是证券法指导原则。其规定是"民事活动应当遵循自愿、公平、等价有偿、诚实信用的原则"。而与此相应,我国证券法第四条也明确规定:"证券发行、交易活动的当事人具有平等的法律地位,应当遵守自愿、有偿、诚实信用的原则"。证券法基本的法理原则条款还包括"证券的发行、交

---

① 徐国栋. 诚实信用原则研究 [M]. 北京:中国人民大学出版社,2002. 39.

易活动,必须实行公开、公平、公正的原则"。那么我国民法通则中的诚信原则与证券法中的诚信原则是否真的等同呢? 曾有论者认为,如果按照民法通则中诚信原则的意义来理解一般证券法中诚信原则,其与证券法中的公平原则意义几近相同,难免有重复之嫌。因此,对证券法中诚实信用的理解应更多从社会本位出发,其意义应该是指证券交易方在证券交易中不仅要顾及双方利益,还要顾及社会利益①。但笔者认为,即使是强调证券法中诚信原则的社会本位并以之和民法通则中的诚信原则相区别,也未能化解其与公平原则的重叠。这是因为证券法的公平原则本来就有兼顾社会利益的含义,因此证券法立法者并无意再次强调诚信原则从社会本位出发的意涵。其实从我国证券法第四条字面可以知道,将诚信原则排在自愿和有偿的后面,仍是属于强调古典契约意义上的诚实信用,即当事人秉持诚信善意的内心状态且不损害交易对手利益,这明显将诚信原则局限于交易各方之间,而将其硬性认定为具有社会本位的现代含义则与本条前文即"自愿有偿"相比则显得突兀。其实证券法如此规定的意图恰恰是与民法通则相协调,也是为了强调证券交易民商事即私活动性质,与三公即公开、公正和公平原则强调证券交易社会本位相得益彰。笔者认为,证券法诚信原则规定的根本问题不在于如何理解,而在于其内容缺乏全面性。诚信原则作为大陆法系民商法领域的"帝王条款",再加上我国民商合一的立法体例传统,宜将其全面的规定在将来的民法典中,并同时在证券法中依照证券领域的特点加以重申和具体化。规定在民法典中的全面的诚信原则应该指内容上主客观合一的诚信原则。在定义诚实信用原则时,民法典应规定诚信原则指的是民事关系当事人在尊重他人与社会公共利益基础上善意而忠实的行使权利和履行义务。这里,诚信原则既应当包括对忠实义务的要求,也应该包括对注意义务的要求。前者指的是诚实信用原则应该规定民事法律关系当事人的行为不能损害他人或社会合法利益,后者指的是诚实信用原则应规定民事法律关系当事人在合理限度内确信其尊重既存的社会道德与行业标准。在民法典规定的基础上,证券法应进一步立足于本领域特点对诚信原则加以具体化。证券法应规定:"证券发行、交易活动的当事人必须遵守诚实信用原则,其中特别是要严格执行国家与证券发行及交易有关的法律法规以及努力遵守证券行业自律组织的相关规则",另外证券法规定中也应把公平交易原则纳入诚信原则的法理框架,作为诚信原则在商主体与一般民事主体间法律关系的法理原则。诚信原则是具有法律与道德两重性的规范,因此除了在法律条文中对诚信原则予

---

① 周友苏主编. 新证券法论[M]. 北京:法律出版社,2007. 135 – 136.

以规定外,还必须在行业自律组织如中国证券业协会与沪深交易所的自律规则中以道德规范的形式进一步落实诚信原则的内容。根据证券法第一百七十四条:"证券业协会是证券业的自律性组织,是社会团体法人……证券公司应当加入证券业协会"可知,中国证券业协会是法定全行业范围内唯一的自律组织。因此,诚信原则应当完整而具体地体现在证券业协会有关的自律规则中。纵观中国证券业协会的《证券业从业人员执业行为准则》,除了对诚信原则的概括性规定如第六条外,其体现诚信原则的原则性规范主要是体现诚信原则的客观诚信即券商忠实义务方面:如第六条中的"勤勉尽责"①和第八条中的利益冲突报告和公平对待客户②。上述"勤勉尽责"类似于美国 NASD 成员行为守则中的"最佳执行"原则,而利益冲突报告以及公平对待客户则类似于"公平交易"原则,都属于忠实义务的范畴。而与注意义务有关的仅可能是准则的第七条即"从业人员在执业过程中应依照相应的业务规范和执业标准为客户提供专业服务"。上述"业务规范和执业标准"规定颇为笼统,其适用范围并未有具体的指向,其既可以用于券商对忠实义务履行,也可以用于券商对注意义务的履行。因此,笔者认为,针对证券公司经纪业务转型和市场营销的加强,特别是证券公司对客户投资决策影响力增大的现实,应在《证券业从业人员执业行为准则》中增补体现证券业从业人员主观诚信即注意义务的一般性条款。其规定可以是:"从业人员在执业过程中如果就客户投资决策向其提供咨询或建议,那么从业人员应合理相信其咨询或建议有充分合理的依据"。同时,"该执业人员作出上述咨询或建议必须建立在对客户勤勉调查的基础上。通过上述调查该执业人员合理相信其咨询与建议适合于该客户的个人情况与投资目标。从业人员行使上述判断应达到其行业的平均水平,特别是应达到适用的业务规范和执业标准"。此外,在具体的禁止性行为中可以特别就证券公司从业人员增补与注意义务有关的条款,例如"在经纪业务中,如未对有关证券或客户进行勤勉调查则禁止相关从业人员向其客户以咨询或建议等形式推荐从事该证券的交易"。当

---

① 中国证券业协会《证券业从业人员执业行为准则》第六条:从业人员在执业过程中应当维护客户和其他相关方的合法利益,诚实守信,勤勉尽责,维护行业声誉。《证券业从业人员执业行为准则》[EB/OL]. http://www. sac. net. cn/newcn/home/info _ detail. jsp? info _ id = 1232354642100&info _ type = CMS. STD&cate_id = 81183690929100,2009 – 06 – 01.

② 中国证券业协会《证券业从业人员执业行为准则》第八条:从业人员在执业过程中遇到自身利益或相关方利益与客户的利益发生冲突或可能发生冲突时,应及时向所在机构报告;当无法避免时,应确保客户的利益得到公平的对待。《证券业从业人员执业行为准则》[EB/OL]. http://www. sac. net. cn/newcn/home/info_detail. jsp? info_id = 1232354642100&info_type = CMS. STD&cate_id = 81183690929100,2009 – 06 – 01.

然,除了上述诚信原则的一般性规定,具体到证券经纪业务,体现诚信原则的具体规则还应包括证券市场交易规则、佣金规则、内幕交易防止规则及经纪业务中证券推荐有关规则等几大方面。

首先是证券经纪业务过程中,券商忠实义务应直接表现为从客户最大利益出发履行客户交易委托。但此种"最佳执行"原则目前在我国仍未有适用空间,这是与我国证券市场交易体系的特点有关的。一是因为我国证券市场格局单一,不存在与沪深交易所相竞争的证券交易市场,二是因为我国证券交易机制单一,除了少数例外,在两个交易所内客户交易委托执行一般只能按照集中竞价机制进行,不存在相竞争的交易机制。因此,在我国证券公司在交易执行速度、价格、时机、路由等方面并未有太多自由裁量权。美国证券规制中寻求"交易最优化"的最佳执行原则在我国当前证券市场条件下仅仅表现为一种对客户交易委托的"严格执行",即"证券公司接受证券买卖的委托,应当根据委托书载明的证券名称、买卖数量、出价方式、价格幅度等,按照交易规则代理买卖证券"①。当然,我国证券交易机制除了上述集中竞价交易外还在一定范围内存在着非集中交易机制,这包括证券协议交易和证券大宗交易。前者是按照一般合同的原理,由证券买卖双方当事人以协商方式形成证券价格并通过证券交易所来实现成交和交割的证券交易方式,协议交易在账户开立、成交确认和证券交割上仍需要借助交易所的设施,但是在最核心的申报与竞价上则非按照时间价格优先的集中竞价交易机制进行,而是通过非竞价交易系统如大宗交易系统和双方协议进行;后者即证券大宗交易是证券协议交易的一种特殊形式,其特殊之处在于其证券单笔买卖数量符合证券交易所规定的一个特殊数量门槛标准并因此适用相应大宗交易规则进行交易,与一般协议交易相比大宗交易规则的特点主要是有专门的大宗交易系统、数量较大、有成交价格限制等特点。无论是协议交易还是大宗交易,除了可将交易数量计入交易所证券交易总量外,其交易结果不计入交易即时行情和指数计算,而且其只是用于上市公司非流通股转让、上市公司收购、流通股协议转让等少数场合②。可见,在我国当前证券市场条件下,非竞价与竞价交易机制相互隔离,适用范围有限,对证券交易所的依托以及专门交易市场的缺乏也是其仍处于萌芽状态的写照。就此而言,我国非竞价交易机制对整体证券市场的交易体系并未形成冲击,对证券交易委托执行的要求仍然集中在"证券成交价格"上。从长远角度看,随着机构投资者群体的成熟以及我国证券交易体系多元化格局的形成,类似上述协议交易和大宗交易

---

① 《中华人民共和国证券法》第一百四十一条。
② 周友苏主编. 新证券法论[M]. 北京:法律出版社,2007. 255 – 257.

的非竞价交易机制以及各种场外交易市场将会不断出现,投资者在交易执行问题上的多元需求将会获得更好的满足,引入最佳执行原则下的实体与形式规则仍是将来的一个方向。

券商在证券经纪中忠实义务的另一方面是对佣金与内幕交易的规制,因为其是券商与客户利益冲突的来源。前者体现了券商与客户之间的直接利益冲突而后者则是两者间接利益冲突的体现。有关于证券交易佣金规制的问题,目前在我国的规范性文件是由中国证监会、国家计委和国家税务总局所联合发布的《关于调整证券交易佣金收取标准的通知》。其中主要内容是交易佣金实行最高上限向下浮动制度,其不得高于证券交易金额的3‰。证券公司收取的经纪佣金是证券公司为客户提供证券代理买卖服务收取的报酬。证券公司向客户提供代理以外的其他服务(如咨询等),可由双方本着平等、自愿、公平、诚实信用的原则协商确定收取标准。证券公司必须严格遵守国家财经纪律,不得采用现金返佣、赠送实物或礼券、提供非证券业务性质的服务等不正当竞争方式吸引投资者进行证券交易,禁止证券公司将机构投资者缴纳的证券交易佣金直接或间接返还给个人①。上述我国证券交易佣金体制的规定起码包括如下局限:首先是以行政手段替代市场手段对佣金浮动实施管制并不符合佣金作为一种金融服务价格的市场化本质,佣金也并非一种宏观经济政策工具,因此在佣金问题上宜采取市场定价基础上的行业自律的做法。其次,从上述文件中可以看出,我国目前对除交易委托执行以外的增值经纪服务采取单独协议收费的方法,这无疑增加了单一收费的综合性证券经纪服务(如固定收费账户)在合规方面的负担。因此,我国需要在证券公司收费方式监管上进一步解除管制,使其在经纪业务中制定不同类型服务组合时更具灵活性,而对于综合性服务的佣金监管也应并入上述佣金自律监管体系。最后是对类似软美元安排的规定。从通知可以看出,我国禁止证券公司对普通投资者或者与机构投资者关联的个人提供与证券交易无关的任何形式的优惠安排。可见我国并不禁止与证券交易有关的类似于"软美元"的安排,而只是禁止证券公司之间与证券交易无关的破坏市场公平的不正当竞争行为。但我国并未从正面角度对何谓"证券交易有关的优惠安排"作出规定,这也是未来需要在佣金行政监管规范中需要澄清的。有关于券商内幕交易规制的问题,除了证券法中一般性的内幕交易实体性禁止条款外,其程序性规范即"中国墙"制度主要存在于《证券法》、中国证监会颁布的《证券公司管理办法》和指导性文件《证券公司内部控制指引》中。《证券法》

---

① 《关于调整证券交易佣金收取标准的通知》[EB/OL]. http://www. people. cn/GB/jinji/35/159/20020405/702745. html,2009 – 06 – 01.

第一百三十六条规定"证券公司应当建立健全内部控制制度,采取有效隔离措施,防范公司与客户之间、不同客户之间的利益冲突"。中国证监会《证券公司管理办法》第二十八条规定证券公司应当建立严格的内部控制制度,而第二十九条规定证券公司应当建立有关隔离制度,做到投资银行业务、经纪业务、自营业务、受托投资管理业务、证券研究和证券投资咨询业务等在人员、信息、账户上严格分开管理,以防止利益冲突。中国证监会《证券公司合规管理试行规定》第十五条规定合规总监应当组织实施公司反洗钱和信息隔离墙制度,按照公司规定为高级管理人员、各部门和分支机构提供合规咨询、组织合规培训、处理涉及公司和工作人员违法违规行为的投诉,负责与监管机构就合规管理的有关事项进行沟通,并定期对公司合规管理的有效性进行评估,及时解决或者督促解决公司合规管理中存在的问题。中国证监会《证券公司内部控制指引》第十六条规定证券公司主要业务部门之间应当建立健全隔离墙制度,确保经纪、自营、受托投资管理、投资银行、研究咨询等业务相对独立;电脑部门、财务部门、监督检查部门与业务部门的人员不得相互兼任,资金清算人员不得由电脑部门人员和交易部门人员兼任。《证券公司自营业务指引》第十五条规定建立防火墙制度,确保自营业务与经纪、资产管理、投资银行等业务在人员、信息、账户、资金、会计核算上严格分离[1]。上述"中国墙"规定不但明显属于初步性质而且也颇不完善[2],另外中国墙机制可否作为证券公司有关不当行为的抗辩理由仍属于未定之天。笔者认为证券法应规定证券公司必须以书面方式设立内部隔离机制,并且对券商内部人员在经纪业务中因违反内部隔离机制并造成客户损失的行为在券商承担举证责任的前提下豁免其责任。

最后是关于我国券商在证券经纪业务中注意义务的具体规则问题,这主要表现在对券商推荐行为规制上。券商推荐问题之所以未在我国证券规制获得应有关注,是因为我国证券市场和佣金制度改革的历史相对较短。2002年浮动佣金制的确立,使得券商经纪业务获取了新的发展动力,经纪业务从传统上被动执行客户的交易委托的模式转向主动招揽客户、提供建议和相关服务的模式。这里需要注意,券商经纪业务转型导致的券商推荐行为的增加并非能取代投资者的投资决策,而只是对投资者决策发挥越来越大的影响,

①　《证券公司管理办法》[EB/OL]. http://www. china. com. cn/chinese/PI - c/94458. htm,2009 - 06 - 01,《证券公司合规管理试行规定》[EB/OL]. http://www. gov. cn/gzdt/2008 - 07/14/content_1044736. htm,2009 - 06 - 01,《证券公司内部控制指引》[EB/OL]. http://www. law - lib. com/law/law_view. asp? id=81888,2009 - 06 - 01,《证券公司自营业务指引》[EB/OL]. http://www. china. com. cn/chinese/FI - c/1039900. htm,2009 - 06 - 01.

②　孔维成,尹蘅. 对我国证券公司构建"中国墙"的思考 [J]. 海南金融,2009 (2). 35 - 36.

这与我国市场上众所关注的"全权委托"或"投资理财"有着本质区别。全权委托首先是一个法律概念,其指的是投资者事先通过书面许可将证券交易权限完全授予券商及其关联人,我国证券法明确禁止投资者与证券公司之间设立全权委托。其实我国禁止全权委托的理由,无非是认为全权委托不但助长券商操纵市场与滥用客户账户的投机行为从而增大投资者风险,还容易诱使券商从事"损失填补"行为从而破坏证券市场"投资责任自负"的基础理念。虽然我国禁止了全权委托,但是券商实质上的全权委托活动却屡禁不绝,并与券商证券经纪过程中的招揽、建议与服务形成混淆。对照美国法我们可以看出,美国法认可全权委托的存在,除了临时或有限的若干情形外,其已经确认全权委托是投资顾问的一种形式并需以投资顾问名义注册。在美国法的全权委托中,券商虽然对客户账户有投资决定权,但其从事证券交易是以客户名义进行的,交易结果也归于作为委托人的客户,因此券商本身并非证券交易主体,券商与客户之间的关系仍属委托代理关系。在全权委托中,券商报酬是其管理客户账户的收益,此种管理或投资决策的本质是一种智力支持即投资顾问或投资咨询,因为对全权委托账户投资者仍享有最终决定权。全权委托与券商推荐的差别在于,券商在推荐中其投资决定权是十分有限的,其报酬来自于经纪服务,而非券商的智力支持服务。借鉴美国法对全权委托法律性质的界定,笔者认为需要重新考虑全权委托的问题,在充分估量全权委托风险的基础上,我国更明智的做法应是在加强监管前提下适度放开,而非一概而论地将其禁止。目前比较类似于全权委托并获得法律认可的券商活动当属证券公司的"定向资产管理"。根据《证券公司定向资产管理业务实施细则(试行)》的规定,定向资产管理是证券公司接受单一客户委托,通过客户的账户管理客户委托资产的活动①。笔者认为定向资产管理实质上已经是一种变相的全权委托,其与美国法唯一不同的只是在于我国将其定性为资产管理而非投资顾问即投资咨询业务加以监管。但笔者认为我国法对定向资产管理的定位更加符合其全权委托的性质,即其不仅是一种需要付酬的智力支持,而且还是一种基于委托代理关系的资产管理活动。须与券商推荐加以辨析的第二个概念是我国证券市场上风行的"委托理财",这也是一个与全权委托密切关联的商业名词。委托理财内涵与外延并无一致的看法,但一般指金融市场上的理财行为,即委托人将自有资金委托给金融、非金融投资机构或者专业投资人员,由后者受托投资于证券、期货市场,所获收益按双方约定进行分配的经营

---

① 《证券公司定向资产管理业务实施细则(试行)》[EB/OL]. http://www.gov.cn/zwgk/2008 – 06/02/content_1003052. htm,2009 – 06 – 01.

行为①。委托理财活动的性质不止于投资咨询或定向资产管理性质的全权委托,还包括投资信托活动。前者主要是证券公司以委托人的名义从事的投资管理活动即"委托型"委托理财,而后者是证券公司以自己名义从事的投资管理活动即"信托型"委托理财。监管机构对"委托理财"法律性质并未明确,但2001年中国证监会针对证券公司委托理财活动曾经颁布《关于规范证券公司受托投资管理业务的通知》(目前已失效),将委托理财规定为只有当时的综合类证券公司才能从事的业务,可见明确将其排除在证券经纪业务范围之外②。从新证券法所厘定的证券公司业务范围来看,与证券公司"委托理财"较为相关的法定业务只可能包括证券投资咨询与证券资产管理,其中等同于全权委托的"委托型"委托理财当属于证券投资咨询或定向证券资产管理业务范畴,而等同于投资信托的证券公司"信托型"委托理财应当属于集合或专项证券资产管理业务范畴③。上述对全权委托与委托理财的阐述有利于澄清其与券商推荐行为的差别。由上可见,全权委托或委托理财的共同点都是对投资者决策权的褫夺,从而在根本上改变了券商的交易中介性质,而真正的券商推荐行为只是对客户投资决策权施加一种积极的影响,这包括证券交易之前的招揽、交易中的建议和其他附随于交易的服务。目前我国对券商推荐规制的具体规则仅见于少数规范,其中包括与证券经纪人的相关规范。证券经纪人是接受证券公司的委托代理其从事客户招揽和客户服务等活动的证券公司以外的自然人。在我国证券领域,由于证券经纪人在证券公司市场营销环节从事客户招揽和客户服务活

---

① 高民尚.关于审理证券、期货、国债市场中委托理财案件的若干法律问题(上)〔N〕.人民法院报,2006 – 5 – 29.

② 《关于规范证券公司受托投资管理业务的通知》〔EB/OL〕.http://www.hicourt.gov.cn/law/show.asp? fileno = 11199,2009 – 06 – 01.

③ 根据国务院《证券公司监督管理条例》以及中国证监会《证券公司客户资产管理业务试行办法》,所谓的证券资产管理指的是证券公司接受客户委托、使用客户资产进行投资的法定业务。投资损益由客户承担,证券公司可以按照约定收取管理费用。证券公司从事证券资产管理业务,应当与客户签订证券资产管理合同,约定投资范围、投资比例、管理期限及管理费用等事项。证券资产管理业务包括为单一客户办理定向资产管理业务、为多个客户办理集合资产管理业务以及为客户办理特定目的的专项资产管理业务。定向资产管理业务是通过所服务的客户账户进行管理、集合和专项资产管理业务是通过专门账户根据约定为客户提供资产管理服务。定向资产管理实际上是委托代理性质,而集合与专项资产管理业务实际上是商事信托。因为集合或专项资产管理实际上就是证券公司为了客户利益或特定目的,以自身名义对客户交付资产进行管理,客户资产通过托管隔离于证券公司资产,集合或专项资产管理是证券公司的营利性商业活动,受益人客户必须为此付酬。但由于我国信托法规定受托人采取信托机构形式从事信托活动,其组织和管理由国务院制定具体办法,所以造成商事信托一直是属于政府特许的领域。因此在相关规定未对证券公司集合与专项资产管理业务的法律性质加以明确之前其定性仍属未定之天,目前而言主要是以委托代理关系对其加以处理。

动,因此其在向客户证券交易推荐中扮演了重要角色。《证券经纪人管理暂行规定》中与交易推荐的注意义务有关条款包括证券经纪人从事客户招揽和客户服务等活动,应当遵守法律、行政法规、监管机构和行政管理部门的规定、自律规则以及职业道德,自觉接受所服务的证券公司的管理,履行委托合同约定的义务,向客户充分提示证券投资的风险。禁止证券经纪人诱使客户进行不必要的证券买卖。《中国证券业协会证券经纪人执业规范(试行)》则在笼统规定证券经纪人勤勉尽责、诚实守信、公平对待客户以及客户利益优先的基础上,特别要求证券经纪人向客户充分提示证券投资的风险,提示客户不要超越自身风险承担能力从事证券投资活动。《证券从业人员行为守则(试行)》也禁止证券从业人员向客户提供虚假及不负责任信息以诱导客户买卖以及不准因本人或本单位的利益而影响或试图影响客户的交易行为①。《暂行规定》、《执业规范》和《行为守则》中的风险提示,对非必要证券买卖、虚假信息和不当影响的禁止都是从消极角度规定券商推荐中的注意义务,而且在内容上比较空泛模糊。券商推荐注意义务的立法现状说明,有关方面对日常大量发生的券商推荐重视不足。而这是与券商经纪业务转型以及券商市场营销行为普遍化的现状所格格不入的。对上述规定进行增删修改以建构我国券商推荐注意义务规制体系首先应基于我国证券市场实际情况。

　　与美国证券市场不同,在我国对证券发行实行审核与保荐等实质性审查制度,而在沪深交易所上市证券的上市与交易监管标准则更为严格,而且除少数例外我国在证券交易环节无论是集中或非集中交易一般都是在场内进行②。因此我国几乎不存在诸如美国柜台证券市场 OTBCC 板块或粉红单板块上那样的大量监管不足或信息不足的证券,因此存在"不合理基础"证券的可能性较小。当前我国证券市场交易对象的差别更多地体现在其品种上,即 A、B 股之分,股票、债券与投资基金份额之分以及证券与证券衍生品如权证、资产支持证券与

---

　　① 《证券从业人员行为守则(试行)》[EB/OL]. http://www. cn21. com. cn/managetools/zcfg/xx/042955. htm,2009 - 06 - 01.

　　② 我国目前的场外交易市场仅包括证券公司代办股份转让市场、银行间债券市场和商业银行柜台交易市场。证券公司代办股份转让市场最早是为了解决 STAQ 与 NET 系统(定向募集法人股流通市场)历史遗留问题公司的股份流通,后面扩展到用于退市公司的股份转让以及中关村科技园区非上市股份有限公司的股份转让。其特点是披露与报告要求较低,交易与结算方式灵活,类似于美国的 OTCBB 和粉红单市场。而银行间债券市场主要是在商业银行和政策性银行之间进行国债、金融债券发行、交易和银行间资金融通。商业银行柜台证券主要是为投资者提供记账式国债交易。综上可见,我国场外交易市场要么交易对象的风险极低如金融债券和国债或范围局限于定向募集法人股,中关村科技园内公司以及极少数的退市公司,要么交易主体范围狭小限于金融企业,而且从交易量和开户数来说对我国证券市场的影响几可忽略不计。周友苏主编. 新证券法论[M]. 北京:法律出版社,2007. 17 - 18.

证券期货之分。此外,在投资者构成、交易方式和服务内容上,我国也与美国证券市场存在差异。就投资者构成而言,我国明显存在机构投资者力量薄弱、结构不合理和抵御风险能力较差的问题①;而就委托方式革新而言,我国券商在经纪业务中已经大量铺开网上证券交易委托、电话委托和手机委托,但上述非现场委托仍存在着安全无保障、服务单一无个性化以及交易成本居高不下的问题;就服务内容而言,我国券商的自主咨询服务较为罕见,研发水平普遍低下,主要是借鉴乃至外购相关研究成果。券商与其他类型金融机构的销售渠道整合(如银证通和投资连接保险等)也在我国开展的并不顺利。

　　笔者认为,基于我国证券市场上述特点并借鉴美国法相应内容,我国应着重从券商推荐的客户适合性出发建构我国的券商推荐注意义务规制。首先,不应以投资者类型为根据规定不同的券商推荐注意义务,而应在从业人员自律规则中规定,券商对客户谨慎调查从而确信其推荐合理的义务独立于券商类型、经验和财务状况等个体情况。其次,就不同的证券品种,应规定不同的体现券商注意义务的操作细则,包括风险提示、客户背景调查和交易审批,尤其对风险较大的证券衍生品应重点规制。这就要求中国证监会在其所制定的针对上述证券品种的规章中增加上述内容。再次,就投资者使用新兴交易委托方式对券商推荐注意义务的挑战,其中较具典型性的是网上证券交易,中国证监会曾就网上证券交易出台了《网上证券委托暂行管理办法》,其中与注意义务有关的规定仅包括券商"应在入口网站和客户终端软件上进行风险揭示",所揭示风险主要是技术故障、身份仿冒和行情与其他证券信息错误等,而对如何规制券商通过网络证券交易系统进行个性化信息发布毫无涉及。笔者认为,随着网络证券交易技术的发展,安全性与交易成本将会不断改善,而对客户的个性化服务则会不断加强。券商在网络平台上发布个性化信息引导客户投资决策应属常态,因此应对该暂行管理办法进行修订,要求券商发布个性化信息应针对客户个人情况与投资目标,同时在管理办法的业务规范部分规定券商对网上委托客户的调查程序与调查内容。再其次,如果经纪业务中券商通过自主研发或购入的客户智力支持向客户进行交易推荐,券商应如何履行注意义务呢? 此一问题在上述证券经纪人相关规定中已有所涉及,但笔者已指出其内容少而空洞。由于当前券商不仅仅是通过证券经纪人与客户进行接触,因此除了对《证券经纪人管理暂行规定》的内容加以补充外,实际上应将券商在上述情境下的注意义务扩展至所有的券商内部参与证券经纪业务的证券从业人员,并在《证券业从业人

---

① 唐涛,向君丽,孙一帆. 论我国机构投资者的培育和资本市场发展 [J]. 时代金融,2007(12):12.

员执业行为准则》中设置专章加以规定。无论是《证券经纪人管理暂行规定》还是《证券业从业人员执业行为准则》，其应规定有关人员在提供建议、咨询或进行招揽时：必须对所涉证券的风险予以全面、均衡揭示，必须对客户个人情况、投资目标履行勤勉调查的义务，根据职业标准判定推荐证券是否适合该客户；禁止在上述建议、咨询和招揽中提供虚假及误导性信息或诱导客户进行与其投资目标及个人状况不相符的投资活动等。只有通过上述规范的订正才能真正对券商经纪业务中的推荐形成有效并符合其特征的规制。

结束语

　　券商交易中介行为是一个难以穷尽的课题,其自身种类与违法违规不当情形像万花筒一般变化无尽,这既是由于券商在证券市场上极其能动的角色分工使然,也是由于证券市场自身的复杂、多元和快速变迁所致。券商交易中介行为上述特征极大增加了法律与道德规制的难度。但是万变不离其宗,券商交易中介行为从根本上说必须保证证券市场公开、公平和公正以及保护投资者利益。在美国证券市场规制早期历史上,券商行为规制一般是着重于自律,而且是以地方性的法律法规如纽约州的相关法律为保障,立法者态度是基于古典自由主义哲学。但是证券市场发展证明,对于证券市场这么一个跨越地理界限,涉及全社会根本利益以及高度复杂和专业的领域,仅仅依靠早期体现古典自由主义哲学的规制是万万行不通的。而券商作为证券市场的最为能动的中介和参与主体,对其仅依靠交易所自律和地方性法规的体系是终究要被时代所淘汰的,而这促成了美国证券规制历史上,也是券商中介行为规制历史上的革命性转变。其以 20 世纪 30 年代的联邦层级证券立法出台为标志,并最终促成了证券市场规制尤其是券商交易中介行为规制从自律向自律与他律结合的合作性规制的转变。

　　无论证券市场规制体系形式如何,检验其唯一标准就是是否更好地保护了投资者利益。同样,无论券商交易中介行为规制如何设计,其唯一宗旨也必须是尽最大可能保护客户利益。当然,对客户利益的保护可以通过市场机制进行,如市场自发的竞争机制,表现在以券商中介服务的价格为杠杆对券商服务实行引导和调控;也可以通过法律机制进行,表现在通过联邦与地方的制定法和普通法对券商行为的强制性规定;当然还可以通过道德机制,这主要表现在通过券商所属的行业自律组织对券商的行为施加的职业规范约束。最好的券商交易中介行为约束机制应该是能够让上述诸种机制协同作用,即不仅能容纳不同层级和不同组织监管者,还能够为上述市场、法律和道德机制提供发挥作用的平台。

　　总结全书,可以看出,美国券商行为规制体系可以说恰当体现了上述思路,这表现在如下几个环节:首先是规制思路市场化,表现在信息披露哲学的贯彻,信息披露不仅是贯穿美国证券规制全局的监管哲学,也是券商交易中介行为监管的首道防线。信息披露是市场机制能对券商行为形成约束的制度前提。只有向证券市场投资公众和客户披露足够信息,投资者才能够利用市场天然的竞争机制对券商行为施以经济层面的约束,也只有券商的信息披露行为,才能从券商行为的外部对其实行监管。灯光是最好的警察,信息披露最大程度避免了将券商任何可能的不当行为仅仅置于封闭的券商客户关系黑箱内部的可能性,而是让券商包括交易中介在内的行为都暴露于公众、监管部门的面前,使其滥用信息优势的可能性降到最低。与券商信息披露市场化思路以及外部监管的模式不同,券商行为的信赖义务规制是从券商客户关系内部对其进行规制的,而且其相对于信息披露这种消极的规制方式则显得更为积极,表现为对券商行为包括券商的交易中介行为的直接规制。就信息披露的规制方式而言,其显得较为间接与消极,但是信赖义务规制则是对券商行为的直接规范。信息披露增加了券商实施不当行为的违法成本,但是信息披露的范围与内容毕竟有限,而且信息披露能力所及仅是增加券商的违法违规成本而非根本杜绝其发生。因此,针对信息披露上述缺陷,券商信赖义务规制就起到了弥补作用,其通过将券商客户关系界定为一种信息不对称关系,人为和事后的对券商施加了标准更高的义务,使得券商与客户之间达成一种地位上的公平,这既满足了证券市场公平交易的宗旨,也从根本上保护了广大投资者的利益。券商交易中介行为的信赖义务可以分为忠实义务与注意义务两个部分,前者是针对券商执行客户指令或维持证券交易市场流通的基本职能的,而后者则主要是针对券商在履行基本职能以外的客户服务与市场营销的增值职能的,主要表现为对客户推荐进行证券交易。忠实义务要求券商从客户根本利益出发以最好价格或最低成本履行客户指令和维持市场基本流通,而注意义务则要求客户在证券交易推荐的过程中,要合理注意以避免其客户服务和市场营销等对客户决策构成积极影响的交易推荐活动造成对客户的损害,这包括避免向客户推荐不具有合理基础的证券以及避免向不适合的客户推荐证券。

对我国券商交易中介行为主要是经纪行为规制而言,其上述三种规制即市场机制、法律机制和道德机制上存在种种缺位与结构性不足,因此需要以我国本地资源为蓝本对美国相关制度进行系统性的学习与借鉴,并成功实现法律移植。只有在秉持证券法投资者保护与证券市场三公原则的前提下,结合中国证券市场的具体情形,才能对券商行为规制提出适合中国特色的意见和建议,从而加速中国券商交易中介理论与实践的跨越式发展。

主要法律法规索引

一、美国法

（一）国会立法和民间示范法

《1933 年证券法》　　　　　　　　Securities Act of 1933

《1934 年证券交易法》　　　　　　Securities Act of 1934

《1940 年投资公司法》　　　　　　Investment Company Act of 1940

《1940 年投资顾问法》　　　　　　Investment Advisors Act of 1940

《1964 年证券法修正案》　　　　　Securities Acts Amendments of 1964

《美国 2002 年统一证券法》　　　　The Uniform Securities Act of 2002

《萨班斯－奥克斯利法案》　　　　　Sarbanes-Oxley Act

《格拉姆－利奇－布利利法案》　　　Gramm-Leach-Bliley Act

《1991 年电话客户保护法案》　　　Telephone Consumer Protection Act of 1991

《美国联邦仲裁法》　　　　　　　　United States Federal Arbitration Act

《爱国者法》　　　　　　　　　　　USA Patriot Act

（二）美国证券交易委员会（SEC）规章

投资顾问法规则 202（a）（11）－1　　Investment Advisor Act Rule 202（a）（11）－1

《格拉姆－利奇－布利利法案》条例 S－P　　GLBA Regulation S－P

证券交易法规则 10b－5　　　　　　Securities Exchange Act Rule 10b－5

证券交易法规则 10b5－1　　　　　Securities Exchange Act Rule 10b5－1

证券交易法规则 15b－3　　　　　　Securities Exchange Act Rule 15b－3

证券交易法规则 10b－10　　　　　Securities Exchange Act Rule 10b－10

证券交易法规则 14e－3　　　　　　Securities Exchange Act Rule 14e－3

证券交易法规则 15b3－1　　　　　Securities Exchange Act Rule 15b3－1

证券交易法规则 15b – 3	Securities Exchange Act Rule 15b – 3
证券交易法规则 15b1 – 1	Securities Exchange Act Rule 15b1 – 1
证券交易法规则 15c1 – 2	Securities Exchange Act Rule 15c1 – 2
证券交易法规则 15c2 – 11	Securities Exchange Act Rule 15c2 – 11
证券交易法规则 15g – 10	Securities Exchange Act Rule 15g – 10
证券交易法规则 15g – 4	Securities Exchange Act Rule 15g – 4
证券交易法条例 NMS	Securities Exchange Act Regulations NMS
证券交易法条例 ATS	Securities Exchange Act Regulations ATS
证券交易法规则 15g – 9	Securities Exchange Act Rule 15g – 9
证券交易法规则 11Ac1 – 2	Securities Exchange Act Rule 11Ac1 – 2
证券交易法规则 11Ac1 – 3	Securities Exchange Act Rule 11Ac1 – 3
证券交易法规则 17a – 5	Securities Exchange Act Rule 17a – 5
证券法分析师认证条例	Securities Act Regulation AC
证券法公平披露条例	Securities Act Regulation Fair Disclosure
纽约证券交易所规则 472	NYSE Rule 472
纽约证券交易所规则 390	NYSE Rule 390
纽约证券交易所规则 76	NYSE Rule 76
纽约证券交易所规则 405	NYSE Rule 405
全国证券商协会成员行为规则 1013	NASD Conduct Rule 1013
全国证券商协会成员行为规则 2210	NASD Conduct Rule 2210
全国证券商协会成员行为规则 2310	NASD Conduct Rule 2310
全国证券商协会成员行为规则 2440	NASD Conduct Rule 2440
全国证券商协会成员行为规则 2510	NASD Conduct Rule 2510
全国证券商协会成员行为规则 2360	NASD Conduct Rule 2360
全国证券商协会成员行为规则 2361	NASD Conduct Rule 2361

二、中国法

《中华人民共和国公司法》
《中华人民共和国信托法》
《中华人民共和国证券法》
《证券公司业务范围审批暂行规定》
《中国证券业协会证券分析师职业道德守则》

《证券公司进入银行间同业市场管理规定》

《关于统一同业拆借市场中证券公司信息披露规范的通知》

《全国银行间同业拆借中心证券公司信息披露操作规则》

《证券公司短期融资券管理办法》

《证券公司短期融资券信息披露操作规程》

《证券公司年度报告内容与格式准则》

《公开发行证券的公司信息披露编报规则第五号——证券公司招股说明书内容与格式特别规定》

《证券公司客户资产管理业务试行办法》

《证券公司债券管理暂行办法》

《公开发行证券的公司信息披露编报规则第六号——证券公司财务报表附注特别规定》

《关于证券公司信息公示有关事项的通知》

《中国证券业协会创新试点类（规范类）证券公司信息披露指引（试行）》

《关于规范面向公众开展的证券投资咨询业务行为若干问题的通知》

《中国证券业协会证券经纪人执业规范（试行）》

《证券业从业人员执业行为准则》

《关于调整证券交易佣金收取标准的通知》

《证券公司管理办法》

《证券公司内部控制指引》

《证券公司自营业务指引》

《证券公司定向资产管理业务实施细则（试行）》

《证券经纪人管理暂行规定》

参 考 文 献

一、中文著作和译著

[1]陈春山.证券交易法论［M］.台北:五南图书出版公司,1998

[2]符启林,谢永江.证券法［M］.北京:法律出版社,2007

[3]哈威尔·E.杰克逊,小爱德华·L.西蒙斯编著.金融监管［M］.吴志攀等译.北京:中国政法大学出版社,2003

[4]胡光志.内幕交易及其法律控制研究［M］.北京:法律出版社,2002

[5]黄亚钧,吴富佳,王敏编著.商业银行经营管理(第二版)［M］.北京:高等教育出版社,2007

[6]黄振中.美国证券法上的民事责任与民事诉讼［M］.北京:法律出版社,2003

[7]江帆.代理法律制度研究［M］.北京:中国法制出版社,2000

[8]蒋亚鹏,杨洋.上市公司信息披露研究［M］.沈阳:东北大学出版社,2005

[9]李国秋.证券市场信息机制［M］.北京:北京图书馆出版社,2003

[10]李鸿昌主编.证券投资学［M］.郑州:郑州大学出版社,2003

[11]李寿平.证券民事赔偿制度的法律经济分析［M］.北京:中国法制出版社,2004

[12]李响编著.美国侵权法原理及案例研究［M］.北京:中国政法大学出版社,2004

[13]李正生主编.法律经济学［M］.成都:电子科技大学出版社,2007

[14]罗培新.国际金融法系列－公司法的合同解释［M］.北京:北京大学出版社,2004

[15]王利明.民法总则研究［M］.北京:中国人民大学出版社,2003

[16]徐国栋.诚实信用原则研究［M］.北京:中国人民大学出版社,2002

[17]徐海燕.英美代理法研究［M］.北京:法律出版社,2000

[18]徐明,李明良.证券市场组织与行为的法律规范［M］.北京:商务印

书馆,2002

[19]徐学鹿.什么是现代商法:创新中国市场经济商法理论与实践的思索[M].北京:中国法制出版社,2003

[20]杨亮.内幕交易论[M].北京:北京大学出版社,2001

[21]杨小强,梁展欣编著.合同法实例说[M].长沙:湖南人民出版社,2001

[22]杨哲英.比较制度经济学[M].北京:清华大学出版社,2004

[23]于绪刚.交易所非互助化及其对自律的影响[M].北京:北京大学出版社,2001

[24]张东祥.投资银行学[M].武汉:武汉大学出版社,2004

[25]赵乐静.视界的融合:科学、技术与社会导论[M].太原:山西科学技术出版社,2003

[26]郑德,沈华珊,张晓顺.股权结构的理论、实践与创新[M],北京:经济科学出版社,2003

[27]郑玉波主编.民法债编论文选辑[M].台北:五南图书出版公司,1984

[28]中国证券监督管理委员会.中国资本市场发展报告[M].北京:中国金融出版社,2008

[29]中国证券业协会编.中国证券业发展报告(2008)[M].北京:中国财政经济出版社,2000

[30]周友苏主编.新证券法论[M].北京:法律出版社,2007

[31][冰]思拉恩·埃格特森.新制度经济学[M].吴经邦等译.北京:商务印书馆,1996

[32][德]克雷斯蒂安·冯·巴尔.欧洲比较侵权法(下)[M].焦美华译,张新宝校.北京:法律出版社,2001

[33][美]罗伯特·D.考特,托马斯·S.尤伦.法和经济学[M].施少华,姜建强等译.上海:上海财经大学出版社,2002

[34][美]Alan R. Palmiter. Securities Regulation-Examples&Explanation[M].徐颖,周浩,于猛注.北京:中国方正出版社,2003

[35][美]爱德华·J.科恩卡。侵权法[M].北京:法律出版社,1999

[36][美]奥利佛·威廉姆森.交易成本经济学经典名篇选读[M].李自杰,蔡铭等译.北京:人民出版社,2008

[37][美]肯尼斯,等.侵权法重述纲要[M].北京:法律出版社,2006

[38][美]莱瑞·D.索德奎斯特.美国证券法解读[M].胡轩之译,北京:法律出版社,2004

［39］［美］路易斯·罗斯,乔尔·赛里格曼.美国证券监管法基础［M］.张路等译.北京:法律出版社,2008

［40］［美］托马斯·李·哈森.证券法［M］.张学安等译,北京:中国政法大学出版社,2003

［41］［美］詹姆斯·D. 考克斯,罗伯特·W. 希尔曼,唐纳德·C. 兰格沃特.证券管理法:案例与资料［M］.北京:中信出版社,2003

二、英文著作

［1］ANDREW CROCKETT. Conflicts of Interest in the Financial Services Industry［M］. Geneva:International CEPR Publications,2003

［2］BOSTON INSTITUTE OF FINANCE. Boston Institute of Finance stockbroker course:series 7 and series 63 test preparation［M］. Hoboken: Wiley,2005

［3］CLIFFORD E. KIRSCH. Broker Dealer Regulation［M］. New York City: Practising Law Institute,2004

［4］CONSTANTIN ZOPOUNIDIS, MICHAEL DOUMPOS, PANOS M. PARDALOS. Handbook of Financial Engineering［M］. Berlin:springer US

［5］Daniel R. Solin. Does Your Broker Owe You Money? ［M］. New York: Penguin Group,2006

［6］DAVID LOGAN SCOTT. Wall Street Words,3rd Ed. ［M］. Boston,MA: Houghton Mifflin Harcourt, 2003

［7］HENRY CAMPBELL BLACK, Bryan A. Garner. Black's Law Dictionary ［M］. St. Paul, MN. West Publishing Co.,1990

［8］JERRY M. ROSENBERG,J. WILEY. Dictionary of Business and Management［M］. New York,NY:Wiley,1993

［9］JERRY W. MARKHAM. A Financial History of the United States［M］. Armonk,NY:M. E. Sharpe,2001

［10］JOHN DOWNES, JORDAN ELLIOT GOODMAN. Barron's Finance & Investment Handbook［M］. Hauppauge,NY:2003

［11］JOHN NORTON POMEROY,A Treatise on Equity Jurisprudence［M］.San Francisco and New York:Bancroft-Whitney and Lawyers Co-operative Pub,1941

［12］KENNETH M. MORRIS. Standard & Poor's Dictionary of Financial Terms ［M］. New York:Lightbulb Press,2007

［13］NORA PETERSON. Wall Street Lingo［M］. Ocala,FL:Atlantic Publishing Company,2007

［14］R. C. MICHIE. The London Stock Exchange：A History［M］. Oxford：Oxford，2004

［15］RICHARD A. MANN，BARRY S. ROBERTS，LEN YOUNG SMITH. Smith and Roberson's Business Law［M］. St. Paul，MN：West Publishing. Co，1991

［16］SCOTT G. DACKO，The Advanced Dictionary of Marketing［M］. Oxford：Oxford Press，2008

［17］SCOTT MCCLESKEY，Achieving Market Integration Best Execution，Fragmentation and the Free Flow of Capital［M］. Oxford；Burlington：Butterworth-Heinemann，2004

［18］Stuart I. Greenbaum，Anjan V. Thakor. Contemporary Financial Intermediation［M］. Burlington，VT：Academic Press，2007

［19］THOMAS LEE HAZEN. Broker-Dealer Regulation ［M］. St. Paul，MN：West Publishing Co.，2003

［20］Webster's American Dictionary .［M］，Merriam-Webster，Inc，1213

［21］XAVIER FREIXAS，JEAN-CHARLES ROCHET. Microeconomics of Banking［M］. Cambridge：The MIT Press 1999

三、中文论文（包括期刊文章、论文集论文）

［1］蔡章麟. 私法上诚信原则及其运用［A］. 郑玉波主编. 民法总则论文选辑［C］. 台北：五南图书出版公司，1984

［2］陈玉萍，邹平. 券商发展的市场主体论和市场中介论［J］. 证券市场导报，1998，（11）

［3］葛红玲. 刍议我国证券公司面临的压力与盈利模式创新［J］. 现代财经，2009，（2）

［4］胡庆康，刘宗华，魏海港. 金融中介理论的演变和新进展［J］. 世界经济文文汇，2003，（2）

［5］黄妍. 论诚信原则在商法中的体现［J］. 法制与社会，2008，（11）

［6］纪晨. 浅析交易所自律监管和行政监管的权限划分［J］. 法制与经济，2009，（7）

［7］蒋云蔚. 从合同到侵权：专家民事责任的性质［J］. 甘肃政法学院学报，2008，（7）

［8］金凌. 略论注意义务对我国侵权行为法的启示［J］. 法学评论，2009，（2）

［9］孔维成，尹蘅. 对我国证券公司构建"中国墙"的思考［J］. 海南金融，

2009,(2)

[10]赖正球.美国证券经纪业务拓展的历史经验及启示[J].经济论坛,
2006,(9)

[11]刘茂勇,高建学.英美法过失侵权中的"注意义务"[J].河北法学,
2003,(3)

[12]刘新虹.试论证券市场监管与诚信原则[J].法制与社会,2008,(6)

[13]潘明伟.证券公司经纪业务转型探索的评析[J].浙江金融,2004,
(12)

[14]宋玮.金融中介与金融市场的互动发展:功能深化与发展趋势[J].中
国流通经济,2008,(1)

[15]唐涛,向君丽,孙一帆.论我国机构投资者的培育和资本市场发展[J].
时代金融,2007,(12)

[16]王俊.违反注意义务判断标准的类型化分析[J].泰山学院学报,2006,
(7)

[17]王晓,梁红凤,李红艳.股评人的法律责任[J].法律与生活,2003,
(10)

[18]王智波.有效市场假说的产生、发展与前沿动态[J].华南师范大学学
报,2007,(4)

[19]徐国栋.客观诚信与主观诚信的对立统一问题[J].中国社会科学,
2001,(6)

[20]徐国栋.英语世界中的诚信原则[J].环球法律评论,2004,(秋)

[21]徐学鹿,梁鹏.商法中之诚实信用原则研究[J].法学评论,2002,(3)

[22]许咏华,喻华丽,戴文华.NMS法案的演进及其对美国证券市场的影
响[J].证券市场导报,2008,(11)

[23]杨垠红.一般注意义务[J]厦门大学法学评论,2005,(9)

[24]曾冠.另类交易系统的法律界定[J],证券市场导报,2006,(2)

[25]张敏.美国谨慎投资者规则与现代投资组合理论探析[J].证券市场导
报,2007,(7)

[26]郑奇.汉德公式关于法律经济问题探析[J].边缘法学论坛,2008,(2)

[27]宗源.科斯定理精读[J].武汉:中南财经政法大学研究生学报,2008,(1)

四、英文论文(包括期刊文章、论文集论文)

[1]BLACK BARBARA, Transforming Rhetoric into Reality：A Federal Reme-
dy for Negligent Brokerage Advice [J]. THE TENNESSEE JOURNAL OF BUSI-

NESS LAW,2006,(8)

[2]BLAIR H. WALLACE,A Proposal To Refine The Suitability Standard By Quantifying Recommendation Risk And Client Appropriate Risk Levels [J]. Brooklyn Journal of Corporate, Financial and Commercial Law,2006,(1)

[3]BOATRIGHT, J. R,Conflicts of Interest in Financial Service[J],Business and Society Review,2000,(105)

[4]BRUCE A. HILER, Dealing With Securities Analysts:Recent Guidance [J]. Securities Regulation Law Journal,2000,28(3)

[5]CHERYL GOSS WEISS. A Review of the Historic Foundations of Broker-Dealer Liability for Breach of Fiduciary Duty[J],1997,(65)

[6]DALE A. OESTERLE. Regulation NMS:Has The SEC Exceeded Its Congressional Mandate to Facilitate a National Market System in Securities Trading? [J]. Journal of Law and Business,2005,1(1)

[7]DAVID A. LIPTON,A Primer On Broker-Dealer Regulation[J],Catholic Law Review,1986,(36)

[8]DAVID M. ENGLISH. The American Uniform Trust Code[A] DAVID J. HAYTON. Extending the Boundaries of Trusts and Similar Ring-fenced Funds[C]. Hague:Kluwer Law International,2002

[9]DENIS T. RICE, Recommendations by a Broker-Dealer :the Requirement for a Reasonable Basis [J]. Mercer Law Review,1974,(25)

[10]FISCH, JILL E.,SALE, HILLARY A. Securities Analyst as Agent:Rethinking the Regulation of Analysts [J]. Iowa Law Review,2002,(88)

[11]GERALD D. ROBIN, Alcohol Service Liability What the Courts are saying [J],Cornell Hotel and Restaurant Administration Quarterly,1991,31(4)

[12]HAROLD. DEMSETZ. The Cost Of Transacting[J]. The Quarterly Journal of Economics,1968,82(1)

[13]I WALTER, Conflicts of interest and market discipline among financial service firms[J],European Management Journal,2004,(6)

[14]J. G. GILLIS AND EMILY C. HEWITT. Securities Law and Regulation [J]. Financial Analysts Journal,1979,(39)

[15]JERRY W. MARKHAM,DANIEL J. HARTY,For Whom the Bell Tolls: The Demise of Exchange Trading Floors and the Growth of ECNs[J]. The Journal of Corporation Law,2008,3(4)

[16]JOEL SELIGMAN. Historical Need for a Mandatory Corporate Disclosure

System〔J〕. The Journal of Corporation Law,1983,(9)

〔17〕KARMEL,ROBERTA S. . Is the Shingle Theory Dead〔J〕. Wash. & Lee L. Rev. 1995,(52)

〔18〕LEWIS D. LOWENFELS ,ALAN R. BROMBERG. Suitability in Securities Transactions〔J〕. Business Lawyer, 1999,54(4)

〔19〕LOUIS LOSS. The SEC and The Broker-Dealer〔J〕. Vand. L. Rev. 1948,(1)

〔20〕LOWENFELS,LEWIS D.,BROMBERG,ALAN R., Suitability in Securities Transactions〔J〕. Business Law. 1998,(54)

〔21〕MANNING GILBERT WARREN III. Reflections On Dual Regulation of Securities:A Case For Reallocation Of Regulatory Responsibility〔J〕. Washington University Law Quarterly,2000,(78)

〔22〕MARKHAM, JERRY W,HARTY, DANIEL J,For Whom the Bell Tolls:The Demise of Exchange Trading Floors and the Growth of ECNs〔J〕,Journal of Corporation Law,2008,3(4)

〔23〕MARSHALL E. BLUME. Soft Dollars and the Brokerage Industry〔J〕. Financial Analysts Journal,1993,49(2)

〔24〕PAULA J. DALLEY,The Use and Misuse of Disclosure as a Regulatory System〔J〕,FLORIDA STATE LAW REVIEW ,2007,(34)

〔25〕SCOTT, CHARITY. Broker-Dealer's Civil Liability to Investors for Fraud:An Implied Private Right of Action under Section 15(c)(1) of the Securities Exchange Act of 1934〔J〕. Ind. Law. Journal,1987,(63)

〔26〕SETH C. ANDERSON,DONALD ARTHUR WINSLOW. Defining Suitability〔J〕. Kentucky Law Journal,1992,(81)

〔27〕STEINBERG, MARC I. A Decade after McMahon Securities Arbitration:Better for Investors than the Courts〔J〕. Brook. Law. Review.,1996,(62)

〔28〕STUART D. ROOT. Suitability:The Sophisticated Investor-And Modern Portfolio Management〔J〕. Colum Business Law Rev.,1991,(3)

五、主要网站与纸质媒体

〔1〕www. law. uc. edu　美国辛辛那提大学制作的在线美国证券法律法规数据库

〔2〕www. sec. gov　美国证券交易委员会官方网站

〔3〕frwebgate. access. gpo. gov　美国政府出版局官方网站

［4］finra. complinet. com　美国金融监管局网站,可查询 SRO 有关规则

［5］www. finra. org　美国金融监管局网站

［6］www. shszx. gov. cn　上海政协官网

［7］www. law-lib. com　法律图书馆,可查询中国现行法律法规

［8］news. xinhuanet. com　新华网

［9］www. csrc. gov. cn　中国证监会官网

［10］finance. sina. com. cn　新浪财经

［11］law. lawtime. cn　法律快车,在线法律法规数据库

［12］www. sac. net. cn　中国证券业协会官网

［13］www. people. com. cn　人民日报网站

［14］www. gov. cn　中央政府网站

［15］www. hicourt. gov. cn　天涯法律网,法律门户网站

［16］上海证券报　中国证监会和保监会指定信息披露报纸

［17］人民法院报　中国最高人民法院机关报

后 记

券商交易行为是一个在证券实务中大量发生的现象,但却在法学研究中一直僻处一隅,成为一块学术荒地。究其原因,可能是囿于交易行为属于"意思自治"领域的认识,从而认为任何基于能动主义的法律理论与实践皆属"水土不宜"。但此种认识忽视了高度受管制和主体地位不对称的证券市场在貌似传统的交易过程中对制度供给的刚性需求,对于此种需求的满足不但要求我们打破一直以来证券监管体系的格局,追求他律与自律的再平衡,而且还要求我们对现有制度的潜力进行进一步的挖掘,并在国情和法律传统的基础上适时适度地做出应有的制度创新。

当前,在证券二级市场上加强券商行为规范和监管的重要性已经被充分认识,管理层、深沪交易所和中国证券业协会都出台了大量的规章细则与监管指引。虽然如此,其间的粗疏和缺漏也是难免的。此外,反观我国司法体系,其对券商交易行为的理论和实践仍属滞后,行政与司法的不匹配日益明显,两者相辅相成的功用大打折扣。这充分说明,券商交易行为这块"荒地"仍是有待于我辈学人大力耕耘,冀在传承学统和会通中外的基础上建立具有中国特色的证券监管体系。我相信,随着我国券商交易行为监管的逐步确立和完善,一个稳固投资者信心,促进资本流通和体现三公原则的证券市场必将建成,从而为我国社会主义市场经济体系的全面确立做出贡献。

本书是基于我三年磨一剑的博士论文,虽文笔荒疏,但也是这一千多个日日夜夜殚精竭虑的产物。在本书付梓之际,我很想对曾经帮助、鼓励、支持我的师长、亲友表示最衷心的谢忱。

首先我想对恩师李国安教授说声谢谢。从论文选题、提纲拟定,到撰写、修正,李老师不辞辛劳,悉心指导,既严加督查又不失肯定,使我能保持一份对学术谨慎谦虚而又孜孜以求的心。李老师对我的教诲和帮助,将会是我学术生涯中不断前进的动力。我也忘不了师母肖彬老师对我的照顾和鼓励,肖老师爽朗的笑声和乐观的生活态度是法学院最美的一道景观,让我时刻对生活感到美好与欣慰。

我还要感谢陈安教授、曾华群教授、廖益新教授及徐崇利教授,他们对我在方方面面都给予了许多珍贵的指点、大力的支持和无私的帮助。此外,我的各位同门师兄弟姐妹们,尤其是石桐灵师弟为本丛书和本专著的策划、编排、修订等付出了辛勤的劳动,同学的情谊永远是我前进的动力。当然我也对中银律师事务所的叶兰昌律师给予本丛书和本专著的资助和支持万分感激。

我还要特别感谢我最好的朋友刘志云教授,虽是同龄的伙伴和旧日的同窗,但他却一直是我生活和事业的引路人,我常常感谢命运的慷慨,能给我这样的良师益友,是我一生受用不尽的福分。

最后我要感谢我父母与家人。谁言寸草心,报得三春晖?我的父母和姐姐始终是我最大的精神支柱,正是他们对我的无私付出,才使我在成长的道路上获得呵护与荫庇,从而取得一点点微不足道的成绩。对于与我朝夕相伴的妻子,我只想轻轻地告诉她,此生有你,风雨同舟,我愿足矣!

原凯

2012 年 6 月 20 日于厦门